**Die Autoren Artur Jussupow (rechts) und Mark Dworezki. Beide arbeiten seit 15 Jahren erfolgreich zusammen.** Foto: Dagobert Kohlmeyer

Artur Jussupow / Mark Dworezki

# Der selbständige Weg zum Schachprofi

Geheimnisse und Tips aus einer neuen Schachschule

Thomas Beyer Verlags GmbH – Hollfeld

**Übersetzung:**
Schachagentur Berlin
Dr. Klaus Kapr
Dagobert Kohlmeyer

3. Auflage 1995

ISBN 3-89168-040-6

Umschlaggestaltung: Grafikatelier Czernetzki & Holstein, Leipzig
Druck: Druckhaus Beyer GmbH, Langgasse 25, 96142 Hollfeld

# INHALT

# Vorwort

Welche Faktoren bestimmen die Erfolge eines Schachspielers? Normalerweise werden bei der Beantwortung dieser Frage zwei Dinge hervorgehoben: Talent und Fleiß. Fähigkeiten und der Wunsch, fleißig zu sein, reichen allein nicht aus. Große Bedeutung haben auch die physische Form, ein sportlich-kämpferischer Charakter und das Vermögen, sich im Verlauf des Spiels zu konzentrieren. Nicht weniger wichtig ist es, die **Richtung** der Arbeit richtig auszuwählen sowie diese **qualitativ** ausführen zu können. Natürlich ist das keine einfache Aufgabe. Während des ersten Lehrgangs versuchten wir, unseren Schülern zu helfen beim Erlernen der **Kunst, sich selbständig mit dem Schachspiel auseinanderzusetzen.**

Es versteht sich, daß man sein Spiel kritisch durchdenken und begreifen muß, um die Richtung für seine „Selbstvervollkommnung" zu bestimmen. Nach der festen Überzeugung der Autoren ist die ernsthafte Analyse der eigenen Partien eine notwendige Voraussetzung für Fortschritte des Schachspielers. Deswegen nimmt das Thema **Analyse der eigenen Partien** einen zentralen Platz ein. Das Buch enthält konkrete methodische Empfehlungen, wie diese Arbeit verlaufen kann.

Ohne breite Schachkultur und ohne Kenntnis des schöpferischen Vermächtnisses großer Schachmeister der Vergangenheit ist es schwer, gute Resultate zu erzielen. Wir waren bemüht, dem Leser vielfältige Wege zur Nutzung des reichen schachlichen Erbes aufzuzeigen.

Selbstverständlich sind solche Themen wie die **Analyse der eigenen Partien** und das **Studium der Klassiker** praktisch unerschöpflich. Das erste Thema wird unter verschiedenen Gesichtspunkten in den Kapiteln 1-3, 5 und 8 behandelt. Das zweite Thema wird in den Kapiteln 3 und 4 betrachtet. Kapitel 6 ist Königsmanövern gewidmet. Ungewöhnliche Manöver an sich werden im 5. und teilweise im 8. Kapitel und in vielen anderen Teilen des Buches erörtert.

Einige Worte über die Struktur des Buches:
Am Kapitelbeginn befindet sich die auf dem Lehrgang der Schule gehaltene *Vorlesung*, die den Hauptinhalt des Kapitels zum Ausdruck bringt. Es folgen Übungen zur selbständigen Lösung und zusätzliche Materialien. Diese thematisch zur Vorlesung passenden *Anlagen* wurden den Veröffentlichungen der Autoren in der sowjetischen Schachpresse – in den Zeitschriften „Schach in der UdSSR" und „64" – entnommen und teilweise ergänzt bzw. speziell für das Buch überarbeitet.

Das besondere 7. Kapitel enthält Ratschläge hervorragender Großmeister über die schachliche Vervollkommnung.

Natürlich beschränkt sich die Arbeit an unserer Schule nicht auf die Vortragstätigkeit. Der gemeinsamen Partieanalyse, individuellen Konsultationen und der Erteilung konkreter Hausaufgaben wird große Beachtung geschenkt. Diese Unterrichtsformen werden im Kapitel 8 vorgestellt.

Die Autoren verfolgten das Ziel, den Lesern in unserem Buch interessantes und nützliches Material anzubieten. Ich hoffe, daß die vorgeschlagenen Verfahrensweisen und Methoden auch für den Leser zum Schlüssel der schachlichen Vervollkommnung werden. Es versteht sich von selbst, daß auch die beste Methodik uneffektiv ist, wenn sie rein mechanisch angewandt wird. Für einen ernsthaften und nachdenklichen Schachspieler kann dieses Buch jedoch zu einem guten Impuls für das schöpferische Wachsen werden.

Unsere Arbeit wird fortgesetzt. Auf dem zweiten Lehrgang wurde als Hauptthema die Eröffnung behandelt: allgemeine Eröffnungsprinzipien, Methoden des Erlernens der Eröffnungstheorie, das Herangehen an die Gestaltung des eigenen Eröffnungsrepertoires, Verbindung zwischen Eröffnung und Mittelspiel usw. Auf den Plänen der künftigen Lehrgänge stehen u. a.: Endspieltechnik, Strategie des Mittelspiels, praktische Methoden und Verfahren des Schachkampfes ... Die Ergebnisse dieser Arbeit werden wir in Zukunft ebenfalls mit dem Leser teilen.

Ich freue mich, daß dieses Buch zuerst in deutscher Sprache erscheint, was durch den kooperativen *Beyer Verlag* möglich wurde. Dem Berliner Journalisten Dagobert Kohlmeyer und seiner Schachagentur danke ich für die fachkundige Übersetzung.

Artur Jussupow

# Schule für künftige Meister

(von Viktor Glatman)

Es ist überflüssig zu erklären, wieviel Nutzen junge Schachspieler aus dem schöpferischen Umgang mit führenden Großmeistern und Trainern ziehen können, wie sehr die Jugend Ratschläge und Hilfe benötigt. Vor vielen Jahren leitete der Weltmeister Michail Botwinnik die erste Allunionsschule für Jugendliche. Viele Schüler dieser Schule wurden später hervorragende Schachspieler. Mit der Zeit tauchten neue Großmeister-Schulen auf, von denen jedoch nicht alle erfolgreich waren.

Seinerzeit besuchte Artur Jussupow die Botwinnik-Schule. Mark Dworezki, der an der Schule arbeitete, half Botwinnik und trainierte gleichzeitig Artur. Die Jahre vergingen. Artur ist heute einer der stärksten Großmeister. Wiederholt nahm er an den Kandidatenwettkämpfen um die Weltmeisterschaft teil. Dworezki wurde ein berühmter Trainer, der mehrere Jugendweltmeister betreute und den Weltmeisterschaftskandidaten A. Jussupow, S. Dolmatow, N. Alexandrija und A. Drejew bei der Vorbereitung auf die Wettkämpfe half.

Ende 1989 wurde die Schachschule Dworezki-Jussupow für Direkt- bzw. Fernunterricht gegründet. Die Vereinigung der hohen Klasse des Großmeisters mit dem umfangreichen Erfahrungsschatz des Trainers erlaubten es von Anfang an, den Unterricht auf einem neuen, qualitativ höheren Niveau als bei den Vorgängern durchzuführen.
Dworezki und Jussupow boten dem Autor dieser Zeilen, einem Schachmeister, an, als Direktor dieser Schule zu arbeiten, d. h., sich deren organisatorischen Problemen zuzuwenden.

Einige Worte darüber, wer an der Schule lernt, wer an ihr unterrichtet und wie die Schule organisiert ist.

Die Lehrgänge an der Schule werden jährlich zweimal jeweils 10 bis 15 Tage lang durchgeführt. Wir unterrichten junge qualifizierte Schachspieler (ab Meisteranwärter). Unter unseren Schülern befinden sich die zwölfjährige Diana Dartschia aus Batumi, die schon zweimal die Weltmeisterschaft der Mädchen gewann und der siebzehnjährige Aljoscha Alexandrow, zweifacher Meister Weißrußlands bei den Männern. Zu den Lehrgängen laden wir 12 bis 15 Schüler ein, die meistens mit ihren Trainern anreisen. Jussupow, Dworezki und der ständig an der Schule arbeitende Großmeister G. Kaidanow beschäftigen sich nicht nur mit den Schülern, sondern auch mit deren Trainern. Hochqualifizierte Spezialisten führen gemeinsam mit uns den Unterricht durch. Die Meister Michail Schereschewski, Alexej Kosikow, Michail Pukschanski und Wladimir Wulfson sind genau genommen gleichberechtigte Lehrer an unserer Schule.

Jeder Tag beginnt mit Gymnastik, an der nicht nur die Schüler, sondern auch Großmeister Jussupow und viele Meister teilnehmen. Das ist ein ausgezeichnetes Beispiel für die Schüler, viel wirksamer als alle Worte über den Nutzen der sportlichen Betätigung. Übrigens, wir treiben auch tagsüber Sport. Fußball, Baskettball, Schwimmen und Tischtennis gehören zu unserem Programm. Die physische und die psychologische Vorbereitung erfolgt unter Anleitung eines professionellen Sportpsychologen.

Nach dem Frühstück versammeln sich die Schüler zu einer allgemeinen Vorlesung, die auf Tonband aufgezeichnet wird. Sie wird später in den Computer eingegeben. In der zweiten Tageshälfte trägt der Unterricht individuelleren Charakter. Üblicherweise werden die Lernenden in kleine Gruppen aufgeteilt. Dies geschieht nach dem Alter, der praktischen Spielstärke bzw. Gemeinsamkeiten bezüglich des Eröffnungsrepertoires oder charakteristischer Schwächen (z. B. zur Vervollkommnung der Endspieltechnik oder zur Schärfung des Kombinationsblickes).

Zudem führen wir an unserer Schule individuelle Konsultationen durch für starke Meister und sogar Großmeister, die das wünschen.

Hauptaugenmerk widmen wir der Analyse jener Partien, die unsere Schüler gespielt haben. Die Jugendlichen kommentieren aufmerksam ihre eigenen Partien. Anschließend werden ihre Anmerkungen durch den Lehrer kontrolliert. Diese Partien, die Ergebnisse von an der Schule durchgeführten Wettbewerben zur Lösung speziell ausgewählter Übungen sowie die persönlichen Beobachtungen der Lehrer erlauben es, die starken und schwachen Seiten im Spiel der Schüler festzustellen. Auf Grund dieser „Diagnose“ werden die Hausaufgaben bestimmt, welche ein Programm für weitere schachliche Vervollkommnung darstellen.

Natürlich sind bei solch einer anstrengenden Arbeit vollwertige Bedingungen zur Erholung nötig. Wir versorgen die Lehrer und Schüler mit bequemen Hotelzimmern sowie schmackhafter und abwechslungsreicher Ernährung. Wir finden Zeit zur Entspannung, zum Sehen von Videofilmen usw.

Alle Lehrgänge unserer Schule sind thematisch. Auf dem ersten wurden allgemeine Fragen der Arbeit mit dem Schachspiel behandelt. Der zweite war der Aneignung des Eröffnungstheorie und der Gestaltung des Eröffnungsrepertoires gewidmet. Auf dem dritten Lehrgang beschäftigen wir uns mit dem Endspiel und der Verbesserung der Spieltechnik. Die Pläne für die folgenden Lehrgänge stehen schon fest. Neben den Erkenntnissen aus den Vorlesungen und den Seminaren erhält jeder Schüler für die selbständige Arbeit ein solches „Paket“ ergänzender Materialien, d. h. früher veröffentlichte Artikel zum Thema des Lehrgangs.

Das Ihnen vorliegende Buch enthält die Vorlesungen und einige zusätzliche Materialien des ersten Lehrgangs. Dieses Material gibt Ihnen eine Vorstellung darüber, wie wir arbeiten, und ich hoffe, daß Sie viel Nützliches und Interessantes für sich selbst darin finden können. Aber vielleicht möchten Sie unsere Schule besuchen? Diese Möglichkeit ist nicht ausgeschlossen. Wir planen, die Tätigkeit der Schule auszudehnen, ihr einen internationalen Charakter zu verleihen.

# KAPITEL 1

## Stärken und Schwächen des Schachspielers und ihr Einfluß auf den Verlauf des Kampfes

Vorlesung von Mark Dworezki

Seit langem, noch vor Steinitz, glaubte man, daß der Schachspieler lediglich entsprechend dem Maß seiner Genialität gewinnt oder verliert. Morphy ist genial, weil er alle besiegt; seine Gegner sind weniger talentiert, weil sie gegen ihn verlieren.
Steinitz erkannte und bewies, daß es im Schach eine objektive Basis gibt. Die Ereignisse, die auf dem Brett ablaufen, ordnen sich bestimmten Gesetzmäßigkeiten und positionellen Prinzipien unter. Wenn sich der Schachspieler von ihnen leiten läßt, dann erzielt er Erfolge.
Heute ist es schon offensichtlich, daß die Wahrheit sozusagen nicht einmal in der Mitte liegt, sondern in der Verbindung dieser beiden Momente, des Objektiven und des Subjektiven. (Jene von uns, die sich ernsthaft für die Philosophie interessieren, erinnern sich vielleicht an die „Synthese" aus der bekannten Hegelschen Triade.) Ja, natürlicherweise wird der Kampf auf der Grundlage objektiver positioneller Gesetzmäßigkeiten geführt. Aber auf dessen Ergebnis wirken in entscheidendem Maße die persönlichen Qualitäten des Schachspielers ein: sein Talent, Charakter, Gesundheitszustand und schließlich der Vorbereitungsstand, die Fähigkeit, sein Wissen fehlerlos anzuwenden, professionell am Brett zu agieren, die optimalen Entscheidungen in den verschiedenen Situationen exakt zu treffen.

Meisterschaft setzt sich aus einer Vielfalt unterschiedlichster Bestandteile zusammen. In einigen von ihnen kann der Schachspieler sehr stark sein, in anderen dagegen schwach. Hinter den von ihm gemachten Zügen stehen seine starken und schwachen Seiten. Sie sind es auch, die den entscheidenden Einfluß auf den Ausgang der Partie und des Wettkampfes und häufig auf den schachlichen Werdegang ausüben. Viele Spieler konnten ihr Talent nicht voll entfalten, auf Grund offensichtlicher Mängel auf unterschiedlichsten Gebieten.

Nehmen wir das Beispiel von Großmeister Kupreitschik. Er ist außerordentlich stark im Angriff und kann mutig und erfinderisch spielen. In der Technik und im Endspiel ist er jedoch deutlich schwächer. Es gelang ihm somit nicht, ein solches Spielniveau zu erreichen, das seinem Talent entsprechen würde. Einmal, als ich mit Kupreitschik in der 1. Liga der UdSSR-Meisterschaft spielte, hatte ich beim Übergang ins Endspiel einen Bauern weniger. Nach zehn Zügen hatte ich aber schon einen Mehrbauern. Beim Ausscheidungsturnier zum Weltcup 1989 hatte er gegen den jungen Gata Kamski eine klar gewonnene Stellung mit zwei Mehrbauern. Schrittweise, jedoch nicht wegen eines groben Fehlers, verlor er diese Partie noch.

Viele Schachspieler „beißen sich fest“ am Studium der Eröffnungen. Sie beschäftigen sich lediglich mit der Verarbeitung der Informationen, die sie durch neue Eröffnungskenntnisse erhielten. Ich bin überzeugt, daß die Hauptreserven für die Entwicklung der Meisterschaft eines Schachspielers, auf alle Fälle eines jungen, nicht auf diesem Weg zu erschließen sind. Viel wichtiger ist es, die Trainingstätigkeit zur Selbstvervollkommnung in Gang zu setzen.
Die Hauptaufgabe der Trainer unserer Schule besteht darin, jedem der Schüler eine „Diagnose“ zu erstellen, zu helfen, mit dem eigenen Stil zurechtzukommen sowie Stärken und Schwächen zu bestimmen, zu helfen, sich von Mängeln zu befreien und seine Stärken auszubauen. Um Sie von der Richtigkeit der Richtung und von der Bedeutung der Arbeit an unserer Schule zu überzeugen, widme ich meine ganze Vorlesung Beispielen, bei denen Mängel, von welchen sich die Schachspieler nicht rechtzeitig befreien konnten oder wollten, das Spiel und das Ergebnis entscheidend beeinflußten.
Indem einige ihre ganze Zeit dem Eröffnungsstudium widmen, glauben sie, daß es in ihren Partien nicht zum Endspiel kommt, falls doch, daß sie mit den Problemen am Brett irgendwie zurechtkommen werden. Kuprejtschiks Beispiel zeigt die ganze Naivität solcher Hoffnungen.

Selbstverständlich ist die Eröffnung ein sehr wichtiges Stadium, aber das Endspiel ist nicht weniger bedeutungsvoll und es muß ebenso ernst erlernt werden.

Die Schwäche im Endspiel kann sich in zwei Grundformen zeigen: in der Unkenntnis der Endspieltheorie und in einer schwachen Endspieltechnik. Betrachten wir zunächst die erstgenannte Form.

**Euwe – Hromadka**

Pieštány 1922

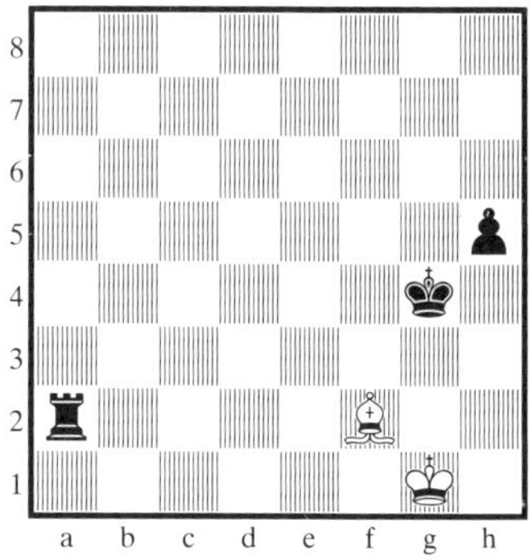


Wie würden Sie spielen? Die Antwort ist nicht zu finden. Entweder Sie wissen sie, oder Sie wissen sie nicht. Es ist ein Fakt aus der Endspieltheorie, den man einfach im Kopf haben muß (um ihn zu beweisen, brauchte ich 50 Minuten).
Wenn sich der König bei schwarzfeldrigem Läufer in der weißen Ecke befindet (bei weißfeldrigem Läufer in der schwarzen Ecke), kann er von König und Turm nicht mattgesetzt werden. Des weiteren ist ein Sieg auch bei einem zu weit vorgerückten Randbauern (auf h3 oder h4) nicht möglich.
Weiß hält seinen Läufer auf der Diagonalen h2-b8, und Schwarz kann

seine Stellung nicht verstärken. Die einzige Gewinnchance besteht darin, mit dem König auf h3 zu gehen, anschließend mit dem Turm auf g2 Schach zu geben und die Antwort Kf1 zu erzwingen. Wenn es Schwarz gelänge, mit dem König das Feld h3 zu verlassen und dabei die Abschneidung des weißen Königs von dem Bauern auf der g-Linie aufrechtzuerhalten, dann könnte er mit einem Erfolg rechnen. Ein Ausweg für den König (und auch dies nur mit Mühe) müßte über das Feld h4 führen. D. h., daß der Bauer die Brettmitte noch nicht überschritten haben darf. (Um sich davon zu überzeugen, schlage ich vor, in einem Nachschlagebuch zum Endspiel die konkreten Varianten anzusehen.)
Also die Schlußfolgerung: Wenn der Bauer die Brettmitte überschritten hat, ist die Stellung remis, wenn er dies noch nicht getan hat, ist sie gewonnen. Ohne Kenntnis dieser Tatsache würden Sie mit hoher Wahrscheinlichkeit den Bauern vorrücken und damit den Sieg verschenken, wie es in der Partie geschah.

**1.... h4?? 2. Ld4 Kh3 3. Le5 Tg2+ 4. Kf1**

Hier kann man schon nichts mehr machen, und die Gegner einigten sich auf ein Remis. Wenn Schwarz sofort 1.... Kh3 gezogen hätte, dann hätte er gewonnen.
Derselbe Fehler wurde von vielen Schachspielern wiederholt. In der Partie zwischen zwei Meistern: Nowotelnow – Telpugow (Moskau 1951) entstand z. B. folgende Stellung: Weiß: Kg3, Ld6, Bb4 – Schwarz: Kg6, Te4, Bh5. Telpugow spielte ebenso wie Hromadka – **1.... h4??**.

Ein eklatantes Beispiel von Theorieunkenntnis fiel mir kürzlich auf, als ich die holländische Zeitschrift „New in chess“ durchblätterte.

**Kouls – Stantschu**

Saloniki 1988, Frauen-Olympiade

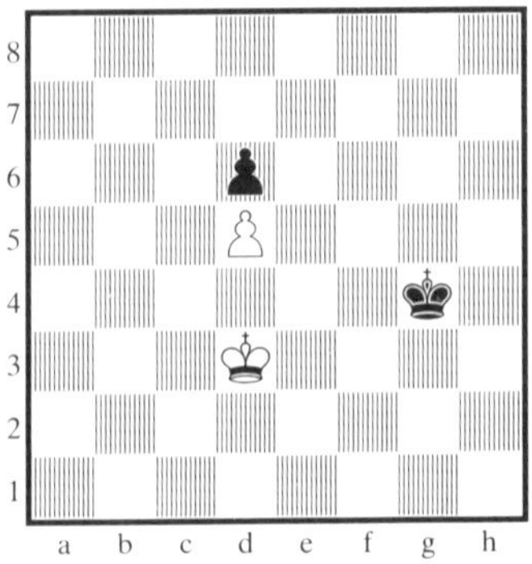


Die mit Weiß am ersten Brett spielende Schachspielerin aus Schottland fand den einzigen Weg (neben einer Zeitüberschreitung), die Partie sofort zu verlieren. Sie gab einfach auf!!
Eine phantastische Unkenntnis! Solche Endspiele lernt man sicherlich in der 1. Klasse jeder beliebigen Schachschule. Aber wie Sie sehen, die Kenntnisse der besten Schachspielerin in der schottischen Olympiaauswahl entsprechen dem Kindergartenniveau.

Dies ist natürlich ein extremer Fall, eine Anekdote. Aber ich könnte analoge Beispiele, wenn auch nicht so krasse, aus dem Schaffen vieler Spieler zeigen. Ich erinnere mich z. B. daran, wie ein grobes Versehen in einem Turmendspiel, das in der Theorie als unentschieden gut bekannt ist, Kotschiew im Zonenturnier 1979 eine Niederlage gegen Smyslow einbrachte. Damit wurden alle seine

Hoffnungen für eine Qualifikation zum Interzonenturnier zunichte gemacht. Eine berühmte Komödie voller Fehler gab es in einer Partie Capablanca – Mentschik. Es ist lustig, daß 45 Jahre später dasselbe Endspiel in einer Partie auftauchte, die über das Schicksal der Schüler-Mannschaftsmeisterschaft der UdSSR entschied.

**Pekker – Ermolinski**

Alma-Ata 1974

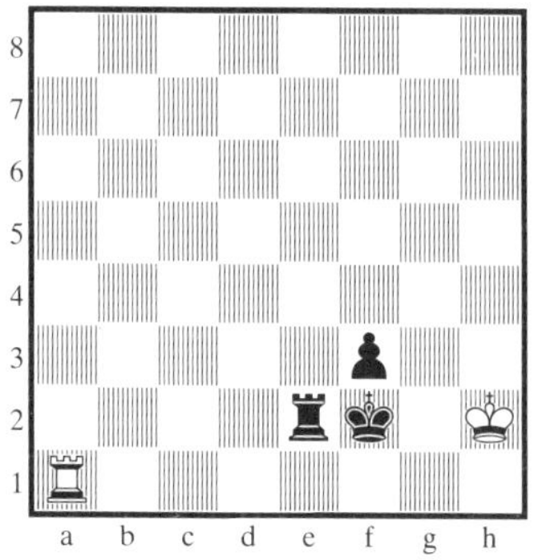

Der mit Weiß spielende Moskauer mußte nur ein Remis machen, und seine Mannschaft wäre Meister geworden. Die Stellung ist klar remis. Am einfachsten wäre abzuwarten: 1.Tb1 oder 1.Kh3. Möglich war auch 1.Ta8, wie übrigens jeder andere Rückzug des Turmes auf der a-Linie – außer einem, den Pekker gerade auswählte.

**1.Ta3?? Kf1+ 2.Kg3 f2**

Nach 3.Kf3 Kg1! kann der Turm kein rettendes Schach mehr geben.

Pekker verlor, und die Moskauer Auswahl belegte nur den zweiten Platz.

Die Grundursache für das Geschehene sind Mängel in der schachlichen Ausbildung von Pekker. Sein Trainer, ein bekannter Theoretiker, widmete den gesamten Unterricht nur dem Eröffnungsstudium. Im Endspiel fanden sich seine Schüler nicht zurecht.

Wenden wir uns nun der Endspieltechnik zu. Es reicht nicht aus, sich nur an die Theorie zu erinnern. Man muß auch die typischen Endspielmethoden beherrschen, lernen, sich entsprechend auf den Kampf im Endspiel einzustellen, und dessen spezifische Besonderheiten gefühlsmäßig erfassen. Ich empfehle Ihnen, das ausgezeichnete Buch von Scheresschewski „Strategie des Endspiels" zu studieren, das sich mit diesem Thema beschäftigt.

Was herauskommt, wenn ein Schachspieler nicht den Geist des Endspiels begreift, nicht in der Lage ist, dem Endspiel entsprechend zu denken, zeige ich am nächsten Beispiel.

**Dworezki – Suchanow**

Moskau 1968

**1.e4 e5 2.Sf3 Sc6 3.Lb5 Lc5 4.0-0 Sd4**

Hier gibt es die interessante Gambitmöglichkeit 5.b4!?, die jedoch damals noch nicht bekannt war.

**5.S:d4 L:d4 6.c3 Lb6 7.d4 c6 8.Lc4 d6**

Nach dem Turnierstand mußte ich unbedingt gewinnen. Die Theorie der Variante kannte ich nicht. Als ich über den Plan der nächsten Aktionen nachdachte, fiel mir plötzlich ein, mit wem ich spiele. Mein Gegner, der Meister Suchanow, ist ein begabter Schachspieler, ein hervorragender Taktiker, der den Angriff liebt, der jedoch langweilige Positionen nicht ertragen kann und keine Ahnung vom

Endspiel hat. (Das ist nicht überraschend, da er denselben Schachtrainer wie Pekker hatte.)
Den Entschluß, den ich faßte, kann man aus rein schachlichen Gründen kaum unterstützen. Aus psychologischer Sicht ist er gerechtfertigt, wie auch der weitere Partieverlauf zeigte.

**9. de de 10. D:d8 L:d8 11. Le3**

Das Endspiel ist gleich. Ergötzen Sie sich daran, wie es von Suchanow behandelt wird.

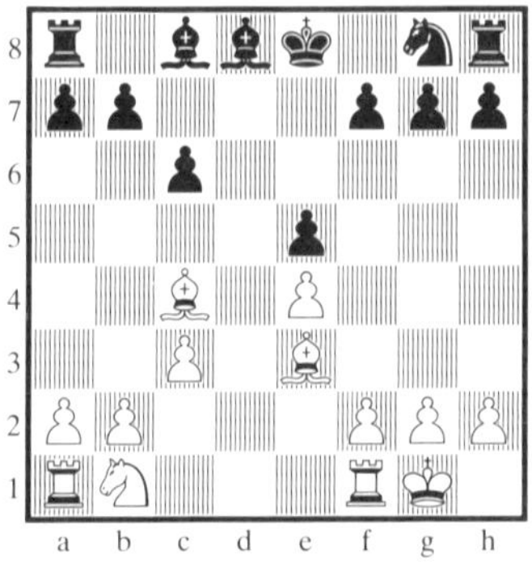


Was, denken Sie, wäre die genaueste Antwort von Schwarz? Der Läufer e3 steht aktiver als der Läufer d8, deswegen sollte Schwarz den Tausch mit 11.... Lb6! anbieten.
Weswegen ist der Entwicklungszug 11.... Sf6 schlechter?

**11.... Sf6 12. f3**

Nun folgt auf 12.... Lb6 13. Kf2, und der Tausch findet unter für Weiß etwas günstigeren Bedingungen statt. Erstens muß er nicht auf b6 tauschen und damit dem schwarzen Turm die a-Linie öffnen. Zweitens nähert sich der weiße König dem Zentrum. Diese Kleinigkeiten beeinflussen vielleicht nicht die Gesamteinschätzung der Stellung, aber im Endspiel muß man auf jedes Detail achten und sich um die genaueste Realisierung seiner Pläne bemühen. Wenn Schwarz die Läufer tauschen wollte, dann mußte er sich Gedanken machen, wie es am genauesten geschieht.
Es stellte sich übrigens heraus, daß mein Partner völlig andere Absichten hatte.

**12.... h5?!**

Schwarz hat sich zum Angriff entschlossen. Welche Idee verfolgt er dabei? Sicherlich h4, Sh5, Sf4. Im Mittelspiel kann ein solcher Plan gut sein, aber für das Endspiel ist es eine merkwürdige Strategie. Nun, ich beende zunächst die Entwicklung.

**13. Td1 h4 14. Sd2 h3?**

Wozu das? Künftig ist der Bauer auf h3 doch eher eine Schwäche.

**15. g3 b5?**

Scheinbar hat er vergessen, daß Bauern nicht rückwärts laufen können. Jetzt habe ich auch auf dem Damenflügel ein Angriffsziel, gegen das ich unverzüglich mit a2-a4 vorgehen werde.

**16. Lf1**

Von hier aus zielt der Läufer auf die beiden verwundbaren Bauern von Schwarz.

**16.... Lb6 17. Kf2 g5**

Endlich wurde die Idee (möge sie auch unbesonnen sein) der vorhergehenden Züge des Gegners verständlich. Er möchte nach 18.... g4 entweder den Bauern e4 schwächen oder mit dem Springer von g4 aus den Bauern h2 angreifen, der durch den Vormarsch h5-h4-h3 „fixiert" wurde. Auf 18. g4 war sicher das Läuferopfer auf g4 geplant. Erfinderisch, geistreich, aber völlig unerfüllbar. So darf man das Endspiel nicht behandeln!

**18. a4 g4 19. L:b6 ab 20. ab T:a1 21. T:a1 gf 22. S:f3! S:e4+ 23. Ke3 Sd6 24. bc**

Diese ganze Variante habe ich beim Zug 19. L:b6 berechnet. Nun ist die weiße Stellung klar gewonnen. Die Überlegenheit wurde im weiteren leicht realisiert.

Was wäre hierzu zu sagen, eigentlich ist alles klar. Der Ausgang der Partie war vorbestimmt. Es wurde nur gegen ein Tor gespielt. Sie hatten sicher den Eindruck, daß ein sehr schwacher Spieler die schwarzen Steine geführt hat, daß er nicht mal die erste Leistungsklasse besitzen würde. Spieler dieser Klasse wären beleidigt und würden darauf bestehen, daß sie im Endspiel besser spielen. Nein, ich wiederhole, es war ein talentierter Meister, der in anderen Partiestadien völlig anders handelte. Ich traf genau seinen schwachen Punkt. Nun überlegen Sie, kann man ein großer Schachspieler werden, wenn man den Gegnern auf irgendeinem Gebiet eine so große Vorgabe einräumt?

Es ist sehr wichtig, sich nicht nur von rein schachlichen Schwächen, sondern auch von Mängeln persönlicher und psychologischer Art zu befreien. Ein von sich nicht überzeugter Mensch erleidet Niederlagen wegen seiner eigenen Unentschlossenheit, ein allzu selbstbewußter Mensch dagegen wegen der Unterschätzung der gegnerischen Möglichkeiten. Spieler, die sich nur schwer entscheiden können oder denen es an Intuition mangelt, werden ständig unter Zeitnot leiden. Die Aufzählung könnte verlängert werden. Man begegnet den vielfältigsten menschlichen, persönlichen Schwächen, die auf die Ergebnisse nicht weniger Einfluß haben als rein schachliche Mängel.

Betrachten wir ein Beispiel, in der eine solche Schwäche offenbart und diagnostiziert wird.

**Fjodorow – Schamraj**

Moskau 1973

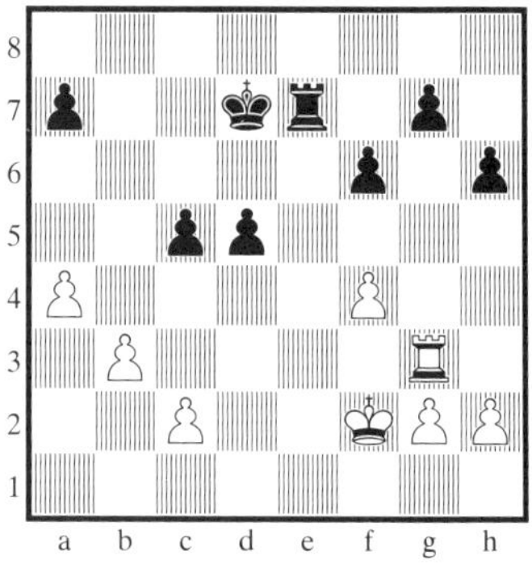


Weiß ist am Zug. Wie schätzen Sie die Stellung ein, welchen Zug schlagen Sie vor? Bei einer statistischen Einschätzung könnten Sie die weiße Stellung vorziehen. Aber versuchen wir, die Stellung dynamisch zu sehen, unter Beachtung der Perspektiven. Ich würde lieber mit Schwarz spielen. Warum? Schwarz hat einen klaren Plan: Er spielt d5-d4, geht mit dem König nach d5 und setzt c5-c4 durch. Weiß steht eigentlich schön, drückt auf den Bauern g7, aber was er ziehen soll, ist unklar.

Deswegen ist es noch nicht zu spät, 1. Te3 zu spielen und sich mit einem gleichen Bauernendspiel abzufinden.

Der Meisteranwärter Fjodorow, der mit Weiß spielte, nahm an, daß er besser steht, und machte einen unnützen Zug.

**1. Tg6?**

Manchmal benutzt man in solchen Fällen die schablonenhafte Formulierung: „Weiß verstärkt den Druck". Hier ist es aber unklar, von welchem Druck die Rede sein könne bzw. wie sich dieser verstärken solle. Vielleicht dachte Fjodorow an g2-g4-g5.

**1.... Ke6**

Jetzt droht 2.... Kf5 mit Gewinn des Bauern f4. Auf 2. g4 wäre der Turm eingesperrt. Wie wir sehen, unterstrich die Antwort von Schwarz die Fehlerhaftigkeit des Zuges Tg6! Sicher wäre es besser gewesen, nicht auf ihn zu achten und 1.... d4 zu spielen.

**2. Tg3 d4 3. Ke2!?**

Ein wichtiger Zug. Weiß zieht den König dorthin, wo der Kampf ausgetragen wird – am Damenflügel. (Im Fall von 1.... d4! 2. Tg3 Kd6 hätte Schwarz diese Überführung nicht zugelassen.) Der Nachteil des Zuges Ke2 besteht im Verlust des Bauern f4 nach 3.... Kf5+. Aber das Opfer ist positionell gerechtfertigt. Der weiße König wird aktiviert, er dringt auf c4 ein und greift den Bauern c5 an.

Ich könnte den Spieler, der die weißen Steine führte, mit vollem Recht loben, wenn sich nach der Partie nicht herausgestellt hätte, daß er nicht opferte, sondern den Bauernverlust einfach übersehen hatte. Damit haben wir, wie Sie verstehen, ein ganz anderes Bild.

Diese Episode zeigt übrigens, warum wir bitten, uns nur gründlich kommentierte Partien zuzusenden. Manchmal macht man einen guten Zug mit einer völlig falschen Idee. Wir wollen nicht nur die Züge sehen, die Sie machten, sondern auch erfahren, welche Idee Sie verfolgten, woran Sie dabei dachten und wie Sie die Stellung einschätzten. Nur dann kann der Trainer das Spiel des Schülers objektiv beurteilen.

Weiß übersah also einen Bauernverlust, aber erfolgreich.

**3.... Kf5+ 4. Kd3 K:f4 5. Kc4 Ke5**

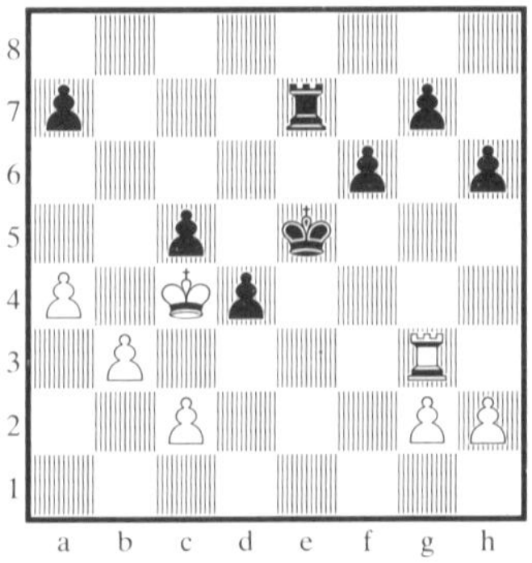


Darf man den Bauern c5 schlagen? Schwarz hat die Antwort 6.... Tc7+. Lohnt es sich für Weiß, das Spiel zu verschärfen, oder ist das zu gefährlich? Es ist nicht nötig, die Varianten bis zu Ende zu berechnen. Begnügen Sie sich mit dem allgemeinen Eindruck. Natürlich, man sieht ohne jede Berechnung, daß auf c5 nicht geschlagen werden darf, da dies dem Schwarzen einen gefährlichen Freibauern auf d4 verschaffen würde. Ich würde 6. Td3 nebst 7. Td2 mit der Drohung 8. K:c5 ins Auge fassen. Es wäre nützlich, den schwarzen Turm nach c7 zurückzudrängen. Weiter sollte der aktivste schwarze Bauer d4 durch c2-c3 zum Abtausch gezwungen werden. Eventuell wäre auch b3-b4 möglich. Falls 6.... Ke4, dann 7. Td2 Ke3 8. Td3+, und 8.... Ke2? geht wegen 9. K:c5 nicht.

Wahrscheinlich sollte Schwarz am besten 6.... f5 7. Td2 Tc7 mit der Absicht 8.... g5 antworten, um am Königsflügel aktiv zu spielen, wo er einen Mehrbauern hat. Aber aufgrund der Aktivität der weißen Figuren sollte ein Unentschieden weiterhin möglich sein.

**6. K:c5?? Tc7+ 7. Kb5**

Vorsichtiger war 7. Kb4, um den König in der Nähe des d-Bauern zu halten. Dieser Zug wäre für Weiß vorteilhaft, wenn Schwarz so fortgesetzt hätte wie in der Partie.

Aber trotzdem, der Entschluß 6. K:c5 ist prinzipiell falsch. Das hätte am besten ein Zug bewiesen, den keiner der Gegner bemerkte. Welcher Zug? Genau, 7. ... g5! Nach Wegzug des g-Bauern kann Schwarz den Bauern auf c2 ruhig schlagen. Es ist klar, daß mit dem König auf b4 der Zug 8. c3 nicht geholfen hätte wegen 8. ... dc 9. T:c3 a5+.

**7. ... T:c2 8. T:g7 d3 9. T:a7?**

Hartnäckiger war 9. Td7, um den Freibauern zumindest vorübergehend aufzuhalten. Aber Fjodorow ist überzeugt, daß er noch Zeit hat, den Bauern aufzuhalten. Er hofft, daß er, während Schwarz den Turm für den Bauern gewinnt, seine Bauern am Damenflügel vorrücken kann.

**9. ... Ke6!**

Dem Turm ist jetzt die d-Linie versperrt.

**10. Ta6+ Kd7**

Weiß gab auf angesichts von 11. Ta7+ Tc7 (Mit dem König auf b4 hätte Schwarz diese Variante nicht zur Verfügung: Bei einem Turmtausch würde der König den Bauern stoppen.)

Was halten Sie von dem Spieler, der die weißen Steine führte? Ist es noch nicht klar? Dann zeige ich noch ein Beispiel aus seinem Schaffen.

**Fjodorow – Dworezki**

Moskau 1972

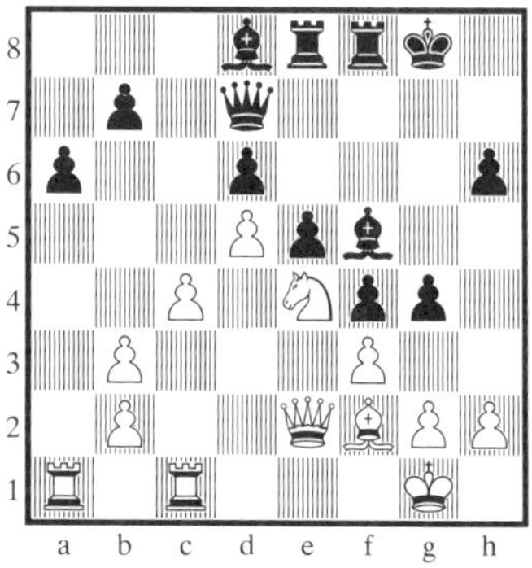

Was, denken Sie, unternimmt Weiß jetzt?

Die Pläne von Schwarz sind klar. Falls er es schafft, nach Kh8 und Tg8 die Schwerfiguren auf der g-Linie zu verdoppeln oder gar zu verdreifachen, dann würde sich am Königsflügel ein schrecklicher Angriff entwikkeln. Weiß ist verpflichtet, den Gegner abzulenken und sein eigenes Spiel zu machen. Nötig ist der Zug c4-c5. Sofort oder erst nach einer Vorbereitung? Natürlich sofort, wozu verschieben!

Falls Schwarz dc antwortet, dann hätte der Turm nach L:c5 keinen Zug (auf Tf7 folgt die Gabel Sd6). Falls Schwarz zu Kh8 käme, dann könnte sich der Turm auf das ausgezeichnete Feld g8 begeben.

Aber Fjodorow fürchtete die Attacke am Königsflügel überhaupt nicht und entschloß sich deswegen, ohne Eile zu agieren.

**29. b4?**

Sicherlich wollte Weiß auf c5 mit dem Bauern wiederschlagen, um ein schönes Bauernzentrum zu bekommen. Aber vorher muß noch der Bauer d5 geschützt werden. Bei einem ruhigen Spiel wäre der Plan gut, jedoch bei der Weiß drohenden Attacke ist er zu langsam.

**29.... Kh8 30. Kh1 Tg8 31. Dd2?**

Konsequent. Mit der Verteidigung des d-Bauern bereitet Weiß c4-c5 vor. Aber er achtete überhaupt nicht auf die Möglichkeiten des Gegners. Er denkt einfach nicht daran. Die Strafe folgt auf dem Fuß.

**31.... gf 32. gf L:e4 33. fe Dh3**

Weiß gab auf, da das Matt unausweichlich ist.

Es ist zum Lachen, nicht wahr? Eine ausgezeichnete Stellung wurde in drei Zügen völlig verdorben. Nun sollte es doch klar sein, wie der mit den weißen Steinen Spielende eingeschätzt werden muß. Spielt er einfach schwach? Ich könnte zeigen, wie er in herrlichem positionellem Stil Beljawski besiegte. Er hat auch andere gute Partien gespielt. Nein, ich habe nicht die Partie eines schwachen Spielers gezeigt, sondern einfach seine schwächste Stelle demonstriert. Worin besteht diese nun? Fjodorow behandelte das Endspiel gegen Schamraj schwach, aber es geht nicht darum, daß er im Endspiel schwach ist – so ist es nicht. Erinnern wir uns, mit dem Zug 1. Tg6 versuchte er, auf Sieg zu spielen, ohne zu verstehen, daß er auf alle Fälle nicht besser steht. Er bemerkte auch nicht den Plan zur Verstärkung der schwarzen Stellung. Danach stellt er den Bauern f4 ein. Anschließend schlägt er furchtlos und unklugerweise den Bauern auf c5, und schließlich läßt er den Freibauern zur Dame werden. Alle Fehler, auch die, die er in der Partie mit mir machte, beruhen auf einer Hauptursache. Es wird ganz offensichtlich, daß sich Fjodorow seiner Ideen absolut sicher ist. Den Gegner beachtet er nicht, der existiert für ihn einfach nicht. Also ist die Diagnose: ein übersteigertes Selbstbewußtsein, die Überschätzung der eigenen Ressourcen und die Unterschätzung der Möglichkeiten des Gegners.

In jenen Jahren studierte Fjodorow, und ich arbeitete als Lehrer. Er war wirklich ein kräftiger, sportlicher und willensstarker Junge. Seine Haltung am Brett war die eines Weltmeisters. Bei diesen Jungen wächst das Selbstbewußtsein (eine ausgezeichnete Eigenschaft!) häufig bis zur Überheblichkeit. Er war ein recht starker Meisteranwärter, vermochte es aber nicht, die Meisternorm zu erfüllen. Seine Hauptschwäche störte ihn dauernd.

Ich erklärte Fjodorow die Hauptursache seiner Mißerfolge. Ich empfahl ihm, in dieser Richtung zu arbeiten, die Partien jener Spieler zu studieren, die dem feindlichen Gegenspiel immer rechtzeitig vorbeugen, vor allem die Partien Petrosjans. Ich wählte eine Übungsserie zu dem Thema aus. Die geleistete Arbeit half Fjodorow, bald Meister zu werden.

In der ersten Hälfte der Vorlesung beschäftigten wir uns mit Beispielen, wie einzelne, wirklich offensichtliche Schwächen von Schachspielern sich negativ auf deren Spiel auswirken. Nun wollen wir untersuchen, wie die Schwächen des Spielers zusammen mit dessen Stärken im Komplex wirken und insgesamt dessen schachliche Handschrift bestimmen.

1980 half ich Nana Alexandria im Viertelfinalwettkampf der Weltmeisterschaftskandidatinnen gegen Lena Achmylowskaja. Wie üblich, stellte ich ein schöpferisches Porträt der Gegnerin zusammen sowie Informationen über ihre starken und schwachen Seiten. Natürlich sah ich auch die Stärken und Schwächen von Alexandria. Ich arbeitete damals aktiv mit ihr an der Beseitigung ihrer Schwächen.
Nach einem äußerst schweren und hartnäckigen Kampf errang Nana den Sieg. Nach dem Match kam mir die Idee, Nana (und auch mir selbst) zu zeigen, inwieweit ihre Schwächen und Stärken sowie die Stärken und Schwächen der Gegnerin das ganze Spiel, Verlauf und Ausgang des Kampfes bestimmen. Ich schrieb die wichtigsten schachlichen Eigenschaften der Gegnerinnen auf und verschlüsselte sie.

Das Symbol **„L1“** bedeutet die Hauptstärke von L. Achmylowskaja: ihr gutes Positionsverständnis. Lena hat ein feines Gefühl für das Zusammenspiel der Figuren, sie vermag für diese gute Plätze zu finden. Sie kann manövrieren und die Stellung verstärken.

**„L2“** bezeichnet die Hauptschwäche von L. Achmylowskaja. Sie findet sich in der Taktik nur schwer zurecht und fürchtet diese. Sie weicht jeglicher Verschärfung des Spiels aus und ist unsicher in komplizierten und verwickelten Stellungen.

**„L3“** steht für die Unsicherheit von L. Achmylowskaja hinsichtlich der Realisierung eines Vorteils. Für Sie ist es vielleicht nicht so offensichtlich, daß dieser Mangel mit dem vorhergehenden eng verbunden ist und sich gewissermaßen aus ihm ergibt. Bei der Realisierung eines Übergewichts kommt unbedingt der Moment, wo man von der schrittweisen Verstärkung der Stellung zu konkreten Aktionen übergehen muß. Diesen Moment darf man nicht übersehen. Man muß seine Kräfte anspannen, die Varianten genau berechnen und die bisweilen einzig richtige Fortsetzung finden. Für einen Spieler, der lieber auf Grund allgemeiner Erwägungen handelt und die Variantenberechnung scheut, ist dieser Moment häufig eine Schwierigkeit. Er spielt auch dort nach Augenmaß weiter, wo konkrete Probleme zu lösen sind. Im Ergebnis schwindet seine Überlegenheit. Es versteht sich von selbst, daß dieser Mangel nicht nur L. Achmylowskaja eigen ist. Später bemerkte ich ihn auch bei Andrej Sokolow. An einem bestimmten Punkt im Finale der Kandidatenwettkämpfe, als Jussupow sah, daß die Diagnose für seinen Gegner völlig stimmte, fragte er verwundert: „Wie will er auch nur eine Partie gegen mich gewinnen, wenn ich kein Material gegen ihn einstelle? Er ist ja nicht einmal in der Lage, auch nur ein kleines kompliziertes Problem zu lösen.“ Zum Ende des Wettkampfes fing Jussupow leider an, Material zu verlieren...

Die Hauptstärke von Nana Alexandria, die ich mit **„N1“** kennzeichnete, ist eine ausgeprägte Phantasie und ein schöpferischer Erfindungsgeist.

**„N2“** steht für ein mangelndes Positionsgefühl als Folge einer damals noch niedrigen Schachkultur. Wir beschäftigten uns viel mit dem Problem. Zu Beginn des Weltmeisterschaftskampfes gegen Tschiburdanidse gelang es Nana, ihr Positionsspiel zu verbessern. Aber der Mangel war zu jener Zeit noch vorhanden, was zu Fehlern bei der Stellungsbewertung und zu groben positionellen Versehen führte.

**„N3"** symbolisiert die unrationelle Zeiteinteilung sowie das Auftreten von Zeitnot. Früher war Zeitnot charakteristisch für das Spiel von N. Alexandria. Nach einem speziellen Training konnte sie sich von dieser Schwäche teilweise befreien, jedoch nicht vollkommen.

**„N4"** bezeichnet ihre übermäßige Emotionalität am Brett. Nana ist ein Mensch, der sich von Stimmungen beeinflussen läßt. Während des Spiels kann sie ihre Emotionen nur mit Mühe kontrollieren. Es fällt ihr schwer, einen ungünstigen Kampfverlauf herumzureißen. Fehler werden häufig serienmäßig gemacht, wodurch aus einer sehr guten Stellung rasch eine hoffnungslose entstehen kann.

**„N5"** bedeutet ein mangelndes Gefühl für drohende Gefahren.

Wie Sie sehen, ist die Liste der Schwächen bei N. Alexandria länger als bei ihrer Gegnerin. Das ist nicht erstaunlich. Ich wollte Nana offen alle ihre Schwächen demonstrieren, um sie zu veranlassen, sich ernsthaft mit deren Beseitigung zu beschäftigen.

Bei der Kommentierung aller Partien des Kandidatinnenwettkampfes vermerkte ich, wie sich die von mir herausgearbeiteten Eigenschaften beider Gegnerinnen im Spiel zeigten. Da wo die Eigenschaften zu Tage traten, setzte ich die entsprechende Ziffer ein. Es entstand ein recht interessantes Bild, das Nana auf alle Fälle beeindruckte. Nun werden wir mit Ihnen unter jenem Gesichtspunkt zwei Partien untersuchen, die fast zufällig ausgewählt wurden.

**Achmylowskaja – Alexandria**

Kislowodsk 1980, 6. Matchpartie

**1. d4 d5 2. c4 c6 3. Sf3 Sf6 4. Sc3 e6 5. Db3**

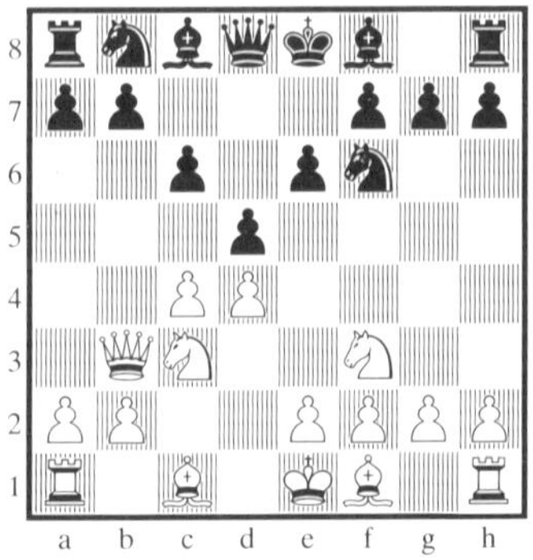


Der Wettkampfstand zu diesem Zeitpunkt war 2,5:2,5. Uns gelang es vorauszusehen, daß L. Achmylowskaja gerade 5. Db3 spielen wird. Sie ist eine positionelle Spielerin, die prinzipiell Eröffnungen, in denen sich ein scharfer Kampf entwickelt (Meraner Variante oder Botwinnik-System) ausweicht (**L2**). Aus diesem Grund war ein ruhiger Spielplan zu erwarten.

Für den schwarzen Antwortzug ist ein Plan im Sinne der Meraner Variante gut: 5. ... dc 6. D:c4 b5 und danach Sd7, Lb7 und irgendwann c6-c5, eventuell nach Abschluß der Entwicklung mit Le7 und 0-0. Bei der Vorbereitung fand ich aber im 27. Band des „Informators" die eben erst gespielte Partie Farago – Nogueiras (Kecskemet 1979). In ihr folgte 5....dc 6.D:c4 b6. Schwarz möchte nach 7.e4 La6 mit dem Tausch auf f1 dem Gegner die kurze Rochade nehmen.

Es geschah 7.g3 Le7 8.Lg2 0-0 9.0-0 b5! 10.Db3 (besser Dd3) 10....b4. Nach dem Springerrückzug spielt Schwarz 11....La6 mit Angriff auf e2, dann Lb5 und vielleicht a7-a5-a4 mit sehr aktiver Stellung.

Der Plan von Nogueiras gefiel mir. Ich hatte jedoch die Idee, ihn genauer auszuführen, indem der Zug b7-b5 in einem Tempo erfolgt. Spielen wir 5....Le7 (eigentlich der theoretische Hauptzug). Falls 6.g3, dann 6....dc 7.D:c4 0-0 8.Lg2 b5, und Schwarz hat ein ganzes Tempo gespart. 6.Lg5 wäre sicher stärker. Der Theorie weiter zu folgen mit 6....dc 7.D:c4 0-0 8.e3, gefiel mir nicht. Die entstehende passive Position entspricht nicht dem Stil von N. Alexandria. Die Variante von Nogueiras kommt dagegen in Frage.

**5....Le7 6.Lg5 dc 7.D:c4 b6**

Falls 8.g3, dann ist klar, daß im Vergleich zur Partie Farago – Nogueiras Schwarz mit Le7 einen nützlicheren Zug macht als Weiß mit Lg5. Überhaupt sieht das Fianchetto mit dem Läufer auf g5 nicht gut aus. Somit ist Weiß praktisch gezwungen, 8.e4 zu spielen, und Schwarz verwirklicht seine Idee mit dem Tausch auf f1.

Eine andere Frage lautet, wie gut ist diese Idee? Später analysierten Jussupow und ich das System und kamen zu dem Schluß, daß Weiß dennoch die besseren Chancen erhält.

**8.e4 La6 9.Db3 L:f1 10.T:f1**

Eine gute Alternative war 10.K:f1 mit späterem g3 und Kg2.

**10....0-0 11.0-0-0 Sbd7**

Weiß hat seine Figuren harmonisch entwickelt und etwas Raumvorteil. Seine Stellung ist sicherlich etwas günstiger. Unter Beachtung der unterschiedlichen Rochaden kann man jedoch eine deutliche Verschärfung des Kampfes erwarten. Aus diesem Grund waren wir mit den Ergebnissen der Eröffnung recht zufrieden. Am Ende erwies sich unsere Berechnung als richtig, obwohl wir einige unangenehme Minuten durchstehen mußten.

Obwohl die entstandene Stellung in der häuslichen Vorbereitung untersucht wurde, benötigte N. Alexandria für die bisherigen von uns schon vorher geplanten Züge 35 Minuten. Das ist nicht wenig, und die Zeit kann später fehlen. Wie Sie sehen, zeigt sich gleich zu Beginn die Schwäche **N3**, die unrationelle Zeiteinteilung.

**12.Se5**

Aus prophylaktischen Gründen ist 12.Kb1 vorzuziehen.

**12....S:e5 13.L:f6!**

Als wir die Varianten zu Hause kurz prüften, waren wir der Meinung, daß Schwarz nach 13.de Sd7 ausgezeichnet steht. Achmylowskaja schätzte die Stellung richtig ein (**L1**) und spielte stärker.

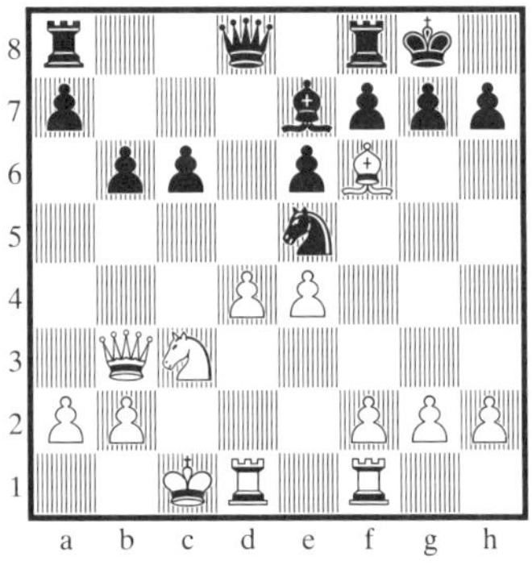

**13. ... Sd7**

Eine natürliche Antwort, obwohl Weiß danach durch den Raumvorteil die etwas besseren Chancen behält. Lassen Sie uns gemeinsam überlegen, was Schwarz noch unternehmen konnte:

Selbstverständlich ist 13. ... L:f6? 14. de Lg5+ 15. f4 schlecht. Nach 13. ... Sd3+ 14. T:d3 L:f6 entsteht ungefähr die gleiche Stellung wie in der Partie, nur daß Schwarz den Läufer statt des Springers behält. Dieser Umstand ist aber nicht günstig. Weiß spielt f4, e5, Se4 mit Vorteil.

Wir sind es nicht gewohnt, ohne extreme Notwendigkeit den Spielverlauf jäh zu ändern; deswegen kommen uns einige Züge gar nicht erst in den Sinn. Niemand kam auf die Idee 13. ... gf!?. Obwohl es merkwürdig aussieht, werden wir prüfen, was nach 14. de Dc7 herauskommt.

Auf der Hand liegt 15. ef L:f6 16. f4 mit der Absicht e5 und Se4. Es ist unklar, was Schwarz eigentlich wollte, warum er seinen Königsflügel schwächte. Stimmt, aber wir haben ein Zwischenschach außer acht gelassen, was die Bewertung der Stellung ändert: 15. ... Df4+ 16. Kb1 L:f6. Nun hat Schwarz einen starken Läufer auf f6. Bezüglich der Dame f4 muß sich Weiß Gedanken machen, ob sie auf h2 oder e4 (nach Tausch auf c3) einschlägt. Am besten, Schwarz stärkt einfach das Zentrum mit Tad8. Ich würde die schwarze Stellung bevorzugen.

Seinerseits kann Weiß versuchen, die Variante zu verstärken mit 16. Td2 (statt 16. Kb1) 16. ... L:f6 17. g3 Df3 (sonst 18. f4) 18. Sd5 (bei 16. Kb1 gäbe es diesen Zug nicht) 18. ... D:b3 19. S:f6+ Kg7 20. Sh5+ Kh6 21. ab mit besserem Endspiel für Weiß. In diesem Fall hat Schwarz aber noch einen Zwischenzug in Reserve: 16. ... Tfd8! 17. Tfd1 (17. Sd5 cd 18. fe Tdc8+) 17. ... D:f6 (f2-f4 geht schon nicht mehr) oder sogar 17. ... T:d2 18. T:d2 Td8.

Bei 13. gf muß man nach 14. de Dc7 auch mit dem positionellen Bauernopfer 15. f4 fe 16. f5! rechnen. Jedoch auch hier hat Schwarz genügend Gegenchancen. Er kann z. B. 16. ... ef spielen. Falls 17. T:f5, dann 17. ... Kh8 oder 17. ... Kg7 mit folgendem 18. ... f6. Springer und Dame von Weiß sind vom Königsflügel zu weit entfernt, so daß dort ein Angriff nicht rasch entfaltet werden kann. Schwarz beginnt dagegen, unmittelbar im Zentrum zu handeln mit Tad8. Immerhin hat er einen Mehrbauern.

Falls jedoch 17. ef, dann 17. ... Tfd8 18. Se4 Td5!. Und wieder gelingt es nicht, positionellen Druck auszuüben. Für den starken Springer auf e4 hat Schwarz nicht nur einen Bauern mehr, sondern auch noch Stützpunkte im Zentrum.

Fazit: 13. ... gf! ist ein ausgezeichneter Zug, der Schwarz vollwertiges Gegenspiel sichert. (Eben deswegen hätte Weiß 13. Kb1 ziehen und Se5 als Drohung aufrechterhalten sollen.) Aber kann man Nana einen Vorwurf machen? Ich bin überzeugt, daß diese Entscheidung auch viele Männer-Großmeister überfordert hätte.

**14. L:e7 D:e7 15. f4**

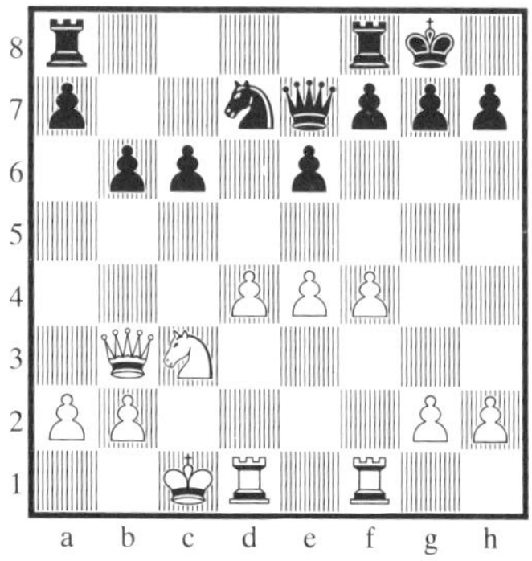


Überlegen wir, wie Schwarz sein Spiel gestalten kann.

Mir scheinen zwei Pläne möglich zu sein. Erstens der Versuch, durch f7-f5 Zentrumsfelder für seine Figuren zu erobern. Der Zug müßte sicherlich vorbereitet werden, indem der König die Diagonale a2-g8 verläßt: 15. ... Kh8.

Ein anderer Plan wäre ein Spiel am Damenflügel: b5, Sb6 sowie Sc4 und a5-a4. Im Falle von e4-e5 könnte der schwarze Springer das Feld d5 besetzen.

Ich weiß nicht, welcher der Pläne stärker ist, aber es war nötig, einen der beiden zu wählen. Nana spielte schablonenhaft und nicht sehr erfolgreich (**N2**).

**15. ... Tad8?!**

Warum? Falls Schwarz am Damenflügel angreift, könnte der Turm dort nötig sein. Bei dem Plan f7-f5 müßte der Bauer e6 eventuell mit dem Turm gedeckt werden.

**16. e5**

Achmylowskaja spielt logisch und konsequent. Sie möchte Se4 ziehen und mit dem Springer das starke Feld d6 besetzen. Außerdem muß Schwarz einen drohenden Angriff am Königsflügel durch f4-f5 einkalkulieren. Deswegen ist seine Antwort praktisch erzwungen.

**16. ... f5**

Wie spielt nun Weiß?

Sie haben nicht vergessen, daß die Rochaden in unterschiedliche Richtungen erfolgten? Dann sollte Ihnen als erstes 17. g4! einfallen. Auf 17. ... fg folgt 18. f5, wodurch der Bauer e6 angegriffen und das Feld e4 für den Springer frei gemacht wird. Die Antwort 17. ... g6 braucht man nicht erst zu untersuchen. Es ist klar, daß die Züge 17. g4 g6 vorteilhaft für Weiß sind.

Beide Gegnerinnen übersahen den Vorstoß 17. g4!. N. Alexandria wegen des mangelnden Gefühls für Gefahren (**N5**). Achmylowskaja deswegen, weil sie eine rein positionelle Spielerin ist und heftige Angriffszüge nicht zu ihrem Stil passen (**L2**).

**17. a4**

Sieht etwas riskant aus und schwächt die Flanke dort, wo sich der weiße König befindet. Wenn man jedoch die Möglichkeit 17. g4! vergißt, dann ist der Entschluß von L. Achmylowskaja positionell gerechtfertigt. Sie behindert die Entwicklung einer schwarzen Initiative am Damenflügel mittels b5 und Sb6.

**17. ... Kh8 18. Kb1**

Wie würden Sie jetzt als Schwarzer fortsetzen?

Einer der vernünftigen Pläne besteht in 18. ... a6, um 19. ... b5 vorzubereiten.

Eine andere Möglichkeit besteht in 18. ... Sb8 mit der Absicht, den Springer über a6 auf das geschwächte Feld b4 zu überführen. Falls dem Springer das Feld b4 verwehrt wird, dann gelangt er über c7 nach d5. Nach 18. ... Sb8 19. Dc4 könnte man den Bauern e6 decken und damit

Db7 vorbereiten oder sich an den ersten Plan erinnern und 19.... a6 und dann 20.... b5 mit Tempogewinn spielen.

**18.... Tb8?**

Dieser Zug ist schwach. Der Springer ist nun auf dem für ihn ungünstigen Feld d7 eingesperrt. Erneut ist Nana Alexandria nicht auf der Höhe ihrer Strategie (**N2**).

**19. Tc1 a5**

Auf das unmittelbare 19.... b5 gefiel Schwarz die Antwort 20. a5 offenbar nicht.

L. Achmylowskaja hat die Gegnerin schon überspielt. Dies kommt nicht überraschend, da wir ihre Überlegenheit im positionellen Kampf gegenüber Nana schon festgestellt haben. Jetzt beginnen aber die Schwierigkeiten für L. Achmylowskaja. Seine Überlegenheit muß man auf das Genaueste ausnutzen, aber das gelingt ihr eigentlich selten (**L3**).

Jetzt müßte Weiß 20. Sd1! spielen. Der Springer soll über c4 nach d6 gelangen. Nebenbei, was aber sehr wichtig ist, greift Weiß den Bauern c6 an und lenkt den Gegner von b6-b5 ab. Nach 20.... Tfc8 21. Se3 droht 22. Sc4. 21.... b5 geht kaum wegen 22. ab, und es hängt der Turm c8. Schlecht ist auch 20.... c5 wegen 21. d5.

**20. Tc2? Tb7 21. Sd1**

Jetzt ist das schon nicht mehr so stark, da Schwarz den Punkt c6 bequem verteidigen kann.

**21.... Sb8 22. Se3 b5 23. ab**

Es gab den interessanten Zug 23. Tc5!?. Den Umstand ausnutzend, daß der Springer an die Verteidigung des Bauern c6 gebunden ist, greift Weiß b5 an und schneidet zugleich die schwarze Dame vom Feld b4 ab.

**23.... T:b5**

Obwohl die schwarzen Bauern am Damenflügel geschwächt wurden, greifen dessen Figuren etwas stärker in das Spiel ein. Die Stellung nimmt an Schärfe zu.

**24. Dc3 Da7 25. Td1**

Stärker war 25. Sc4.

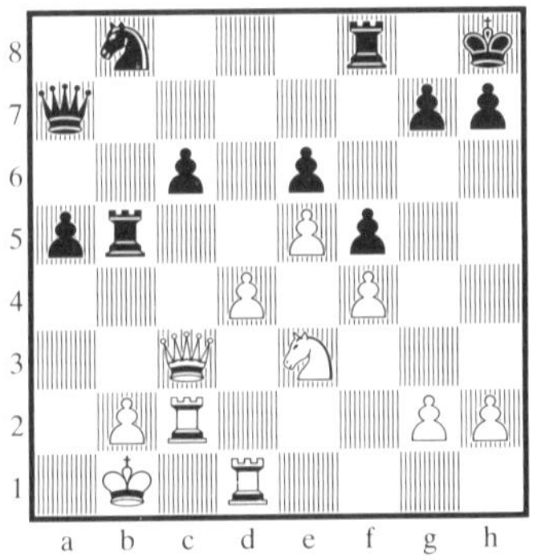

Welche Absicht verfolgt Weiß? Sicherlich soll der Springer nach d6 überführt werden. Der Turm muß das Feld b5 verlassen, wird aber sowieso auf der offenen Linie bleiben. Der zweite schwarze Turm ist noch passiv. Deswegen bietet sich an: 25.... Td8! 26. Sc4 Tdd5. Jetzt wäre 27. Sd6 schon nicht mehr derart gefährlich. Der Königsturm befindet sich im Zentrum, greift den Bauern d4 an und unterstützt den Vorstoß c5. Leider ließ N. Alexandria diese Chance aus (**N2**).

**25.... a4?! 26. Sc4 Sa6 27. Sd6**

Die Folgen von 27. Sa5!? c5 sind schwer einzuschätzen. L. Achmylowskaja läßt sich normalerweise nicht zu Flankenvorstößen hinreißen. Sie bevorzugt ein Spiel über das Zentrum.

**27. ... Tb6**

Wahrscheinlich richtig. Im Falle des schärferen 27.... Tb3 könnte sich folgende Variante ergeben: 28. D:c6 Sb4 29. Dc8 Db8 30. Sf7+! Kg8 31. D:e6 mit der Drohung des berühmten „erstickten" Matts (31.... S:c2 32. Sh6+ Kh8 33. Dg8+! T:g8 34. Sf7 matt).

**28. Da5 h6**

Schwarz hätte stattdessen die letzte Figur zum Damenflügel bringen können: 28.... Ta8, zog es aber vor, listiger zu spielen. Wie wir gerade sahen, benötigt Schwarz ein Schlupfloch. Zugleich wird die Gegnerin provoziert, den a-Bauern zu verspeisen, wonach Angriffslinien am Damenflügel geöffnet werden.

**29. D:a4?!**

Achmylowskaja erwies sich als geizig. Nach 29. Td3 mit folgendem Ta3 blieb die schwarze Stellung unbequem.

**29.... Ta8**

Wie schnell sich die Situation ändert! Für den Bauern erhält Schwarz einen gefährlichen Angriff auf der geöffneten a- und b-Linie (stellen Sie sich das Wolgagambit mit dem weißen König auf dem Damenflügel vor!). Es droht 30.... Db8 und dann Sb4.

Sobald sich statt des ruhigen Manövrierens ein anstrengendes, Berechnung erforderndes Spiel entwikkelte, gelang es Alexandria, ihre Gegnerin zu überspielen. Das ist nicht überraschend, wenn man **N1** und **L2** berücksichtigt.

**30. Tc3 Db8 31. Sc4 Tb5**

Aufmerksamkeit verdiente 31.... Tb4.

**32. Ta3 Sc7 33. Dc2 Sd5**

Weiß zog den Turm geschickt zur Verteidigung heran, so daß die Stellung recht unklar ist. Jetzt sollte man einfach den Bauern verteidigen: 34. g3. Mit dem vorherigen Turmtausch macht Achmylowskaja einen Fehler.

**34. T:a8? D:a8 35. g3**

Hier wirkten sich die von Nana in der Eröffnung nutzlos vergeudeten 35 Minuten aus. In Zeitnot (**N3**) ließ sie einen relativ einfachen Gewinnweg aus. Sehen Sie, wie sie hätte spielen sollen?

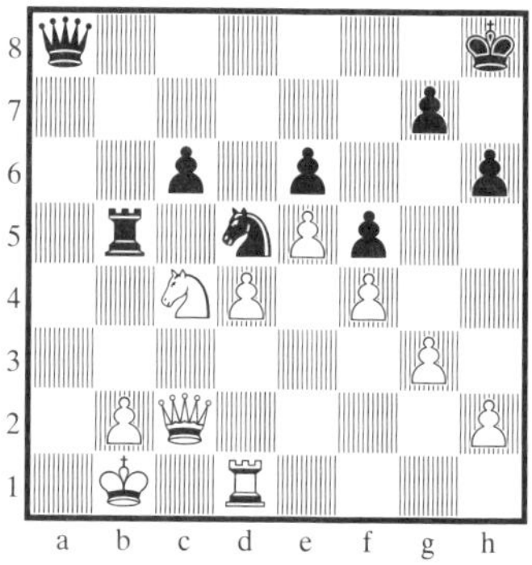

Es gewann 35.... c5! 36. dc Sb4 37. Db3 De4+. Eine schöne Geometrie. Die Attacke entlang der Linien wird unerwartet unterstützt durch die Einbindung der Dame über die scheinbar völlig überladene Diagonale h1-a8.

**35.... Da6 36. Td3**

Jetzt könnte die Partie unentschieden enden nach 36.... Sb4 37. Ta3 S:c2 38. T:a6 S:d4 mit ungefähr gleichem Endspiel. Aber Alexandria spielt in beiderseitiger Zeitnot auf Sieg.

**36.... Tb4 37. Sa3 Db6 38. Sc4 Db5 39. Sa3??**

Ein schweres Versehen. Nach 39. b3 bliebe die Stellung unklar.

**39.... T:b2+! 40. D:b2 D:d3+**

Schwarz gewann den Bauern zurück und hat jetzt großes positionelles Übergewicht. Alexandrias Überlegenheit in zugespitztem Spiel wirkte sich schließlich aus.

Hier gab Achmylowskaja ihren Zug ab. Ich werde den Partieschluß nicht gleich zeigen. Sie finden ihn in der Anlage zur Vorlesung von Großmeister Kaidanow im 6. Kapitel des Buches.

Nun untersuchen wir die neunte Partie, die zur letzten in dem Wettkampf wurde. Alexandria führte mit zwei Punkten vor der Gegnerin und spielte zudem noch mit Weiß. Achmylowskaja mußte unbedingt zwei Partien hintereinander gewinnen.

**Alexandria – Achmylowskaja**

Kislowodsk 1980, 9. Wettkampfpartie

**1. d4 Sf6 2. Lg5 d5**

Auch in dieser Situation, in der ein Unentschieden einer Niederlage gleichkommt, wählt Achmylowskaja ein ruhiges Entwicklungssystem. Einerseits ist das richtig, man muß „seine" Stellungen anstreben und solche Systeme anwenden, die dem eigenen Geschmack und Schachstil entsprechen. Andererseits muß man es bedauern, daß ihr Stil so wenig vollkommen ist und die Anwendung schärferer Entwicklungssysteme auch in solch einem wichtigen Moment nicht zuläßt (wegen **L2**).

**3. L:f6 ef 4. e3 Le6 5. Sd2 c6 6. Ld3 f5 7. Df3**

Dieser Zug ist in ähnlichen Stellungen häufig nützlich. Hier sollte man damit aber noch warten. Stärker war 7. Se2 mit folgendem c4 und Sc3 (oder Sf4). Und erst dann, falls es nötig war, konnte man Df3 ziehen.

**7. ... g6 8. Se2 Sd7**

Jetzt gäbe es auf 9. c4 die unangenehme Antwort 9. ... Lb4, deswegen rochiert Alexandria vorher.

**9. 0-0 Ld6**

Vorzuziehen war 9. ... Sf6 und 10. ... Se4, um die Nachteile des frühen Damenzugs nach f3 auszunutzen.

**10. c4 Sf6 11. Sf4 0-0 12. cd cd?!**

Ich hätte auf d5 mit einer Figur geschlagen, wahrscheinlich mit dem Läufer. Achmylowskaja möchte mit dem Springer das Feld e4 besetzen, obwohl der Punkt nicht so wichtig ist. Viel wichtiger ist es, daß der weißfeldrige Läufer von den eigenen Bauern eingeengt bleibt.

Erinnern wir uns jetzt an die letzten fünf Züge von Weiß: Se2, 0-0, c4, Sf4, cd. Alle bis auf den letzten sind offensichtlich und könnten zweifellos auch in einer Blitzpartie vorkommen. Wieviel Zeit war für sie nötig? Sicherlich zehn Minuten oder etwas mehr bzw. etwas weniger. Aber wieviel Zeit brauchte Alexandria, wieviel war es nach Ihrer Meinung? 30 Minuten? Mehr – über eine Stunde! Das ist natürlich höchst unpraktisch und verschlechtert die Gewinnchancen in der Partie. Sicher kommen noch kompliziertere Probleme als jene, die während der letzten fünf Züge zu lösen waren, aber dann wird die Zeit wahrscheinlich zu knapp sein. Hier zeigte sich nicht nur die „Zeitnotkrankheit" von Nana (**N3**) sondern auch ihre erhöhte Emotionalität (**N4**). Das Milieu der entscheidenden Partie beeinflußt sie, läßt sie nervös werden. Sie überprüft wiederholt ihre Entscheidungen. Im Ergebnis verschlechtert sich die Qualität ihres Spiels.

**13. Sb3?!**

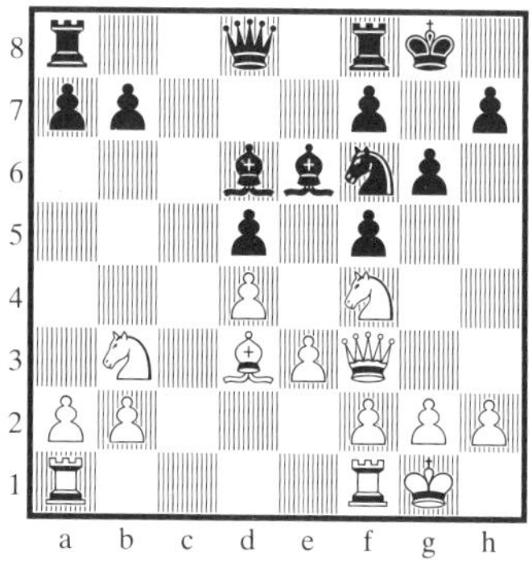


Der Springer hat auf dem Feld b3 nichts verloren.

Alexandria stellt manchmal ihre Figuren nicht auf die richtigen Plätze (**N2**). Besser war der Zug 13. De2, der das Feld f3 für den Springer oder Bauern freimacht, falls ein schwarzer Springer von e4 vertrieben werden muß.

Trotzdem bleibt die weiße Stellung fest. Schwarz steht gut, aber vergessen Sie nicht, daß er gewinnen muß.

Achmylowskaja beginnt aktive Handlungen. Aber ein scharfes Spiel ist nicht ihre Stärke, weswegen alle ihre folgenden Züge nicht die stärksten sind.

**13.... g5?! 14. Sh5 Se4?!**

Besser war 14.... g4 15. S:f6+ D:f6 und dann f5-f4.

**15. De2 g4?!**

Wozu wird der Punkt f4 aufgegeben?

**16. Sf4 Dg5**

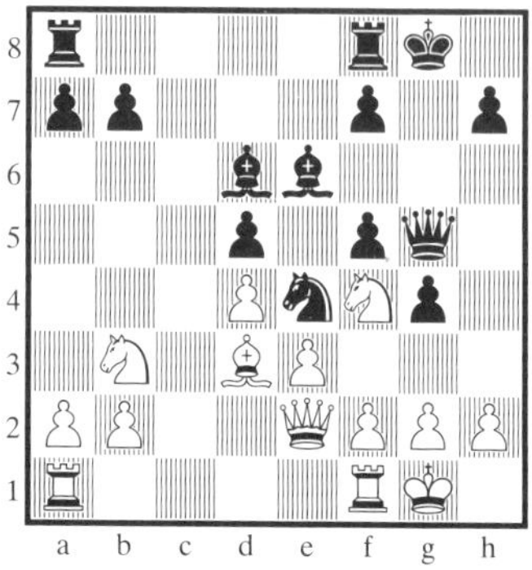


Überlegen wir nun, wie Weiß fortsetzen soll.

Ich habe einen unerwarteten Vorschlag: prüfen wir 17. L:e4 und eventuell 17.... fe 18. g3. Weiß hat einen bemerkenswerten Springer, wogegen sich Schwarz nach dem Tausch auf f4 mit einem hoffnungslos schlechten Läufer begnügen muß. (Sie verstehen, daß ich dies nicht vorschlagen würde, falls ein schwarzer Bauer auf g7 stehen würde.)

Weiß hat eine Reihe nützlicher Züge, z.B. Sc5, Tc1, Db5. Welchen Plan hat jedoch Schwarz? Vielleicht h7-h5-h4, um einen Angriff auf der h-Linie vorzubereiten. Dieser ist aber nicht sehr gefährlich, da h4:g3 immer mit f2:g3 beantwortet werden kann, mit dem Ziel, die Verteidigung auf der zweiten Reihe zu organisieren. Zudem schafft es Weiß viel eher, aktive Handlungen zu unternehmen.

Ich glaube, daß nach einem Tausch auf e4 jegliches Spiel des Schwarzen auf Gewinn vorbei gewesen wäre, noch bevor es richtig begonnen hätte. Die schwarze Stellung wäre völlig perspektivlos geworden. Darüberhinaus mußte man sich mit dem Tausch nicht beeilen, sondern konnte das ebenso gute vorbereitende 17. g3 ziehen.

**17.f3?!**

Ein möglicher, aber nicht der sicherste Plan. Im Prinzip ist es besser bei zwei gegnerischen Läufern, das Spiel nicht zu öffnen, sondern es geschlossen zu halten.

**17.…gf 18.T:f3 Kh8 19.Taf1 Tg8**

Schwarz gelang es, einen gewissen Druck am Königsflügel zu entfalten. Wenn der Gegner einen Angriff vorbereitet, sollten Sie versuchen, den Spielverlauf zu ändern und zu einer für Sie günstigen statischen Situation überzugehen. Überprüfen wir auch hier den Zug 20.L:e4. Ich verstehe, daß es schade wäre, den Doppelbauern aufzulösen, aber andererseits ist jede Vereinfachung für Weiß vorteilhaft. Nehmen wir folgende Variante an: 20.…fe (20.…de ist nicht besser) 21.Tg3 De7 (oder 21.…Dh4) 22.T:g8+ T:g8 23.Kh1. Obwohl es hier weniger ruhig zugeht als bei 17.L:e4, hat der schwarze Angriff genau so geringe Erfolgschancen. Weiß besitzt den ausgezeichneten Springer f4, der die ganze Stellung zusammenhält. Er muß nur noch den Springer b3 auf ein besseres Feld führen, z.B. auf c3 (etwa nach Sc5, Sa4-c3)

Wie sich jedoch nach der Partie herausstellte, dachte Alexandria gar nicht an den Tausch auf e4. Es störte die Schablone: Schwarz hat Doppelbauern, wozu sie auflösen. Insgesamt war in diesem Partieabschnitt das ungenügende positionelle Arsenal von Nana zu spüren (**N2**).

**20.Kh1? De7!**

Ein guter prophylaktischer Zug. Im Fall von L:e4 kann Weiß jetzt nicht mehr den Turm mit dem Zug Tg3 tauschen. Die weiße Stellung bleibt trotzdem fest. Es ist noch nichts Schlimmes passiert. Offenbar sollte mit dem schlecht stehenden Sb3 etwas geschehen.

**21.Sc1 Tg4**

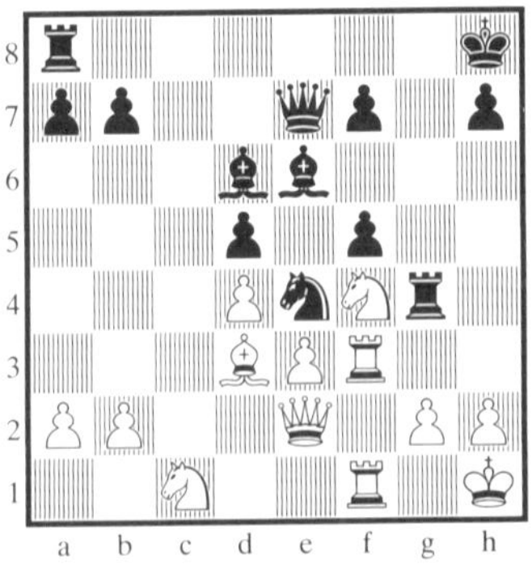

**22.Lc2?**

Es ist verführerisch, den Springer auf d3 zu stellen, Schwarz verfügt jedoch über eine starke Erwiderung, die Alexandria unterschätzte. Ihr schwaches Gespür für Gefahren machte sich bemerkbar (**N5**).

Sicherer war 22.Dd1 und 23.Sce2. Der Springer könnte von e2 aus seinen Kollegen auf f4 unterstützen, das Feld g3 kontrollieren und eventuell nach c3 ziehen.

**22.…Tag8 23.Scd3 Ld7!**

Ein ausgezeichneter Zug. Der Läufer droht, über b5 ins Spiel einzugreifen. Falls 24.a4, so 24.…b5!.

Zu dem Einschlag auf d5 konnte sich Alexandria wegen der folgenden seltsamen Variante nicht entschließen, die ihr alle Ehre gemacht hätte (**N1**). (Ich vermute übrigens, daß Achmylowskaja nicht an diese Variante dachte.) 24.S:d5 Dh4 (droht Sg3+) 25.Th3 Lc6!! 26.T:h4 T:h4. Für die Dame hat Schwarz nur einen Turm, aber alle seine Figuren beteiligen sich am Angriff. Weiß hat Probleme, die ihm drohenden Gefahren zu parieren.

Nachdem sie diese effektive Idee für die Gegnerin gefunden hatte, übersah Nana mit dem nächsten Zug einen anderen, einfacheren Plan. Die Stellung ist aber schon so zugespitzt, daß guter Rat für Weiß teuer ist.

**24. Sf2 T:f4! 25. T:f4 L:f4**

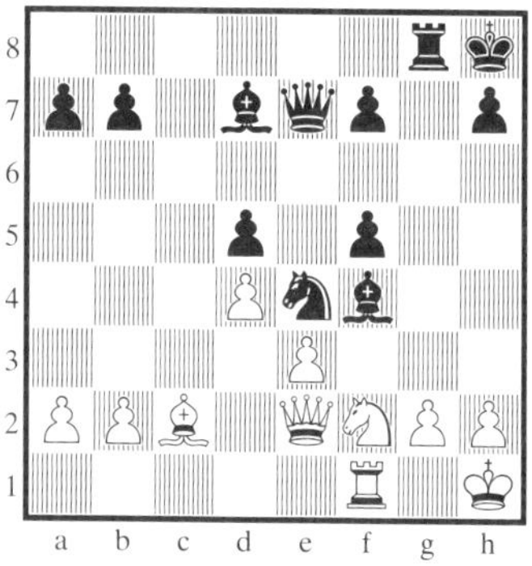


Frage: Womit schlägt man auf e4?

In den letzten Zügen hat sich die Situation jäh verändert. Die Stellung wurde unangenehm für Weiß, aber noch keineswegs hoffnungslos. Jetzt ist es wichtig, die Kaltblütigkeit zu wahren und sich mit Ruhe in den entstandenen Problemen zurechtzufinden. Wie ich schon bemerkte, ist Alexandria sehr emotional. Die Veränderung des Charakters der Auseinandersetzung beeinflußt spürbar ihre Stimmung. Sie kann sich nicht mehr bremsen, sich nicht mehr kontrollieren und die Varianten nicht mehr ruhig berechnen. Aus diesem Grund unterläuft ihr ein Fehler nach dem anderen (**N4**).

Die Lösung der Aufgabe erfordert sowohl genaue Berechnung als auch eine richtige Stellungsbewertung. Ich denke, daß 26.S:e4 richtig ist. Auf 26....L:e3 gingen 27.Sc5 oder 27.Sf6, so daß nur die Erwiderung 26....L:h2 zu fürchten wäre. Aber dann folgt 27.K:h2 fe 28.Dh5 mit Angriff auf die Bauern f7 und d5 oder 27....Dh4+ 28.Kg1 fe 29.T:f7. In beiden Fällen behält Weiß Gegenspiel.

Weit schwächer ist das Schlagen auf e4 mit dem Läufer.

**26. L:e4? Lb8?**

Sobald es zur konkreten Berechnung kommt, macht Achmylowskaja Fehler (**L2**, **L3**). Sicherlich hat sie auf S:e4 den Läuferrückzug geplant, um den „Vorteil des Läuferpaares" auszunutzen, und nun wollte sie von dem Plan nicht mehr abweichen. Ein Schlagen auf e4 mit einem der Bauern hätte ihr jedoch einen Vorteil eingeräumt:

a) 26....fe 27.ef e3! (die Blockade des Bauern auf den schwarzen Feldern darf nicht zugelassen werden). Sofort eröffnen sich dem Läufer ausgezeichnete Perspektiven, z.B. Lg4, Lf5-e4 oder a6 und Lb5. Der Freibauer ist auch recht gefährlich.

b) 26....de 27.ef Db4! Droht Lb5 und greift den Bauern d4 an, der schwer zu verteidigen ist. Zudem ist der weiße Springer schlecht postiert.

Ich weiß gar nicht, welche der beiden Möglichkeiten, den Läufer zu schlagen, besser ist. Auf jeden Fall sind beide stärker als der von Achmylowskaja gewählte Zug.

**27. Lf3 Dh4?**

Noch ein Fehler. Lena übersieht die einzige Erwiderung der Gegnerin. Man mußte 27....Te8 spielen, um

Schwarz mit dem Problem des Bauern e3 zu konfrontieren.

**28. Sh3 Te8 29. Dd2 De7 30. L:d5?**

Der weiße Springer bleibt nun erst einmal auf h3 stecken. Stärker war natürlich 30. Sf4 D:e3 31. D:e3 T:e3 32. S:d5 mit etwas besserem Endspiel für Weiß. Wiederholt zeigte Alexandria ein mangelndes Stellungsverständnis (**N2**), gekoppelt mit der Neigung, Fehler serienmäßig zu produzieren (**N4**).

Nana verzichtete auf 30. Sf4 wegen der Antwort 30.... Lc6, nach der ein Schlagen auf d5 nicht mehr in Frage kam. Eine schwache Begründung! Am einfachsten war es, auf Sicherheit zu spielen: 31. g3! D:e3 32. D:e3 T:e3 und nun entweder 33. L:d5 oder das kaltblütige 33. Kg2. Mit dem Rückgewinn des Bauern brauchte man sich nicht zu beeilen. Alles ist zuverlässig blockiert, und die Läufer sind in ihrer Beweglichkeit eingeschränkt. Die weiße Stellung wäre auf alle Fälle nicht schlechter.

**30.... D:e3 31. D:e3 T:e3**

Droht 32.... Te2.

**32. Lf3**

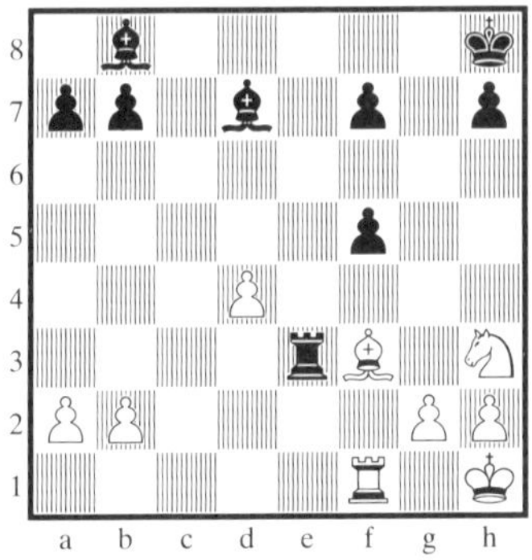

Mit seinem Läuferpaar und wegen des weißen Randspringers steht Schwarz etwas günstiger. Wenn nur die Bauern am Königsflügel (f5, f7 und h7) nicht so arg schwach wären...

Weiß beabsichtigt, den König ins Zentrum zu bringen. Solange dies noch nicht geschehen ist, sollte Aktivität entwickelt werden. Ich würde 32.... a5!? mit der Idee La7 vorschlagen. Für Schwarz wäre es günstig, den Bauern nach d5 zu locken und dann den Läufer auf d4 zu zentralisieren.

**32.... b6?!**

Wozu? Weiß möchte doch auf b7 gar nicht schlagen, da er gerade Lf3 zog. Nun wird es schwierig, den Bauern d4 zu attackieren. Die Gewohnheit, aus „allgemeinen Erwägungen" zu spielen, behinderten Lena wiederholt, die Vorzüge ihrer Lage auszunutzen (**L3**).

**33. Kg1 Kg7**

Falls Alexandria nun 34. Kf2 spielen würde, bekäme sie eine herrliche Stellung. Sie müßte dann nur noch g2-g3 und Sf4 ziehen. Nana war jedoch schon in Zeitnot, in welcher Logik und Berechnung durch Emotionen und häufig fehlerhafte Empfindungen verdrängt werden. Sie erkannte, daß bei 34. Kf2 Td3 gleich zwei Bauern angegriffen sind, sah jedoch nicht, daß nach 35. Td1 T:d1 36. L:d1 auf h2 nicht genommen werden darf.

**34. Td1?! Te8 35. g3?**

Warum ist dieser eigentlich planmäßige Zug falsch. Man muß sich die Frage stellen, was Schwarz mit dem Turmrückzug beabsichtigt. Nur wegen des Tempos Kf2 oder mit irgendeiner anderen Idee? Natürlich, der Turm will nach c8. Um ihn nicht auf die offene c-Linie zu lassen, mußte 35. Tc1 gespielt werden.

**35.... Tc8 36. Td2 Ld6 37. a3 Le7 38. Sf4 Lg5**

Der Läuferzug nach g5 ist mir unverständlich.

**39. Kf2 Kf8 40. h4 Lh6**

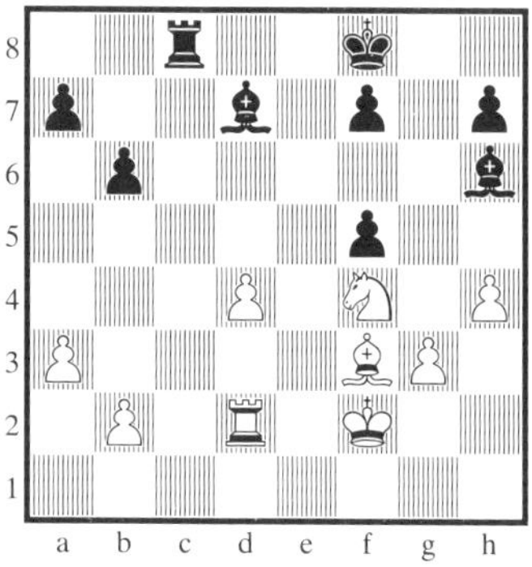


Hier wurde die Partie vertagt. Weiß steht sicher, aber etwas passiv. Trotz der vereinzelten Bauern am Königsflügel behält Schwarz die Initiative dank dem Läuferpaar und dem Besitz der c-Linie.

Wie könnte Weiß am besten fortsetzen? Der Läufer, der ins Leere zielt, sollte nach b3 gehen, um die weißen Felder am Damenflügel zu decken und den Turmtausch auf c2 vorzubereiten. Nach 41. Ld1! wäre das Unentschieden nicht mehr fern. Leider gab Alexandria einen weniger genauen Zug ab (**N2**, **N5**):

**41. Ld5? La4!**

Der Läufer gelangt schon nicht mehr auf b3, und Schwarz will seine Figuren mit Tc1 und Lc2-e4 aktivieren.

**42. b3**

Bei der Analyse entschieden wir, daß der Zug notwendig ist. Aber nun erobert Schwarz das Feld c3 zum Eindringen des Turmes.

**42.... Le8**

Grundsätzlich erwarteten wir hier 42.... Ld7 43. a4 L:f4 44. gf Tc3. Die weiße Verteidigung ist schwieriger, als es auf den ersten Blick scheint. Am besten ist sicherlich 45. Ke2! Lc8!? (45.... Th3 46. Tc2; 45.... b5 46. ab L:b5+ 47. Lc4) 46. Lc4 Th3 47. d5 T:h4 48. Ke3 Ld7! 49. Le2!, aber nicht 49. d6? Th6 oder 49. Kd4? Ke7!.

**43. a4 Lg7 44. Se2 Tc7!**

Ein ausgezeichneter prophylaktischer Zug. Achmylowskaja nimmt dem gegnerischen Läufer das Feld c4. 45. Lc4 ist nun schlecht wegen 45.... L:a4 (mit dem Turm auf c8 wäre das Schlagen auf a4 nicht gut wegen des Zwischenzuges La6). Schwarz möchte den König nach d6 stellen, den weißen Läufer aus dem Zentrum vertreiben und dann den eigenen Läufer nach a6 überführen.

**45. Td3 Tc2?**

Damit weicht Achmylowskaja vom beabsichtigten Plan ab, was sich als fehlerhaft erweisen sollte.

45.... Ke7! hätte den schwarzen Vorteil bewahrt, das Eindringen des Turmes wird dagegen leicht pariert.

**46. Ke3**

Neben der Verteidigung des d-Bauern möchte Weiß den Turmtausch anbieten: 47. Tc3. Das Leichtfigurenendspiel wäre remis. Falls Schwarz dem Tausch ausweicht, dann könnte der weiße Turm unangenehm auf c8 oder c7 eindringen.

**46.... Lh6+ 47. Kf3**

Wieder droht Tc3.

**47.... Lg7.**

Man konnte mit dem König nach e3 zurückkehren, aber der Turmtausch geht auch gleich.

**48. Tc3 T:c3 49. S:c3**

Auf 49.... L:d4 folgt 50. Sb5 mit Remis. Die Stellung ist völlig ausgeglichen. Schwarz hat keine Siegeschancen mehr.

**49.... Ld7 50. Se2 Le6 51. Lc4 Ke7 52. Ke3 Kd6 53. Sf4 Lh6 54. Kf3 Lg7 55. Ke3 Lh6 56. Kf3** remis.

Wie Sie sehen, war die Partie recht schwierig, belastend und mit vielen Fehlern behaftet. Solche keineswegs beispielhaften Partien kommen bei jedem von uns vor, zudem häufiger als man möchte.

Sie konnten sich davon überzeugen, daß die den beiden Gegnerinnen unterlaufenen Fehler nicht zufällig waren, sondern eine Folge der ihnen eigenen schachlichen und psychologischen Mängel. Ich hoffe, daß das heutige Gespräch Ihnen hilft, sich und das eigene Spiel kritisch zu betrachten, zu überlegen, was Sie stört und von welchen Schwächen Sie sich rasch befreien sollten.

## Übungen

Als „Hausaufgabe" biete ich Ihnen drei Übungen an. Sie stammen alle aus Partien ein und desselben berühmten Großmeisters. Nach dem Finden der Lösungen überlegen Sie, worin der verwundbare Punkt des Großmeisters bestehen könnte, wenn er in allen drei Fällen nicht die stärkste Fortsetzung gewählt hatte.

1

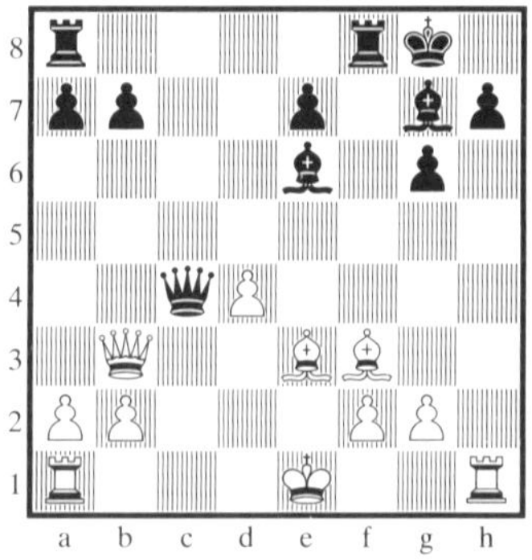

Schwarz am Zug

2

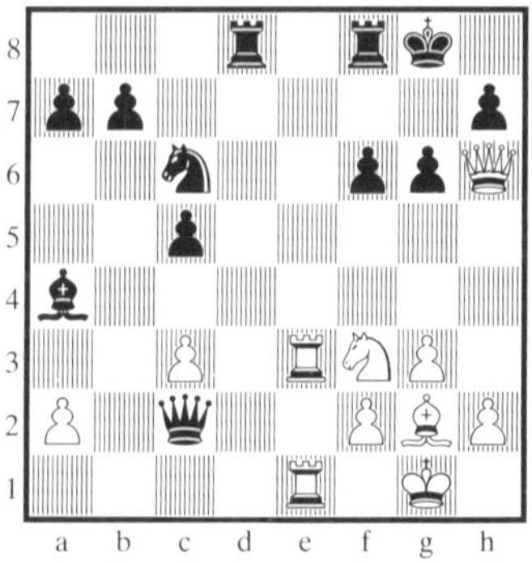

Weiß am Zug

3

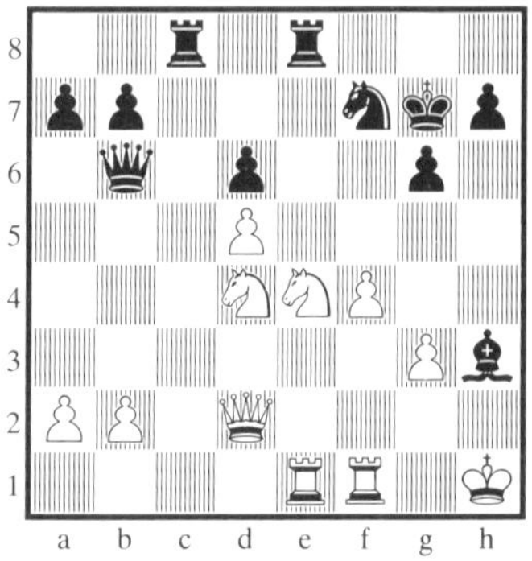

Weiß am Zug

# Lösungen

## 1

**Smyslow – Botwinnik**

Moskau 1958, 7. Wettkampfpartie

In diesem Moment nahm Botwinnik das vom Gegner vorgeschlagene Remis an. Er konnte jedoch durch ein Qualitätsopfer Vorteil erzielen:

**16.... T:f3! 17. gf Dc6 18. Dd1 Ld5 19. Th3** (19. Tc1 De6 20. b3 Tf8) **19.... De6** mit Doppelangriff auf h3 und a2.

Warum spielte Botwinnik nicht so? „Während der Partie untersuchte ich das Qualitätsopfer nur nach einem vorhergehenden Tausch der Damen auf b3, da ich nach 16.... T:f3 17. D:c4 den Zwischenzug 17.... T:e3+ übersah" (M. Botwinnik).

## 2

**Botwinnik – Smyslow**

Moskau 1958, 18. Wettkampfpartie

In der Partie geschah 23. Lh3? Se5 24. S:e5 fe 25. f4? (25. f3! Ld7! 26. T1e2 =) 25.... Lc6 26. Dg5?!, und hier zog Smyslow 26.... Tde8, wodurch er den forcierten Gewinn mit 26.... Td2! 27. Le6+ Tf7! 28. L:f7+ K:f7 ausließ.

Aber vorher übersah schon Weiß eine Gewinnchance.

**23. Sd4!! S:d4**

23.... cd 24. Ld5+! T:d5 25. Te8! oder 24.... Kh8 25. Te7.

**24. Te7!**

Botwinnik irrte sich nicht nur in der Partie, sondern auch in der Analyse. Er verwies auf 24. Ld5+! (Ausrufezeichen von Botwinnik) 24.... T:d5 25. Te7, in diesem Fall kann sich Schwarz folgendermaßen retten: 25.... Se2+! 26. Kf1 (26. T7:e2? Td1! oder 26. T1:e2? Td1+ 27. Kg2 Lc6+ 28. f3 L:f3+) 26.... Tf7 27. T:f7 K:f7 28. D:h7+ Kf8 = (gefunden durch die Lehrgangsteilnehmer bei der Lösung der Hausaufgabe).

**24.... Tf7 25. Ld5!**

Es gewann auch 25. T:f7 Se2+ 26. T:e2 Td1+ 27. Lf1 T:f1+ 28. K:f1 Dd1+ 29. Te1 Lb5+ 30. Kg2 Dd5+ 31. f3 (oder Kh3) 31.... D:f7 32. Df4, noch einfacher und überzeugender war jedoch 25. Ld5!.

**25.... Sf3+ 26. Kh1 D:f2 27. L:f7+ Kh8 28. Te8+!**

## 3

**Botwinnik – Suttles**

Belgrad 1969

Das naheliegende 25. f5? ist falsch wegen 25.... T:e4!. In der Partie geschah 25. Tf3? Tc4 26. Td3, und jetzt könnte Schwarz statt 26.... Db4?! 27. b3 D:d2 28. T:d2 Tc7 29. Tde2 mit 26.... Lf5! 27. S:f5+ gf 28. Tb3 Dc7 das Spiel völlig ausgleichen.

Es gewann dagegen **25. b3!! L:f1 26. Db2 Kf8 27. Se6+ T:e6 28. de** (gezeigt von G. Tringow).

In den Kommentaren zu jedem der drei Beispiele stellte Botwinnik selbst die Diagnose: „es zeigte sich meine alte 'Krankheit' – die Schwäche des kombinatorischen Sehvermögens". Sie läßt sich am besten heilen, indem man die Lösung von Aufgaben und von praktischen Stellungen mit ungewöhnlichem und schönem Inhalt trainiert.

## Anlage I zur Vorlesung von M. Dworezki

# Der Weg nach oben

(aus einem Interview nach Abschluß der Jugendweltmeisterschaft 1978)

Im Schach wie in jeder anderen Sportart besteht ein Unterpfand künftiger Erfolge in einem gut organisierten Trainingsprogramm. Es gibt viele Spielfertigkeiten, wie etwa die Fähigkeit, lange Varianten zu berechnen, eine Stellung richtig zu bewerten, eine Überlegenheit exakt zu realisieren sowie die psychologisch richtige Entscheidung zu treffen. Diese Fertigkeiten kann und muß man sich durch ein spezielles Training erarbeiten. Die ständige Ausrichtung der Aufmerksamkeit eines Schachspielers auf gewisse „zurückgebliebene" Komponenten seines Spiels und mehrfach wiederholte spezielle Übungsaufgaben helfen, diesen oder jenen Mangel zu beheben oder auf ein Minimum zu reduzieren.

Natürlich entwickeln sich die Fertigkeiten auch ohne systematischen Unterricht, d.h. nur im Ergebnis der Turnierpraxis. Dieser Prozeß verläuft jedoch ungesteuert, zufällig. Infolgedessen weisen viele starke Spieler für ihre Klasse überraschende Mängel auf. Wir erzielten Erfolge bei der Ausbildung einer sehr wichtigen Eigenschaft – Stabilität und Zuverlässigkeit im Spiel – gerade auf dem Weg der planmäßigen Beseitigung von Mängeln.

Tschechow z.B. hatte Probleme mit der Endspieltechnik. In der Arbeit mit ihm legten wir den Schwerpunkt auf das Erlernen typischer Verfahren in den verschiedenen Endspielarten. Im Ergebnis stieg seine Spielstärke sehr rasch.

Dolmatow mangelte es lange an der physischen Widerstandsfähigkeit. Ständige sportliche Betätigung (Laufen, Fußball, Schwimmen usw.) in Verbindung mit Wasserprozeduren stärkten sein Nervensystem. Jetzt reichen seine Kräfte sowohl für einen fünfstündigen Kampf als auch für die Länge eines Turniers.

Es gibt immer viele Probleme. Löst man eines, dann taucht ein weiteres auf. Die Verbesserung der Spieltechnik bei Dolmatow führte zum Beispiel dazu, daß er anfing, Stellungen zu vermeiden, die viele Berechnungen erforderten. Er bemühte sich, den Partieausgang mit rein technischen Mitteln zu entscheiden. Nachdem wir diese Tendenz rechtzeitig erkannten, ergriffen wir die entsprechenden Maßnahmen.

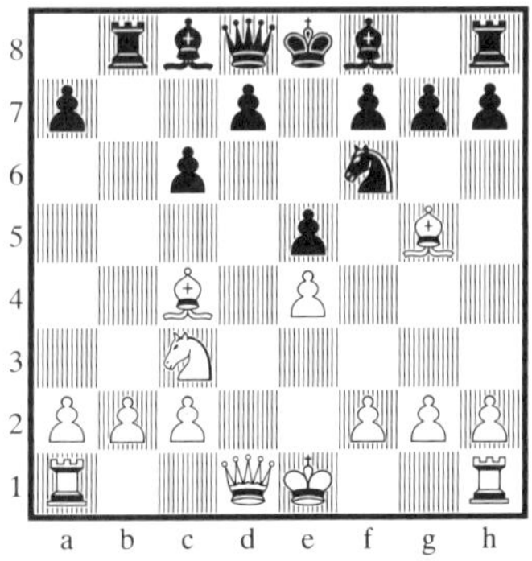

Diese Stellung entstand in einer der Partien von Dolmatow nach den Zügen 1.e4 c5 2.Sf3 Sc6 3.d4 cd 4.S:d4 Sf6 5.Sc3 e5 6.S:c6 bc 7.Lg5 Tb8 8.Lc4.

Treu seinem „technischen" Credo wählte er hier 8.... d6. Obwohl er später einen Sieg erzielte, wurde er bei der Analyse kritisiert, weil er den Zug 8.... T:b2 nicht gewählt hatte. Wahrhaftig, es ist nicht schwer zu beweisen, daß nach 9.Lb3 Lb4 10.Ld2 Da5 die Fortsetzung 11.Df3 wegen 11.... La6 schlecht ist, und daß bei 11.Sa4 S:e4 Schwarz starken Angriff für die Qualität hat.

Danach richteten wir unsere Bemühungen darauf, bei Dolmatow den Geschmack auf scharfes, kombinatorisches und dynamisches Spiel zu entwickeln, das eigentlich seiner natürlichen Begabung entspricht.

Im Arbeitsprozeß nutzen meine Schüler aktiv ihre Partien und Analysen. Hier ein Beispiel. Bei der Untersuchung einer Stellung der Tscheljabinsker Variante, die nach 1.e4 c5 2.Sf3 Sc6 3.d4 cd 4.S:d4 Sf6 5.Sc3 e5 6.Sdb5 d6 7.a4 h6 8.Lc4 a6 9.Sa3 Le6 10.0-0 Tc8 entstand, entdeckte Jussupow eine auf den ersten Blick unangenehme Erwiderung: 11.L:e6 fe 12.Dd3.

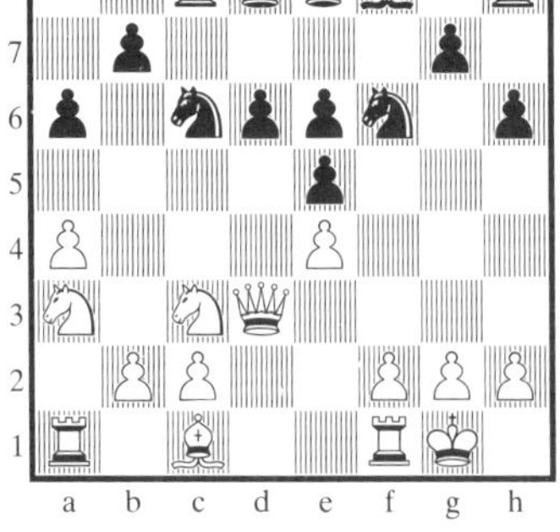


Jetzt folgt auf 12.... Le7 das starke 13.Dg3, und die Rochade verbietet sich wegen 14.L:h6. Auf 13.... Kf7 folgt effektvoll 14.f4!.

Nach längerem Suchen schlug Jussupow 12.... Dd7 vor und darauffolgend Df7, Le7 sowie 0-0. Dieser langsame Plan räumt Weiß jedoch gute Chancen ein, nach f2-f4 Initiative zu entfalten.

In der gemeinsamen Analyse fanden wir, daß nach 12.... Le7 13.Dg3 der Zug 13.... g5 den Vorstoß f2-f4 im Keim erstickt. Schwarz erhält sogar das bequemere Spiel.

Während der Analyse der Stellung untersuchten wir nebenbei die Pläne beider Seiten bei ähnlichen Bauernstrukturen im Mittelspiel. Der typische Vorstoß f2-f4 kann sich als äußerst wirksam erweisen, z.B. in der Variante 1.e4 c5 2.Sf3 d6 3.d4 cd 4.S:d4 Sf6 5.Sc3 a6 6.Le3 e5 7.Sf3 h6 8.Lc4 Le6 9.L:e6 fe 10.Sh4.

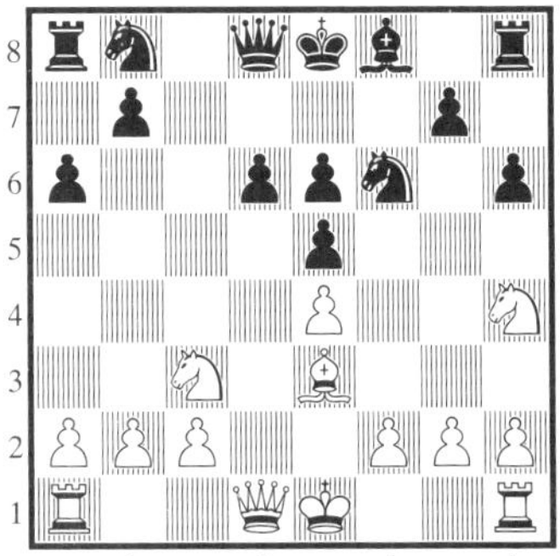


Auf 10.... Kf7 antwortet Weiß 11.f4!, und falls 11.... ef, dann 12.e5! mit energischem Angriff, denn es droht unangenehm 12.f5.

Der von uns gefundene Plan mit g7-g5 kam in ähnlichen Stellungen schon früher vor, zum Beispiel in der Partie Drimer – Bronstein (Budapest 1961):

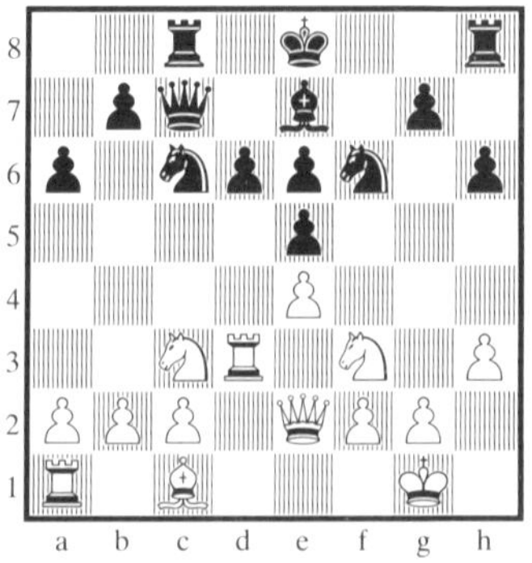


Mit 16. Sh4 verband Weiß die Idee eines aktiven Spiels am Königsflügel. Nach 16. ... Kf7 17. Tg3 Sd4 18. Dd1 g5! mußte er jedoch mit dem Springer zurückkehren: 19. Sf3 S:f3 20. D:f3 b5 21. a3 Dc6 usw.

Auf diese Weise sind Eröffnungsanalysen eng mit dem Studium typischer Stellungen verknüpft, auch wenn diese nicht unmittelbar mit der anzuwendenden Variante zusammenhängen. Auch in anderen Fällen bemühen wir uns, aus der Untersuchung des Besonderen das Allgemeine abzuleiten und uns darauf zu konzentrieren ...

... Ein Trainer ist natürlich verpflichtet, darüber nachzudenken, wie er die stärksten Seiten des schachlichen Talents seiner Schüler erschließen kann. Die Qualität seiner Arbeit wird in hohem Maße durch die Vielfalt der schachlichen Mittel der ihm Anvertrauten charakterisiert. Es gibt das überzeugende Beispiel von Viktor Emmanuilowitsch Kart, der so unterschiedliche Schachspieler ausgebildet hat wie A. Beljawski, O. Romanischin, A. Michaltschischin und M. Litinskaja. Auch jeder meiner Schüler hat seine eigene Handschrift, unabhängig von meinem Geschmack. So ist Jussupow besonders stark im komplizierten strategischen Kampf, der für mich immer ein Hindernis war.

Die Rolle des Trainers ist im heutigen Spitzensport insgesamt deutlich gestiegen. Dies gilt auch für das Schachspiel. Ein hochklassiger Sportler muß in psychologischer, physischer und rein schachlicher Hinsicht ausgezeichnet vorbereitet sein, was ohne die Hilfe eines erfahrenen Trainers nicht einfach ist ...

... Wesentlich ist die richtige psychologische Richtung. A. S. Makarenko empfahl den Pädagogen, den Schülern zu helfen, sich ein bestimmtes System von Zielen zu organisieren: Nah-, Fern- und mittlere (Zwischen-) Ziele.

Das Hauptziel unserer Arbeit besteht darin, ein echter, großer Schachspieler zu werden. Das Nahziel ist die Lösung der konkreten Aufgaben der Vervollkommnung im Zusammenhang mit erfolgreichen Turnierteilnahmen. Die Realisierung des Vorbereitungsprogrammes auf die Welt- und Europameisterschaft der Jugendlichen, das seit Beginn unserer gemeinsamen Arbeit für 1,5 - 2 Jahre berechnet war, stellt jenes Zwischenziel dar, das laufende und perspektivische Aufgaben erfolgreich in einem Ganzen vereint hat.

# Anlage II zur Vorlesung von M. Dworezki
# (von Artur Jussupow)

## Wie man mit Schwarz spielt

Der Erfolg des Schachspielers im Wettkampf hängt häufig von seiner Turnierstrategie (bei deren Auswahl muß man unbedingt das eigene Befinden, den Vorbereitungsstand und die sportliche Form berücksichtigen) ab und der von ihm gewählten Taktik für jede konkrete Partie, welche sich ändern kann, entsprechend der Spielstärke und dem Stil des Gegners.

Zu meiner Überraschung war mein persönliches Resultat auf der Schacholympiade (Dubai 1986) wesentlich besser, als ich erwartet hatte. Ich denke, daß das erfolgreiche Auftreten durch zwei Ursachen gefördert wurde. Ich habe mein eigenes Befinden, das nicht ideal war, nüchtern eingeschätzt und eine optimale Turnierstrategie gewählt. Da ein komplizierter Kampf nicht leicht und zudem höchstwahrscheinlich mit Niederlagen verbunden gewesen wäre, versuchte ich auf Sicherheit zu spielen und die Vorteile in der Spielklasse auszunutzen, zumal ich in der Mannschaft am dritten und vierten Brett spielte. Mehrmals konnte ich einfache Stellungen gewinnen, indem ich eine minimale Spannung aufrechterhielt und damit den Gegner zu Fehlern verleitete.
Zweitens war es für mich leichter, mit Schwarz zu spielen, da hier mein Eröffnungsrepertoire besser vorbereitet ist. Das Fehlen übermäßiger Eröffnungsambitionen entsprach der Strategie, die ich beabsichtigt hatte.

Natürlich spielte auch das Glück eine Rolle. Anders ist das Ergebnis 10 aus zwölf möglichen Punkten schwer zu erklären, wobei ich neun Partien mit Schwarz und gegen recht starke Gegner spielte.

Folgende Partie wurde im Wettkampf UdSSR – Bulgarien gespielt.

**W. Inkjow – A. Jussupow**
Olympiade, Dubai 1986
*Damengambit*

**1. d4 d5**

Die Lage, in der sich unsere Mannschaft befand, verpflichtete, unabhängig von der Stärke des Gegners und der Farbe der Figuren in jeder Partie auf Sieg zu spielen. Aber wie kann man gewinnen, wenn man mit Schwarz gegen einen erfahrenen Gegner antreten muß?
Am natürlichsten erscheint der Versuch, das Spiel so kompliziert wie möglich zu gestalten. Die schwarze Eröffnungswahl könnte deswegen auf den ersten Blick kritisiert werden, da Weiß im Damengambit leicht Vereinfachungen durchsetzen kann.
Nachdem ich mit dem Mannschaftskapitän E. Geller alle „für“ und „wider“ besprochen hatte, schlußfolgerten wir, daß ich in einer einfachen Stellung meine starken Seiten eher ausnutzen und den Gegner dazu bringen kann, Fehler zu machen. Es war wichtig, den Kampf ruhig zu führen,

gegnerische Remisangebote abzulehnen sowie in jeder Stellung den Sieg zu suchen.

**2. c4 e6 3. Sf3 c6 4. Sc3 Sf6 5.cd ed**

In dieser Form ist die Karlsbader Variante für Schwarz ungefährlich, da der Läufer nach f5 ziehen kann.

**6.Dc2 Le7 7.Lg5 g6 8.L:f6 L:f6 9.e3 Lf5 10.Ld3 L:d3 11.D:d3 Sd7**

Ernste Aufmerksamkeit verdiente der Plan, den Weltmeister G. Kasparow in ähnlichen Stellungen gern verfolgt: 0-0, Dd6, Sd7, Tad8, um auf den weißen Standardvorstoß b2-b4-b5 den Gegenschlag c6-c5 vorzubereiten.

**12.0-0**

Vielleicht wäre das sofortige 12.b4 genauer.

**12....Le7!? 13.Tab1 a5 14.a3 0-0 15.Dc2**

Weiß spielt auf Sicherheit. Auf 15.b4 störte ihn offenbar 15....ab 16.ab Ta3.

**15....Ld6**

Eine der möglichen Erwiderungen auf den Minoritätsangriff besteht in dem Gegenstoß b7-b5. Weiß erhält jedoch sowohl bei 15....Te8 16.b4 ab 17.ab b5 als auch bei der Partiefortsetzung nach 17....b5 mit 18.e4 das bessere Spiel.
Möglich war auch 15....f5, aber ich wollte die Rochadestellung nicht schwächen.

**16.b4 ab**

Bei 16....Sb6 kam 17.ba in Frage.

**17.ab Sb6 18.b5?!**

Nötig war das vorsichtige 18.Sd2. Nach 18....Dc7 19.g3 Ta3 20.Tb3 ist die Stellung im Gleichgewicht. Nun hat Schwarz mehr vom Spiel.

**18....Sc4 19.Ta1**

19.bc Sa3 20.Dd3 S:b1 21.cb ist für Weiß gefährlich wegen 21....Ta3 22.T:b1 Da5 23.Tc1 Tb8.

**19....Dc7!?**

Dies verhindert Sd2 und ermöglicht das Wiedernehmen auf c6 mit der Dame.

**20.bc**

Inkjow kommt dem Gegner entgegen. Andere Fortsetzungen sind 20.g3 oder 20.Dd3.

**20....D:c6!?**

Jetzt droht der b-Bauer vorzurükken.

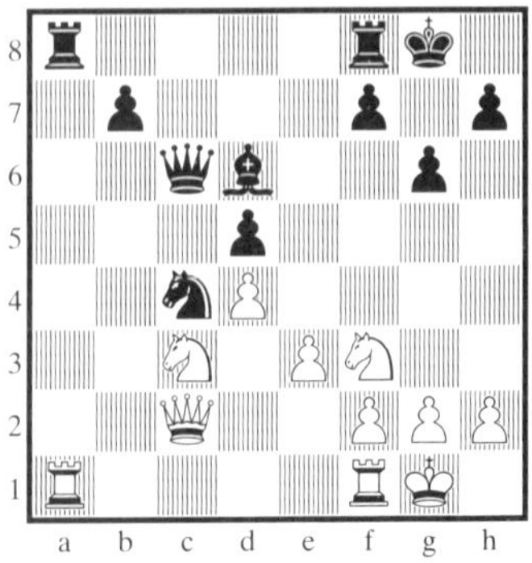


**21.e4?**

Richtig ist 21.Db3 Tfc8 22.T:a8 (gegen 22....T:a1 23.T:a1 S:e3 gerichtet) 22....T:a8 23.Sb5!, und Schwarz hat es schwer, Initiative zu entfalten.
Mein bulgarischer Spielpartner war von dem Zug 20....D:c6 derart überrascht, daß er auf die geänderte Situation nicht mehr kaltblütig reagieren konnte.

**21....T:a1 22.T:a1 Sb6! 23.Db3 Tc8 24.Se2!?**

Falls 24.S:d5 S:d5 25.ed, dann 25....Dc1+! 26.Dd1 Dc4 27.Tb1 D:d5 28.Dd3 b5!, und Schwarz erzielt spürbaren Vorteil. Inkjow versucht, das Spiel mit einem interessanten Bauernopfer zu verschärfen.

**24. ... de 25. Sg5 Tc7**

Schwächer ist 25. ... Sc4? wegen 26. Dh3! h5 27. d5! und 28. S:e4.

**26. h4?**

Mehr Verteidigungschancen bot 26. S:f7! T:f7 27. Tc1, obwohl auch in diesem Fall nach 27. ... L:h2+ 28. K:h2 Dd6+ Schwarz klaren Vorteil hat.

**26. ... Sc4**

Neben der Verteidigung gegen S:f7 erzielt Schwarz damit die völlige Koordinierung seiner Figuren. Der verzweifelte Versuch von Inkjow, „im Trüben zu fischen", wird leicht pariert.

**27. Dh3 h6 28. h5 Dd5**

Die zuverlässigste Fortsetzung. Falls 28. ... hg, dann 29. Ta8+ Lf8 30. h6 f5 31. h7+ T:h7 32. T:f8+ K:f8 33. D:h7, und Weiß hätte Gegenchancen.

**29. Ta8+**

Hartnäckiger ist 29. f4.

**29. ... Kg7 30. hg D:g5 31. gf K:f7!**

Auf 31. ... Tf7 hätte Weiß die Antwort 32. Dc8.

**32. d5 D:d5 33. Sd4 Sb6**

Am einfachsten. Weiterer Materialverlust ist unausweichlich.

**34. D:h6 S:a8 35. Dh7+ Ke8**

Weiß gab auf.

KAPITEL 2

# Analyse der eigenen Partien

Vorlesung von Artur Jussupow

Warum möchte ich gerade dieses Thema behandeln? Möglicherweise habe ich mich als Schachspieler eben deswegen recht erfolgreich entwickelt, weil ich der Analyse meiner Partien viel Zeit widmete. Ich glaube, daß die Analyse der eigenen Partien das Hauptmittel zur Selbstvervollkommnung darstellt. Ich bin überzeugt, daß die Weiterentwicklung eines Schachspielers ohne ein kritisches Verstehen des eigenen Schaffens nicht möglich ist. Das bedeutet natürlich nicht, daß man sich nicht mit anderen Formen der schachlichen Arbeit beschäftigen müsse. Es ist notwendig, Eröffnung, Endspiel und Mittelspiel zu erlernen. Äußerst nützlich ist das Studium der Partien starker Meister... An unseren eigenen Beispielen lernen wir jedoch im allgemeinen am besten.

Unsere Partien stehen uns näher als alle anderen. Wir haben sie gespielt und die dabei auftauchenden Probleme gelöst. In der Analyse kann man die Bewertungen überprüfen und präzisieren, von denen wir uns während des Kampfes leiten ließen. Man kann bestimmen, wo wir uns irrten oder ungenau spielten.
Manchmal bestraft uns der Gegner für unterlaufene Fehler; häufig bleiben sie jedoch unbemerkt und können nur in der Analyse gefunden werden.

Worauf sollte man achten, wenn man die eigenen Partien analysiert? Vor allem muß man die Wendepunkte finden. Wo traten Fehler auf, änderten sich Stellungsbewertungen oder blieben Chancen ungenutzt, die Situation auf dem Brett jäh zu verändern. Allein das Vermögen, die kritischen Momente der Partie in der Analyse zu finden, ist außerordentlich wichtig. Es hilft Ihnen, solche Momente im Spielverlauf aufzuspüren. Das ist vielleicht das Schwierigste im Schach, die kritischen Momente in der Partie zu erkennen, wenn man angestrengt nachdenken und ein Problem lösen muß und wenn von einem Zug der Partieausgang abhängt.
Ich muß sagen, daß auch unter hochklassigen Spielern nur wenige vollständig diese Fähigkeit beherrschten. Ich sprach einmal mit dem Exweltmeister Spasski über das Schaffen von Fischer, das wir alle ohne Ausnahme hoch bewerten. Spasski meinte, daß er bei Fischer nur eine kleine Schwäche sieht, daß dieser nicht immer den Wendepunkt, den kritischen Moment in der Partie spürte. Das ist natürlich nur eine relative Schwäche im Vergleich zu seinem allgemein hohen Spielniveau, aber nach Spasskis Meinung machte sie Fischer von Zeit zu Zeit zu schaffen. Von solch einem Mangel kann man sich nur befreien, indem man kritisch sein eigenes Spiel studiert.

Der zweite Punkt, auf den man bei der Analyse seiner Partien achten muß, ist die Suche nach den Ursachen der eigenen Fehler. Neben den Fehlern muß man auch schrittweise begreifen, wodurch sie hervorgerufen wurden, und die Mängel in seinem Spiel sehen. Natürlich ist dies einfacher, wenn Ihnen der Trainer dabei hilft. Wirklich nützlich wird es jedoch erst dann, wenn Sie die Fehler selbst spüren und sich nicht länger mit diesen abfinden wollen. Das objektive Verstehen der eigenen Schwächen ist ein notwendiger erster Schritt bei der ernsten Arbeit an deren Beseitigung.

Drittens ist es wichtig, neue Möglichkeiten zu finden, auf die Sie während der Partie nicht achteten, weil Sie sich mit anderen Ideen beschäftigten. Nach der Analyse beginnt man, den untersuchten Stellungstyp besser zu verstehen und sich die für ihn charakteristischen strategischen und taktischen Verfahren anzueignen. Zudem prägen sich selbständig gemachte Schlußfolgerungen besser ein als jene, die aus anderen Quellen stammen.

Schließlich müssen wir uns bei der Analyse der Partien mit der Eröffnung beschäftigen. Man sollte versuchen, sein Spiel zu verstärken, besonders dann, wenn Sie mit den Ergebnissen der Eröffnung nicht zufrieden sind. Ein kritisches Herangehen an die Probleme, die in der Eröffnung zu lösen waren, hilft, sein Wissen zu vertiefen, neue Pläne aufzuspüren sowie wichtige Neuerungen zu finden.

Ich möchte das oben Gesagte mit einer Partie verdeutlichen, die ich mit Schwarz gegen **Karpow** in der UdSSR-Meisterschaft 1983 in Moskau spielte. Warum habe ich gerade sie ausgewählt? Das Spiel meines Gegners hatte mich stark beeindruckt. Ich habe es nicht so oft gespürt, daß man mich überspielt, aber in diesem Falle spürte ich es. Am ärgerlichsten war jedoch, daß ich nicht richtig verstand, wie und warum dies geschah. Mit der Partie habe ich mich ausführlich beschäftigt.

Nachdem ich in der Meisterschaft schlecht gespielt hatte, entschloß ich mich, die Ursachen für den Mißerfolg gründlich zu analysieren. Diese Arbeit war nicht umsonst. Sie wirkte sich günstig aus und ermöglichte mir künftige Siege im Interzonenturnier und den Kandidatenwettkämpfen zur Weltmeisterschaft. Überhaupt habe ich festgestellt, daß die nach einem Rückschlag erfolgte ernsthafte Arbeit an den eigenen Partien fast mit hundertprozentiger Sicherheit einen großen Nutzen brachte und ich danach einen schöpferischen Aufschwung verspürte. So war es zum Beispiel 1979, als ich mich nach dem Fehlschlag bei der Jugendweltmeisterschaft etwa einen Monat lang mit der Analyse der Partien beschäftigte. Für die Partien legte ich sogar ein Heft an. Und schon beim nächsten Turnier, der 1. Liga der UdSSR-Meisterschaft, spielte ich erfolgreich und fand den Ausweg aus der Krise. Im selben Jahr erzielte ich später mein bestes Ergebnis in den UdSSR-Meisterschaften. Ich belegte den zweiten Platz in der Oberliga.

**Karpow – Jussupow**

UdSSR-Meisterschaft 1983

**1.e4 e5 2.Sf3 Sc6 3.Lb5 a6 4.La4 Sf6 5.0-0 S:e4**

Die offene Variante in der Spanischen Partie ist eine der grundsätzlichen Eröffnungen in meinem Repertoire.

**6.d4 b5 7.Lb3 d5 8.de Le6**

Jeder stellt das Eröffnungsprogramm nach seinem Geschmack zusammen. Mir gefallen Situationen mit Blockadeelementen. Ich spiele gerne gegen den starken Bauern auf e5, um ihn zu blockieren und später an ihm vorbei zu spielen. Manchmal gelingt es, das Zentrumsproblem durch den Vorstoß f7-f6 grundsätzlich zu lösen.

**9.c3 Lc5**

Häufig wird hier 9....Le7 gespielt.

**10.Sbd2**

Weiß befragt natürlich den Springer e4, der im Zentrum eine starke Position einnimmt.

**10....0-0**

Solange der Tausch auf e4 für Schwarz nicht gefährlich ist, wird diese Drohung ignoriert.

**11.Lc2 Lf5**

In dieser Partie wollte ich den Springer e4 verteidigen.
Eine andere interessante Fortsetzung besteht in 11....S:f2, die in meinen Partien recht häufig vorkommt.

**12.Sb3**

Weiß beendet die Entwicklung und öffnet dem schwarzfeldrigen Läufer den Weg.

**12....Lg6**

Der Läufer muß auf ein gedecktes Feld ziehen, da 13.S:c5 drohte. Auf 13.L:e4 nimmt Schwarz mit dem Bauern wieder und greift den Springer f3 an. Hierbei ist für ihn alles in Ordnung.

**13.Sfd4 L:d4 14.cd**

So geschah es, daß ich gerade im Zusammenhang mit einer Partie Karpows begann, die offene Variante mit Schwarz zu spielen. Beim Studium des Sammelbandes seiner ausgewählten Partien stieß ich auf die Begegnung Karpow – Sawon (Moskau 1971), die Weiß herrlich gewann. Ich fand jedoch eine Verstärkung für Schwarz. Wenn man einmal seine Idee in irgendeiner Variante gefunden hat, dann muß man sich einfach tiefgehend damit beschäftigen, was ich auch tat. Nach der Vorbereitung der offenen Variante der Spanischen Partie wandte ich sie erfolgreich an. Auf diese Weise eignete ich mir wiederholt neue Eröffnungssysteme an: man studiert eine Partie von starken Spielern, findet für eine Seite eine Verstärkung, beschäftigt sich danach ernsthaft damit, analysiert weitere Partien zu dem Thema ... Ohne irgendwelche eigene Ideen habe ich Eröffnungsvarianten nie gespielt. Nur fremde Gedanken zu nutzen, ist uninteressant.

**14....a5**

So spielte auch Sawon in der erwähnten Partie. Der schwarze Springer steht auf e4 unsicher. Weiß kann ihn mit f2-f3 vertreiben. Der Zug 14....a5 löst vorübergehend dieses Problem: auf 15.f3 folgt 15....a4, und der Springertausch ist erzwungen.
Die auf dem Brett vorhandene Bauernstruktur läßt erwarten, daß Weiß mit seiner Bauernmehrheit am Kö-

nigsflügel angreift und Schwarz dam Damenflügel mit c7-c5 Gegenspiel sucht. Natürlich können sich die Ereignisse auch ganz anders entwikkeln. Weiß könnte versuchen, Druck auf der halboffenen c-Linie zu entwickeln. Schwarz hat den möglichen Vorstoß f7-f6 mit eventuellem Gegenspiel am Königsflügel.

**15. Le3 a4**

Sawon wählte hier die Fortsetzung 15. ... Sb4 16. Lb1 a4 17. Sd2 a3, aber nach 18. Dc1!! war seine Eröffnungsstrategie widerlegt. In seinen Anmerkungen untersuchte Karpow natürlich den Zug 15. ... a4, der meiner Meinung nach besser ist.

**16. Sd2**

In der gegenwärtigen Praxis findet man auch die Fortsetzung 16. Sc1, die zu kompliziertem und inhaltsreichem Spiel führt.

**16. ... a3**

Schwarz, dessen Spiel konsequent auf den Springer e4 ausgerichtet ist, versucht, für ihn das Feld c3 zu sichern. 17. ba verbietet sich wegen 17. ... Sc3, deswegen ist Weiß praktisch zum Springertausch gezwungen.

**17. S:e4 ab**

Ein wichtiger Zwischenzug.

**18. Tb1**

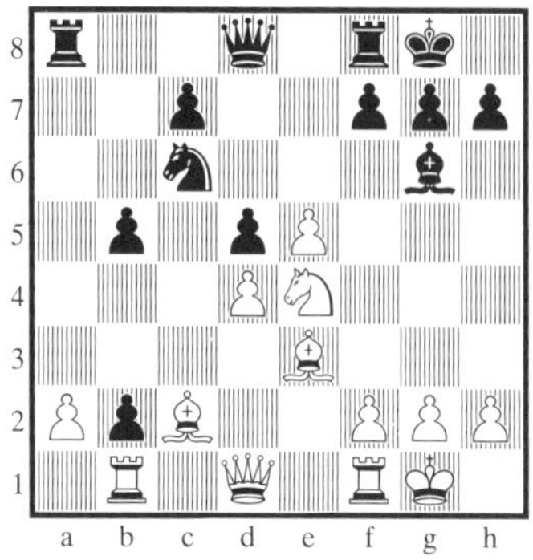


**18. ... L:e4!**

In den Anmerkungen zu seiner Partie mit Sawon untersucht Karpow nur 18. ... de 19. T:b2 Se7, was nach 20. T:b5 T:a2 21. Db1 Da8 22. Tc1 zu einer schwierigen Stellung für Schwarz führt.

Als ich jene Partie analysierte, schien mir das Schlagen auf e4 mit dem Bauern unlogisch zu sein, da der Läufer g6 passiv bleibt. Ich begann, die Variante mit L:e4 zu untersuchen, die später als die hauptsächliche anerkannt wurde. Weiß hat jetzt nur eine geringe Auswahl. Auf 19. L:e4 gibt es eine interessante, jedoch nicht forcierte Variante mit einem Qualitätsopfer: 19. ... de 20. Dg4 S:d4 21. Tfd1 c5 22. Lh6 g6 23. L:f8 K:f8. Für die Qualität hat Schwarz einen Bauern und eine starke Stellung. Auf b2 zu schlagen, wäre schlecht wegen 24. ... Sf3+, und 24. D:e4 wird mit 24. ... T:a2 beantwortet, wonach der Bauer b2 für Weiß unangenehm werden kann. Wahrscheinlich bleibt nur der Versuch, auf ewiges Schach zu spielen: 25. e6 fe 26. De5.

**19. T:b2 Dd7**

Der b-Bauer wird indirekt verteidigt (20. T:b5 S:e5).

**20. Ld3**

Dieser Zug ist eine Neuerung des deutschen Großmeisters Robert Hübner. Nichts bringt 20. L:e4 de 21. T:b5 S:d4 22. Tc5 Tfd8 23. L:d4 D:d4 24. D:d4 T:d4 25. T:c7 h5 mit Ausgleich, wie es in der Partie A. Iwanow – Jussupow (Erste Liga der UdSSR-Meisterschaft 1979) geschah. Eben in dieser Partie wandte ich meine Analysen in der offenen Variante erstmals in der Praxis an.

**20. ... L:d3**

Fehlerhaft wäre 20....b4 wegen 21.Lb5, und auf 21....Tfb8 geht 22.T:b4.

**21.D:d3 Tfb8**

Im Falle von 21....b4 22.Tc1 würde Weiß im Vergleich zur Partie ein Tempo gewinnen.

Beachtung verdient 21....Sa5 22.D:b5 c6 23.De2 Sc4. Unter Bauernopfer und mit dem Springer auf c4 erhält Schwarz ein gewisses Gegenspiel, z.B. 24.Tb3 h6 25.Tfb1 Df5.

Nun schlage ich vor, daß Sie über die entstandene Stellung nachdenken, darüber, welche Pläne beide Seiten verfolgen könnten.

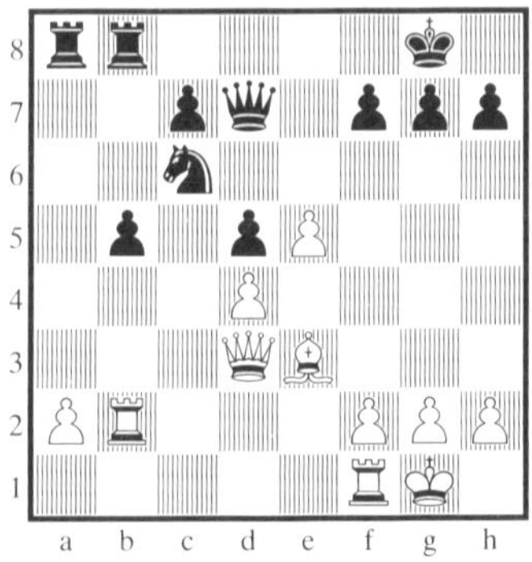

Der natürlichste Plan für Weiß ist das aggressive 22.f4! mit folgendem f5-f6. Wie könnte das Spiel weiter verlaufen?

Schwarz kann den Springer nach c4 ziehen mit 22....Sa5. Für Weiß findet sich jedoch eine interessante Umgruppierung der Kräfte, die mit 23.Lc1! beginnt. Der Läufer entzieht sich einem möglichen Angriff. Wichtig ist ebenfalls, daß das Feld a3 kontrolliert wird. Auf 23....Sc4 folgt 24.Te2, wodurch die Drohung mit dem Vorstoß f4-f5 und e5-e6 verstärkt wird. Weiß hat ausgezeichnete Angriffschancen.

Gehen wir wieder einen Schritt zurück. Die weißen Bauern können auch nicht durch 22....f5 aufgehalten werden wegen 23.ef gf 24.f5. Die Stellung des schwarzen Königs wäre geschwächt. Weiß könnte Lh6 ziehen und weiter auf Angriff spielen. Zum Beispiel 24....b4 25.Lh6 Ta3 26.Dd1 oder sogar 26.Tb3 T:a2 27.Db1. Die Stellung scheint sehr gefährlich zu sein.

Wahrscheinlich muß Schwarz ein Gegenspiel suchen mit 22....b4, um das Feld a3 für den Turm zu erobern. Eine mögliche Variante wäre 23.f5 Ta3 24.De2. Die weiße Stellung ist weiterhin furchteinflößend. Vielleicht muß der Zug 24....b3 erwogen werden, damit Schwarz seinerseits aktive Figuren auf der dritten Reihe einsetzen kann. Hier besteht die Hauptaufgabe von Schwarz darin, sich nicht auf eine passive Verteidigung zu beschränken, den Gegner zu beunruhigen sowie Gegenangriffe zu versuchen. Solange Weiß noch keine tödlichen Drohungen aufstellt, hat Schwarz Möglichkeiten für ein Gegenspiel. So gibt es beispielsweise nach 25.ab Ta:b3 26.T:b3 T:b3 27.f6 die Chance, den Springer über d8 nach e6 zu überführen.

Kommen wir zur Partie zurück.

Interessanterweise geht Karpow an die Lösung des Problems ganz anders heran. Als Schachspieler legt er großen Wert auf prophylaktische Maßnahmen. Sicher stellte er sich gleich die Frage, was will der Gegner, worin besteht der Plan von Schwarz? Wie würden Sie die Frage beantworten? Natürlich, Sa5-c4! Nun verfolgen Sie, wie Karpow mit jedem seiner Züge dieses Springermanöver verhindert.

**22. Tfb1**

22. ... Sa5 scheitert an 23. T:b5.

**22. ... b4 23. h3**

Ebenfalls ein vorbeugender Zug. In der Partie Hübner – Kortschnoi (Luzern 1982) geschah 23. Ld2, worauf die aktive Erwiderung 23. ... Dg4 folgte. Karpow verschafft sich nicht nur ein Luftloch, was eine äußerst nützliche Maßnahme ist, sondern er nimmt auch das Feld g4 unter seine Kontrolle.

Statt 23. h3 verspricht 23. a3 – in Erwartung von 23. ... T:a3? 24. D:a3 ba 25. T:b8+ Sd8 26. Ta8 mit weißem Gewinn – jedoch wenig. Nach 23. ... ba 24. T:b8+ T:b8 25. T:b8+ S:b8 26. D:a3 Dc6 (jedoch nicht 26. ... Sc6 27. Da8+ Sd8 28. Lg5) 27. De7 Dd7 hat Schwarz eine annehmbare Stellung.

Auch sofortiges 23. Tc1 kam in Frage.

Den nächsten Partieabschnitt zeige ich ungefähr so, wie ich ihn am Brett sah. Ich lasse bewußt ein, zwei interessante Momente weg, die ich in der Analyse fand. Wir kommen später auf sie zurück.

**23. ... h6**

Schwarz entschied, daß er auch ein Luftloch braucht. Während der Partie hatte ich deswegen einige Zweifel, aber doch keine so starken.

**24. Tc1**

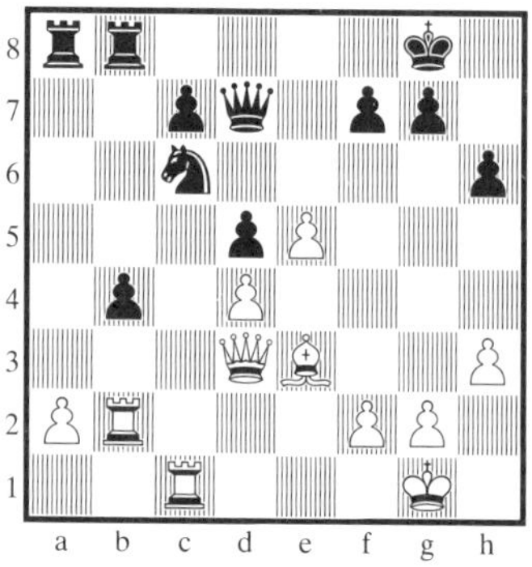

Sehen Sie, was auf 24. ... Sa5 folgt? 25. Ld2 Sc4 würde Schwarz gut passen.

Es gibt jedoch den Zug 25. Db1! Auf 25. ... Sc4 geschieht 26. T:b4 T:b4 27. D:b4, und 27. T:a2 scheitert an 28. Db8+ Kh7 29. Db1+ mit Turmgewinn. Ehrlich gesagt, ich bemerkte die Variante nicht sofort. Achten Sie darauf, wie Karpow kämpft. Er aktiviert den Turm und gleichzeitig läßt er Sa5 nicht zu.

**24. ... Tb6**

Ich stelle den Turm auf ein geschütztes Feld, decke den Springer und halte weiter an der Absicht fest, Sa5 zu ziehen. Karpow verhindert dies wiederum durch einen Angriff auf den b-Bauern.

**25. Db1**

Überraschenderweise dreht sich der ganze strategische Kampf um diese eine Idee. Falls es Schwarz gelingt, den Springer nach c4 zu bringen, dann hat er eine ausgezeichnete Stellung. Ich habe das eigentlich verstanden, aber offenbar nicht tief genug.

**25. Tab8**

Zielt genauso auf Sa5-c4. Erneut findet Karpow einen Weg, sich dem zu widersetzen. Mit welchem Zug?

**26. Tc5 Sd8**

Der Turm auf c5 gefiel mir nicht. Ich entschloß mich, ihn zu vertreiben. Karpow macht einen weiteren prophylaktischen Zug.

**27. Tcc2**

Schwarz hoffte, über b7-a5 mit dem Springer nach c4 zu gelangen. Der Gegner zieht den Turm jedoch rechtzeitig von dem Feld zurück, wo er hätte angegriffen werden können.

**27. ... Sc6**

Der Springer hat auf d8 nichts mehr verloren, weswegen ich ihn zurückspielte. Wie vorher strebe ich nach Sa5 und wie vorher weiß Karpow das zu verhindern.

**28. Dc1**

Das unscheinbare Turmmanöver c1-c2 erlaubt Weiß, die Batterie optimal aufzubauen: der Turm steht vor der Dame.

**28. ... T8b7 29. Tc5**

Wiederum geht Sa5 nicht. Ich war schon völlig verwirrt. Wenn man einen daran hindert, seine Hauptidee zu realisieren, fällt der Kampf sehr schwer.

**29. ... Se7**

Aber hier spielte Karpow sehr listig. Ich erwartete irgendwelche aktive Handlungen, fürchtete den Zug g4. Die Stellung gefiel mir nicht. Es folgte jedoch ein abwartender Zug, der einen künftigen Bauernsturm vorbereitet.

**30. Kh2**

Früher oder später beginnt der weiße Bauernsturm am Königsflügel. Mit dieser psychologischen Drohung über mir wollte ich so schnell wie möglich ein Gegenspiel entfalten. Mir unterlief ein Fehler, der auch dadurch zu erklären ist, daß ich manchmal die Möglichkeiten des Gegners übersehe.

**30. ... Sf5?**

Ein einfaches Versehen. Die Verteidigungstaktik mußte beibehalten werden. Mit 30. ... c6 erhielte Schwarz eine etwas schlechtere, jedoch feste Stellung. Auf einen aktiven weißen Zug, z.B. g2-g4, könnte man versuchen, mit b4-b3 Gegenspiel zu organisieren.

**31. Tbc2**

Ich verliere einen Bauern und begreife, daß ich danach im Kampf gegen den damaligen Weltmeister keine Rettungschancen mehr habe. Trotzdem wollte ich mit Stolz untergehen.

**31. ... Tg6**

Sie wissen, daß es häufig so geht: man verliert Material, und dafür hat man Gegenspiel, das vorher nicht da war. Die Figuren, die vorher an die Verteidigung von Schwächen gebunden waren, werden aktiv, und man erhält Initiative. Leider kompensiert sie in diesem Fall nicht den Bauern.

Die Fortsetzung 31. ... b3 32. ab T:b3 33. T:c7 T:c7 34. T:c7 Db5 ist auch nicht besser, da Weiß seine Drohungen eher aufstellen kann: 35. Tc8+ Kh7 36. Dc7.

**32. T:c7 T:c7 33. T:c7 Db5**

Schwarz versucht, dem Gegner seine Aufgabe maximal zu erschweren. Karpow, der im Vorteil ist, hat verständlicherweise keine Lust, die Varianten nach 34. Dc5 zu berechnen.

**34. g4!**

Dies ist ein guter Zug. Ein Tausch auf e3 wäre für Schwarz schlecht, da Weiß einen gesunden Mehrbauern besitzt.

**34. ... Sh4**

Jetzt war schon 35. Dc5 mit forciertem Gewinn möglich. Auf 35. ... Df1 geht das einfache 36. D:d5. Karpow unterlief hier wohl die einzige Ungenauigkeit in der Partie. Dennoch spielte er mit ausreichender Sicherheit.

**35. Tc8+ Kh7 36. Dd1**

Karpow versucht bisher, nur den Mehrbauern zu behalten. Er hofft, daß der künftige Vorstoß der Königsbauern die Partie entscheiden wird.

**36. ... Da6 37. Tc2 f5**

Hier konnte sich Schwarz noch zäh verteidigen, z. B. mit 37. ... Da3, aber seine Lage wäre hoffnungslos geblieben.

Mir war klar, daß ich bei 37. ... f5 verlieren konnte; da jedoch der Gegner nur noch wenig Zeit hatte, ging ich das Risiko ein. Die letzte praktische Chance bestand darin, ihn vor taktische Probleme zu stellen. Diese Methode ist manchmal erfolgreich. Dieser Entschluß tat mir nicht leid, obwohl er objektiv nicht der stärkste ist und das Ende beschleunigt.

Karpow ließ sich nicht beeindrucken. Versuchen Sie, seinen Platz einzunehmen. Wie würden Sie als Weißer spielen? Nach dem Lesen des sechsten Kapitels des Buches wäre es für Sie leichter, die richtige Entscheidung zu treffen.

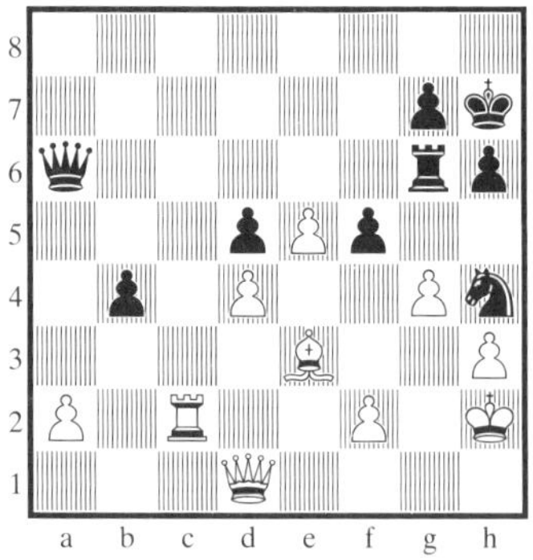

**38. Kg3!**

Auf dem Brett sind nur noch wenige Figuren. Karpow entscheidet logischerweise, daß der König am Kampf teilnehmen muß und greift mit ihm den Springer auf h4 an. Das ist die einzige gewinnbringende Fortsetzung. Ich sah den Zug, ging aber das Risiko in der Annahme ein, daß ich nur bei Verwicklungen eine praktische Chance habe.

**38. ... fg 39. K:h4**

Nun muß Schwarz sich etwas einfallen lassen.

**39. ... gh**

Ich knüpfte noch Hoffnungen an den Zug 39. ... g3. Die Idee bestand darin, nach 40. fg mit 40. ... Da3 und der verdeckten geometrischen Drohung 41. ... b3 und 42. ... De7+ fortzusetzen. 41. Dc1 widerlegt jedoch diesen Plan. Wegen der zu einfachen Entgegnung nahm ich von 39. ... g3 Abstand. Im Prinzip ist es wichtig, solche Ressourcen zu finden; denn so eine zufällige Chance kann den Kampfverlauf verändern.

Der Zug 39. ... gh zielt auf die Variante 40. K:h3 De6+ 41. Kh2 Df5, und Schwarz stellt völlig unerwartet mit geringen Kräften gefährliche Drohungen auf. Karpow spielt stärker.

**40. f4 De6 41. Dh5**

Wieder ein guter Zug. Weiß behindert die Aktivierung der gegnerischen Figuren.

**41. ... De7+ 42. K:h3 Df7**

Ich probiere die letzte Möglichkeit. Hier ist die letzte kleine Aufgabe, was soll Weiß spielen?

**43. Th2!**

Die Drohung 43. ... Tg3+ 44. Kh4 Th3+ ist abgewehrt. Das war die letztmögliche Chance.

**43. ... Dd7+ 44. f5** Schwarz gab auf.

Weiß spielte positionell ausgezeichnet. Das prophylaktische Denken, das sein Spiel bestimmt, ist ganz charakteristisch für Karpows Stil.

Es ist klar, daß ich die Partie durch den Zug 30. ... Sf5? verlor.
Strategisch war der Kampf aber wahrscheinlich schon eher verloren, als Karpow die Überführung meines Springers nach c4 verhinderte. Um sich in der Partie zurechtzufinden, ist also eine tiefgehende Analyse notwendig.

Anfangs hat Schwarz logisch gespielt. Alle seine Handlungen waren das Ergebnis konkreter Überlegungen. Nach 23. h3 war meine Antwort 23. ... h6 jedoch falsch.

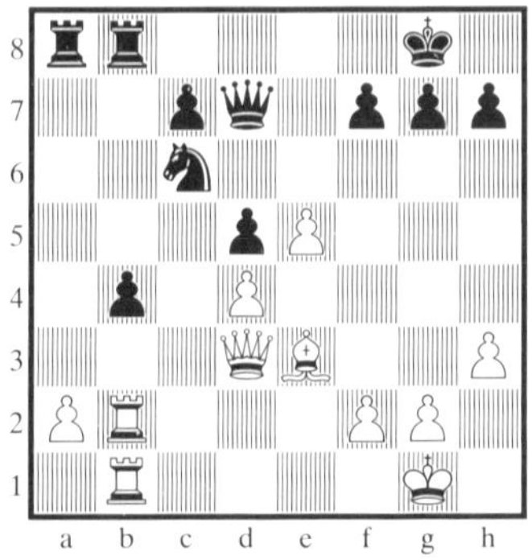

Ich sah mir diese Stellung genauer an und entdeckte, daß 23. ... Tb6! in Frage kam. Es ist noch nicht klar, ob 23. ... h6 nötig ist, aber Tb6 ist auf alle Fälle nützlich, da er die Wirkung des aktiven Zuges 24. Tc1! mindert. Ich erinnere daran, daß in der Partie 23. ... h6 24. Tc1! geschah und sich herausstellte, daß 24. ... Sa5 mit der taktischen Idee 25. Db1 beantwortet wird. Nach 23. ... Tb6 24. Tc1 ist 24. ... Sa5 dagegen möglich, da 25. Db1 nunmehr ungefährlich ist. Schwarz hätte so vorbeugend gegen die Prophylaxe des Gegners gespielt.

Außerdem fand ich eine weitere interessante Möglichkeit: 23. ... Ta4!?. Natürlich muß man mit 24. a3 rechnen. Den Bauern kann man opfern: 24. ... Sa5 25. T:b4 Tb:b4 26. T:b4 T:b4 27. ab Sc4. Für den Bauern hat Schwarz etwas Kompensation, da der Springer stärker ist als der passive Läufer. Weiß bleibt jedoch im Vorteil. Z. B. 28. Kh2 Da4 29. Df5.
Das gefällt mir nicht. Das Opfer war nicht unbedingt nötig. Schwarz konnte das Gleichgewicht halten, indem er einfach für ein Luftloch sorgte: 24. ... h6!.
Was passiert jedoch, falls Weiß 24. Dc2!? zieht (statt 24. a3)? Dann gibt es die Erwiderung 24. ... Ta6. Sehen Sie eine Antwort auf 25. Tc1? Richtig, 25. ... T:a2! Nach 26. T:a2 b3 27. Db2 ba 28. D:a2 behält Weiß Druck auf der c-Linie, so daß Schwarz noch einige Probleme hat. Ich dachte an folgenden Plan: 28. ... Sd8 29. Da7 Tc8 und später Se6 bzw. g6. Insgesamt bekommt Schwarz eine annehmbare Stellung.

Das ist aber noch nicht alles. Es blieben noch Zweifel, denn der Zug 23. ... h6 sieht nicht so schlecht aus. Ich glaubte nicht, daß ich deswegen eine schwierige Stellung bekommen mußte. Aus diesem Grund werden wir aufmerksam verfolgen, was weiter geschah.

Nach 23. ... h6 24. Tc1! Tb6 25. Db1 spielte ich 25. ... Tab8. Obwohl der Zug Sa5 vorbereitet wird, ist es dennoch schade, den Turm von der offenen Linie wegzuziehen. Welche anderen Möglichkeiten hat Schwarz zur Verfügung?

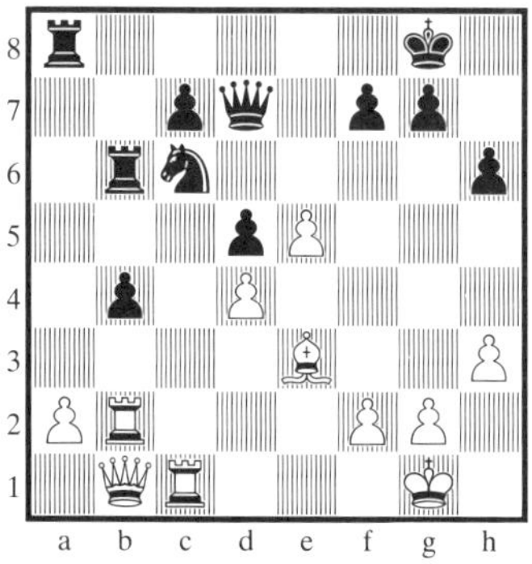

Den Bauern b4 konnte man auch von der anderen Seite verteidigen: 25.... Ta4!. Jetzt kann auf 26. Tc5 (was in der Partie geschah) schon 26.... Sa5 folgen, was eine große Errungenschaft für Schwarz darstellt und alle seine Probleme löst. Falls 26. Tbc2, wodurch Sa5 erneut verhindert wird, dann 26.... Ta7 mit derselben Drohung. D.h., daß Tbc2 auch nichts bringt.
26. Dc2 muß noch geprüft werden. Hier gibt es die Zugfolge 26.... Ta7 27. Dc5 Ta5 28. Dc2 Ta7. Weiß muß sich entweder mit remis begnügen, oder den Springer nach c4 lassen.

Als ich das herausfand, fühlte ich mich sofort besser. Meine Einschätzung während der Partie erwies sich dennoch als mehr oder weniger richtig. Ich glaubte, daß die Lage ungefähr gleich war. Mein Stellungsverständnis war jedoch nicht tief genug. Obwohl ich den Springer nach c4 stellen wollte, habe ich das Vorhaben nicht energisch verfolgt. Ich habe nicht versucht, es um jeden Preis zu erreichen. Wenn man den Geist der Stellung verstanden und den Spielfaden gefunden hat, dann kann man jede Situation meistern. Ein solches Verständnis hilft dem Spieler, die einzig richtigen Entscheidungen am Brett zu finden.

Fassen wir zusammen. Welche Lehren kann man aus der untersuchten Partie ziehen?
Beispielsweise wertvolle Informationen über die Eröffnung. Später nutzte ich meine Analysen, indem ich in der Variante mit Schwarz nach Belieben unentschieden spielte und damit die Variante verteidigte.
Es ist sehr nützlich, sich in die Aktionen von Karpow hineinzudenken. Sein Spiel macht einen starken Eindruck. Vor allem seine Art, Entscheidungen zu treffen, seine prophylaktische Einstellung. Mit jedem Zug, mit jeder seiner Aktionen berücksichtigt er die Pläne des Gegners und bekämpft diese.
Lehrreich ist auch die recht exakte Realisierung von Vorteilen. Vielleicht konnte Karpow an einem Punkt etwas genauer spielen. Als es jedoch nötig war, fürchtete er sich nicht, 38. Kg3! und 39. K:h4 zu spielen. Als es die Stellung verlangte, wich er der konkreten Variantenberechnung nicht aus. Es gibt Situationen, in denen man rechnen und Verwicklungen anstreben muß, weil dies der einzige Weg zum Ziel ist.

Ich kehre nochmals zum roten Faden der Partie zurück. Es ging eigentlich um einen Plan. Der Kampf entfaltete sich um ein einziges Manöver. So etwas kommt manchmal vor. Die Hauptaufgabe besteht beispielsweise darin, den weißfeldrigen Läufer zu tauschen, und man bemüht sich, den Tausch zu realisieren, der Gegner stellt sich dem jedoch entgegen.
Bei der Kommentierung der 9. Partie im Weltmeisterschaftskampf 1960 erinnert sich Tal an sein Gespräch

mit Botwinnik bezüglich der im Mittelspiel entstandenen komplizierten Stellung. Botwinnik sagte, daß er an deren Bewertung zweifelte und dann das Wesen der Stellung begriff: die Türme müssen getauscht werden, die Damen dagegen auf dem Brett bleiben. Diese Einschätzung schien Tal zu abstrakt zu sein. Später, als er die komplizierten Varianten analysierte, die er während des Kampfes berechnet hatte, erkannte er, daß Botwinnik völlig Recht hatte und sich in vielen Varianten eine Bestätigung für Botwinniks Meinung finden ließ.

Ich möchte eine weitere Partie analysieren:

**Timman – Jussupow**

6. Partie des Kandidatenwettkampfes, Tilburg 1986

Diese Partie fand beim Gleichstand von 2,5:2,5 statt und bestimmte eigentlich den Ausgang des Wettkampfes. Wir richten unsere Aufmerksamkeit auf jene Momente, über die ich vor der Analyse der Karpow-Partie sprach.

**1.d4 d5 2.c4 e6 3.Sc3 Sf6 4.Sf3 Le7 5.Lg5 h6 6.L:f6 L:f6 7.Db3**

Ich hatte diesen Zug, der früher in einem Wettkampf zwischen Kasparow und Karpow vorkam, nicht erwartet und wählte dieselbe Antwort wie Karpow.

**7.... c6 8. 0-0-0**

Kasparow agierte ruhiger: 8.e3. Timmans Wahl zeugt von seiner kämpferischen Einstellung.
Hier dachte ich über verschiedene Fortsetzungen nach, auch über die riskantesten. Beispielsweise 8.... b5 oder 8.... Db6 9.Dc2 dc 10.Se4, aber all das gefiel mir nicht besonders. Ich spielte weitgehend logisch und in Übereinstimmung mit meinem Geschmack.

**8.... dc 9. D:c4 b5**

Weiß muß nun wählen, ob die Dame sich nach b3 oder d3 zurückzieht. Jeder der beiden Züge hat seine Schattenseiten. Auf 10. Dd3 erwidert Schwarz eventuell 10.... Sd7 11.e4 Da5 mit der Drohung 12.... b4 (der Bauer a2 hängt etwas durch).

**10. Db3**

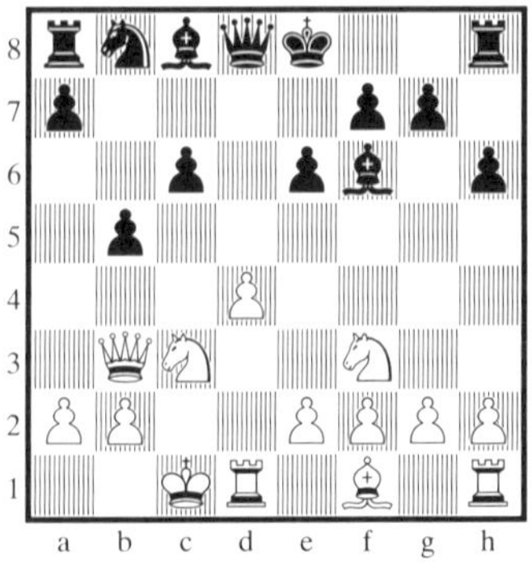

Die entstandene Struktur ist typisch für einige Varianten des Damengambits bzw. der Slawischen Verteidigung. Der Standardplan für Schwarz besteht in der Vorbereitung von c6-c5 mittels Sd7, Lb7 und a6. Ich wählte einen etwas riskanteren Plan. Eine Sache empfand ich während der Partie zu Recht: Schwarz darf sich mit der Rochade nicht beeilen, da durch den Zug h6 die Königsstellung verwundbar geworden war. Weiß könnte einen Bauernsturm beginnen – h4, g4, g5 – und dabei schneller als der Gegner sein.

**10.... a5**

Natürlich, das ist ein frecher Plan, aber ich wählte ihn nicht zufällig. Der

Wettkampf hat seine Spezifika, man kämpft um die Initiative und um psychologischen Vorteil. Oft gewinnt nicht der stärkere, sondern jener, der kämpferisch eingestellt ist und dabei einen größeren Siegeswillen entwikkelt.

Der Zug 10....a5 ist psychologisch gut. Schwarz demonstriert, daß er den Gegner nicht fürchtet und nach verwickeltem Spiel strebt. Ich denke, daß der Zug auch nach objektiven Kriterien nicht schlecht ist.

**11.e4**

Alles entsprechend der Lehre: auf eine Flankenoperation erwidert Weiß mit Spiel im Zentrum.

**11....a4 12. Dc2 Sd7**

Ich dachte an 12....Sa6!?. Falls 13.e5 Le7 14.De4 mit Angriff auf die Bauern c6 und b5, dann findet sich die Verteidigung durch 14....Dc7!. Dennoch entwickelte ich den Springer zum Zentrum hin.

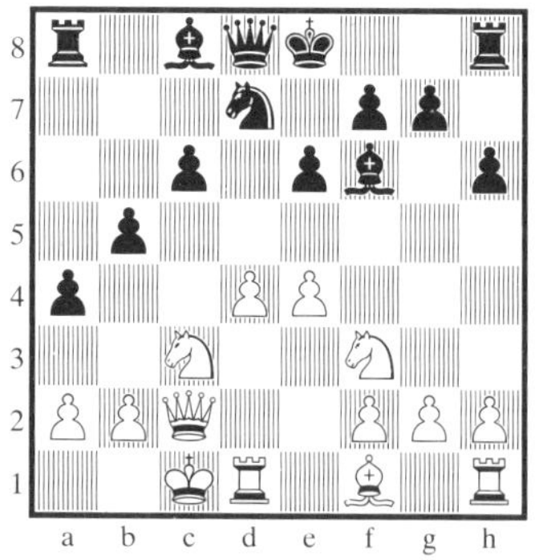

Nun steht Timman vor der Wahl. Die Fortsetzung 13.e5 Le7 14.Se4 Lb7 15.Kb1 erscheint mir logisch und positionell begründet. Natürlich behielte Schwarz dabei Konterchancen mittels 15....b4. In der Perspektive könnte man auch durch ein Bauernopfer auf b3 Linien öffnen.

Timman spielte schärfer. Er war offenbar der Meinung, daß die Flankenentwicklung von Schwarz durch einen sofortigen Zentrumsvorstoß widerlegt werden mußte.

**13.d5**

Der Nachteil des Zuges besteht darin, daß die Diagonale für den Läufer f6 geöffnet wird und dieser mit ganzer Kraft ins Spiel eingreift.

**13....cd 14.ed a3**

Die Idee ist logisch. Schwarz öffnet das Spiel am Damenflügel, wo der weiße König postiert ist. In einer so angespannten Situation darf man sich nicht auf eine oberflächliche Empfindung verlassen. Sie muß durch Berechnung bekräftigt werden.

Richtig ist der Zug 14....0-0! (wesentlich für die Theorie dieser Variante). Nachdem die Stellung am Damenflügel und im Zentrum schon geöffnet war, mußte Schwarz sich um die Sicherheit seines Königs sorgen und erst danach den Angriff fortsetzen.

Falls z.B. 15.de fe 16.S:b5 (das verwirrte mich in der Partie), so folgt die aussichtsreiche Erwiderung 16....a3. Auf 17.S:a3 kam das Qualitätsopfer 17....T:a3 18.ba Da5 in Betracht. Mit folgendem Sc5 und Lb7 bekommt Schwarz starken Angriff. Diese Wendung wäre vorteilhaft für den Nachziehenden.

Im Falle von 16.De4 kann Schwarz die Wahl treffen zwischen 16....Da5, 16....L:c3 und 16....a3!?.

Sicherlich ist 16.L:b5 stärker. Eine mögliche Fortsetzung wäre 16....a3 17.Lc4 (eigentlich ein logischer Zug) 17....ab+ 18.Kb1 (ein typisches Verteidigungsverfahren: der König versteckt sich hinter dem gegnerischen Bauern; auf b2 zu schlagen, ist zu gefährlich). Die Stellung ist so kompliziert, daß sie auch analytisch kaum endgültig erschlossen werden kann. Ich zeige hier eine beispielhafte Variante aus meinen Analysen, die eher illustrierenden Charakter hat: 18.... Db6 (18.... Da5!?) 19. Se4 Le7 20. Sd4 Sc5 21. S:c5 (genauer 21. The1) 21.... L:c5 22. De4 L:d4 23. D:a8 Lb7 24. Da3 Le4+ 25. Ld3 Ta8 26. De7 Da6, und Schwarz gewinnt.

Für die Analyse dieser Stellung (übrigens auch jener, die später in der Partie auftauchen) müßte man sicherlich mehr als eine Unterrichtsstunde aufwenden. Das Fazit ist klar, 14.... 0-0! würde zu einem sehr verwickelten Spiel mit beiderseitigen Chancen führen. Nach dem Partiezug konnte Weiß jedoch einen Vorteil erringen.

**15. de ab+ 16. Kb1 fe**

Ich dachte über das Figurenopfer 16.... 0-0 17. ed Da5 nach, in Erwartung von 18. d:cD? Tf:c8, aber leider wird es durch 18. Db3! widerlegt, z.B. 18.... L:c3 19. d:cD oder 18.... Lb7 19. Sd4 b4 20. Scb5; auch dem märchenhaften 18.... L:d7 19. T:d7 Tfc8 (oder Tac8) darf nicht vertraut werden.

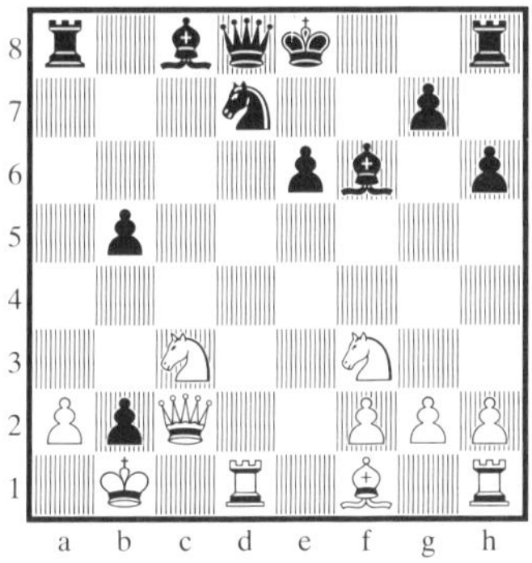

**17. De4!**

Weiß hatte eine große Anzahl verlokkender Fortsetzungen, und Timman fand den stärksten Zug.

17. L:b5 führte zu einer uns schon bekannten Stellung, die nach 14.... 0-0 entstanden wäre. Im Falle von 17. S:b5 0-0 18. Sc7 verbietet sich 18.... Lb7? 19. S:a8 D:a8 20. T:d7 Lc6 (20.... Tc8 21. Lc4 Le4 22. Td3) 21. Ta7! (nicht 21. Td6? D:a2+!). Aber ich sah die passende Erwiderung 18.... Ta7! 19. S:e6? T:a2!.

Auf das attraktive 17. Dg6+ wäre die Antwort 17.... Ke7? 18. Sd4 Db6 19. Sf5+! schwach. Notwendig wäre 17.... Kf8, ohne 18. Sd4 Db6 19. De4 Lb7 zu fürchten. 18. De4 wäre im Vergleich zur Partie schwächer wegen 18.... Da5, da der Bauer auf e6 nicht mit Schach geschlagen werden kann. Auf das von Großmeister Michaltschischin empfohlene 18. S:b5 ist 18.... Da5 19. Lc4 Sb6 20. Sd6 nicht zu empfehlen. Aber auch hier finden sich Reserven der Verteidigung: 18.... Lb7 19. Sd6 (19. Lc4!?) 19.... De7! 20. S:b7 Sb6 mit sehr unklaren Folgen (21. Sd6 Da7; 21. Sd4 Da3; 21. La6!? Sa4).

**17.... L:c3!**

Ich berichtete Ihnen schon über die psychologische Einstellung der Gegner zu dieser Partie. Das ist der Grund für mein Qualitätsopfer. Ich begriff, daß es riskant, vielleicht sogar inkorrekt ist. Aber die Aussicht auf eine trostlose Verteidigung im Endspiel mit einem Bauern weniger nach 17.... Tb8 18. D:e6+ De7 19. D:e7 K:e7 20. Sd5+ paßte mir angesichts der Gesamtlage überhaupt nicht ins Konzept.

Durch das Opfer entstand eine äußerst verwickelte und zugespitzte Situation. Die Probleme von Schwarz liegen nicht im Materialverlust sondern im Entwicklungsrückstand begründet. Falls Schwarz diese erfolgreich meistern kann, dann verspricht der durch den schwarzfeldrigen Läufer gestützte Bauer b2 ein gefährliches Gegenspiel.

Von der Erfindungskraft der Partner in den nächsten Zügen hängt es ab, zu welcher Seite sich die Waagschalen neigen werden. Objektiv hat Weiß die besseren Chancen. Das praktische Spiel ist jedoch keine häusliche Analyse. Unter den Bedingungen einer begrenzten Bedenkzeit ist es fast unmöglich, sich in den wilden Verwicklungen fehlerfrei zurechtzufinden.

**18. D:a8 0-0**

Im Pressebüro des Wettkampfes wurde dieser natürliche Zug nach der Antwort Timmans als Fehler bewertet und 18.... Dc7 vorgeschlagen. Ich denke, daß beide Fortsetzungen ziemlich gleich sind.

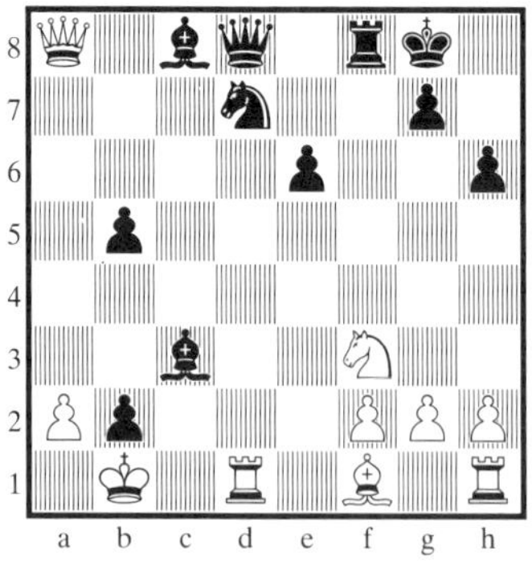

Jetzt bietet sich 19. L:b5 an.

Nach 19.... Df6? 20. Dc6 wären die schwarzen Figuren völlig eingeschnürt. Für den Nachziehenden gibt es keinen vernünftigen Zug. Die Verteidigungsressourcen sind jedoch nicht erschöpft.

Ulf Andersson schlug 19.... Dc7 20. Dc6 D:c6 21. L:c6 Sc5 vor. Die zwei gefährlichen Läufer und der schreckliche Bauer b2 kompensieren weitgehend die von Schwarz geopferte Qualität. Dennoch hat Weiß, nach der Analyse von Timman, die besseren Endspielchancen. Statt des Übergangs ins Endspiel hat Weiß noch die Möglichkeit 20. De4!?. Vielleicht war das bescheidene 19.... De7!? vorzuziehen.

**19. Dc6**

Scheint sehr stark zu sein. Der gleichzeitige Angriff auf den Läufer und den e-Bauern nimmt dem Gegner die Erwiderungen 19.... De7 und 19.... Dc7. Es bleibt offenbar nur noch 19.... Df6, was nach 20. L:b5, wie wir schon wissen, zu schweren Konsequenzen für den Nachziehenden führt. Aber auch hier findet sich eine Parade.

Die Verteidigungsreserven sind im Schach überhaupt sehr groß. Es kommt vor, daß sich der Kampf ungünstig für uns entwickelt. Aber man darf den Kopf nicht hängen lassen, sondern muß sich mit aller Kraft verteidigen, hartnäckig praktische Chancen aufspüren und dem Gegner immer neue Probleme stellen. Schließlich hält er die Spannung des Kampfes nicht mehr aus, beginnt, Fehler zu machen und verliert seinen Vorteil. Genauso passierte es in der Partie.

Die Hauptsache bei der Verteidigung ist Kaltblütigkeit, Geistesgegenwart und Hartnäckigkeit. Diese Eigenschaften sind charakteristisch für solche Verteidigungskünstler wie z.B. Emanuel Lasker und Anatoli Karpow. Wenn Sie sich mit deren Partien beschäftigen, dann fühlen Sie das. Zugleich können Sie sich spezifische Verfahren für die Verteidigung schwieriger Stellungen aneignen, d.h. rein schachliche sowie psychologische.

**19. ... b4!**

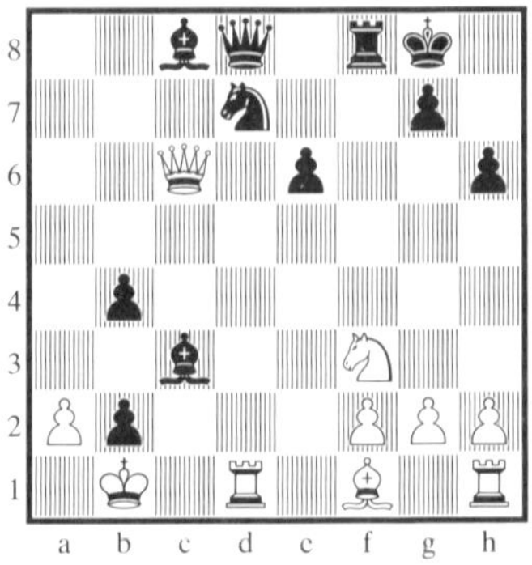

Überlegen Sie, wie wir auf 20. Lb5 antworten. 20. ... Df6! und falls 21. T:d7 L:d7 22. D:d7, so 22. ... Td8.

Nun untersuchen wir 20. D:e6+ Kh8 21. Lb5. Jetzt sind Ideen gefragt, andernfalls kann Schwarz einfach aufgeben.

Prüfen wir 21. ... Df6. Untauglich ist 22. L:d7 D:e6 23. L:e6 L:e6. Es bleibt 22. D:f6 S:f6 23. Sh4 Kh7 und 24. Ld3+ Kg8 ohne große Probleme für den Nachziehenden. Dagegen droht g7-g5 bzw. Sg4. Weiß sollte einen Teil seines Materialvorteils zurückgeben und auf positionellen Vorteil spielen: 24. The1!.

Diese Idee kann man sich auch in ihrem Spiegelbild vorstellen: 21. ... Db6. Nach dem Damentausch gelangt der Springer nach b6 statt nach f6. Das hat seine Vorteile (offene f-Linie), aber auch seine Nachteile.

Wenn der Läufer oder die Dame von Schwarz auf die Diagonale b1-h7 gelangen würde, könnte das die Partie sofort entscheiden oder Weiß viel Material kosten. Darauf baut das ganze schwarze Gegenspiel auf. Der Nachziehende hat außerdem eine ganz phantastische Idee, die, was mich nicht überraschen würde, möglicherweise korrekt ist. Ich bemerkte sie während der Partie, und mein Trainer M. Dworezki fand sie im Pressebüro.

Versuchen wir, die Dame zu opfern: 21. ... Sc5!! 22. T:d8 T:d8. Weiß muß die Diagonale bewachen, deswegen ist 23. Dg6 erzwungen. Schwarz beendet kaltblütig die Entwicklung: 23. ... Le6!.

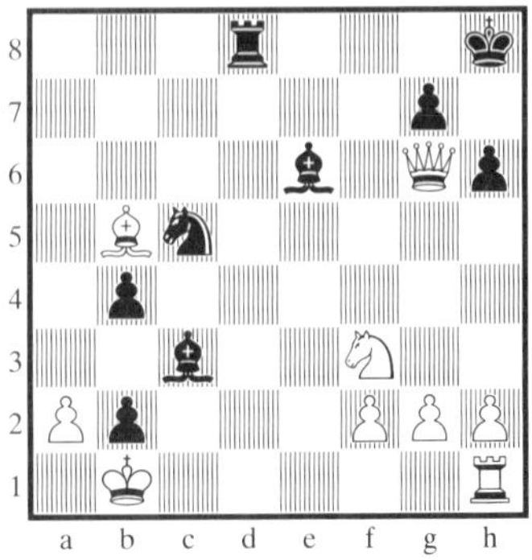

Für die geopferte Dame hat Schwarz nur einen Läufer. Weiß fällt es jedoch schwer, die Drohungen 24. ... Ta8 und 24. ... Lg8 nebst Lh7 zu parieren. Er muß auch mit 24. ... L:a2+ 25. K:a2 Ta8+ rechnen.

Übrigens wurde später in Indien zu diesem Thema eine Partie gespielt, die Sie im 42. Band des „Informators“ als 566. Partie finden können. (Ehrlich gesagt, bin ich mir nicht sicher, ob sie gespielt und nicht zusammengestellt wurde, da, wie wir

sehen, die vorhergehenden Züge für beide Seiten absolut keine obligatorischen Manöver darstellen.)
Wenn Sie sich amüsieren wollen, analysieren Sie die nach dem Damenopfer entstandene Stellung. In den Kommentaren zu der Partie der Inder wird festgestellt, daß Weiß im Vorteil bleibt. Ich fand jedoch eine Verstärkung für Schwarz und glaube, ein Unentschieden wäre dort ein objektiver Partieausgang.

Das Damenopfer ist nur ein kleiner, aber recht interessanter Zweig in dem schier uferlosen Variantenmeer, das meine Partie mit Timman aufweist. Solche Partien sind schwer zu analysieren, aber nützlich und interessant.
Kehren wir zurück. Timman ließ den Bauern auf e6 stehen.

**20. Lc4 Kh8**

In ähnlichen Situationen ein normaler prophylaktischer Zug. (Hier ist er praktisch erzwungen).
Wenn Sie die Partien Kasparows ansehen, stellen Sie fest, daß er häufig vor dem letzten entscheidenden Sturm prophylaktisch die Stellung seines Königs verbessert. Erinnern Sie sich an die 16. Partie seines Matches mit Karpow (in Leningrad 1986), die er mit einem glänzenden Angriff in der Spanischen Partie gewann. Es war eine komplizierte Stellung, er opferte Material, aber an einem bestimmten Punkt machte er einen vorbeugenden Zug, sicherte den König, was sich dann als die siegbringende Fortsetzung herausstellte.

**21. De4?**

Hier kam Timman vom richtigen Weg ab.
Was ist die Antwort auf 21. L:e6? Während der Partie sah ich die Variante 21.... Df6! 22. L:d7 Df5+. Weiter habe ich gar nicht gerechnet, da ich damit erst einmal zufrieden war. Um so mehr, da ich keine andere Wahl hatte. Ich weiß nicht, wie gefährlich 22. Ld5 wäre, aber auch hier sollte Schwarz eine Reihe verlockender Möglichkeiten besitzen.

Später gelangten Timman und ich zu der Schlußfolgerung, daß er 21. Td6 hätte ziehen müssen. Ich hätte 21.... Df6 erwidert. Nun verbietet sich 22. T:d7? wegen 22.... L:d7 23. D:d7 Dg6+ und 24.... D:g2. Auf 22. Thd1 folgte 22.... Se5 23. S:e5 L:e5! 24. T6d3 De7! und danach Lb7. Am besten ist 22. Ld3, um die verwundbare Diagonale zu decken. Schwarz wäre eventuell gezwungen, 22.... Se5 23. S:e5 L:e5 24. De4 Df5 zu antworten. Der Nachziehende hat etwas Kompensation (Bauer für Qualität).
Der Weg, den Timman wählen konnte, ist zwar logisch, aber nicht so leicht zu finden: noch bevor er die Diagonale b1-h7 unter Kontrolle nahm, mußte er den Turm aktivieren und mit allen Figuren aktiv spielen. Sicherlich wollte Timman mit De4 die Diagonale gleich besetzen und dabei die Stellung des Königs auf h8 ausnutzen. Das ist ein Fehler.

**21. ... Dc7**

Die richtige Antwort, die mehrere Ziele verfolgt. Schwarz bereitete Sf6 vor und schuf die Drohung Tf4. Hier fühlte ich, daß die Initiative an mich übergeht.

Analysieren Sie ein weiteres phantastisches Damenopfer für nur eine Figur: 21.... Sc5!? 22. T:d8 T:d8. Auf 23. De3 folgt 23.... Lb7 und auf

23.Dc2 ebenfalls 23.... Lb7 24.Te1 L:f3.

Nun gilt es zu wählen zwischen 23.Dg6 Lb7 24.Sg5!? hg 25.f3 und 23.Dh4 Lf6 24.Dh5 Lb7 25.Se5. Ich glaube, daß der zurückhaltende Partiezug objektiv stärker ist.

**22.Sh4 Se5** Verteidigung gegen 23.Sg6+.

**23.Ld3**

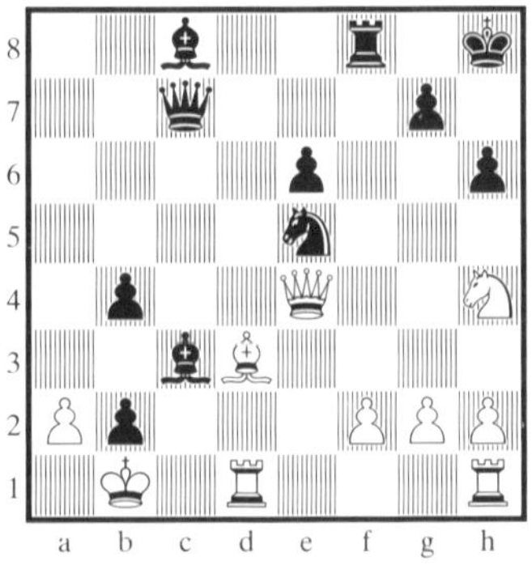

Wie würden Sie nun spielen?

23.... g5 ist eine Möglichkeit, das Matt zu verhindern; 23.... Tf5 der zweite und 23.... S:d3 der dritte Weg.

Mit 23.... g5 die Königsstellung öffnen, das wollte ich nicht. Der Zug 23.... S:d3 gefiel mir besser. Die damit verbundene unkomplizierte Variante berechnete ich exakt.

**23.... S:d3! 24.Sg6+**

Mit dem Schach brauchte man sich nicht zu beeilen.

**24.... Kg8 25.T:d3**

Im Falle von 25.S:f8 darf man natürlich auf f2 nicht nehmen wegen 26.Dh7+ und Thf1, und die Fesselung auf der f-Linie entscheidet. Aber ich fand die Antwort 25.... Sc5!. Da die f-Linie noch geschlossen ist, bringt 26.Dh7+ nichts, und auf 26.Df3 folgt 26.... Lb7 mit Gewinn.

Falls 25.D:d3, so 25.... Te8 nebst 26.... Lb7 und Ld5 oder eventuell e5. Ich bewertete die Stellung zu meinen Gunsten. Eine etwaige Variante wäre 26.Db5 Df7 27.Se5 Df5+ 28.Td3 und vielleicht 28.... Tf8. Die weißen Figuren sind völlig eingeschnürt.

**25.... T:f2 26.Tf3**

Weiß tauscht den aktiven Turm. Auf 26.Thd1 folgt einfach 26.... Lf6. Möglich wären auch Tricks wie z.B. 26.... Ld2. So viele Möglichkeiten stecken in dieser Stellung!

**26.... T:f3 27.gf**

Dieses Kräfteverhältnis – zwei Läufer und ein Bauer gegen Turm und Springer – kommt in der Praxis manchmal vor, und sehr häufig erweisen sich die Läufer als stärker. In diesem Fall sichern sie zusammen mit dem starken Bauern auf b2 einen entscheidenden Vorteil.

Nach 27.D:f3 war 27.... Df7 am einfachsten. Nach dem Damentausch erhält der Nachziehende ein gewonnenes Endspiel.

Wie würden Sie mit Schwarz in dieser Stellung spielen?

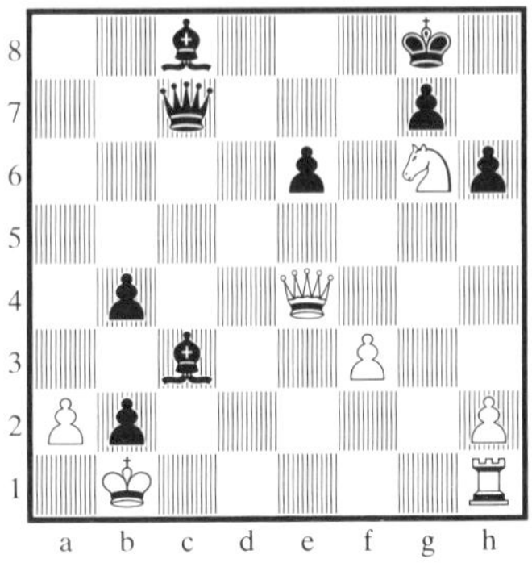

Ich ging von einfachen Überlegungen aus: die Situation ist für mich außerordentlich günstig, Timman darf nur keine Chance gegeben werden, seine Kräfte zu aktivieren. Man muß verstehen, was der Gegner mit seinem nächsten Zug vorhat. Offensichtlich möchte er seinen Turm auf eine offene Linie entwickeln: 28. Td1. Dann findet sich meine Antwort leicht.

**27. ... Dd6**

Ich störe den gegnerischen Plan und stelle zudem die Drohungen 28. ... La6 und 28. ... Lb7 auf. Falls 28. Kc2, so 28. ... Ld7 nebst Schach auf a4. Die beste Verteidigung besteht in 28. Sf4, aber trotzdem steht Schwarz nach 28. ... Ld7 und späterem Lc6 ausgezeichnet.

**28. Dc2**

Wiederum plant Weiß Td1. Als hochklassiger Schachspieler versucht Timman, alle Figuren einzusetzen.

**28. ... e5!**

Erneut verhindert Schwarz das Vorhaben des Gegners. Erkennen Sie, was auf 29. Td1 geschieht? Der Übergang in ein gewonnenes Endspiel: 29. ... D:d1+ 30. D:d1 Lf5+.

**29. Sh4**

Ich befand mich schon in Zeitnot (es blieben fünf Minuten für 12 Züge), ich vermochte jedoch die Partie zum logischen Ende zu führen.

**29. ... Le6**

Es gab auch andere Wege zum Ziel, beispielsweise 29. ... Df6. Ich hielt den von mir gewählten Zug Le6 jedoch für einfacher.

**30. Td1 Ld4**

Hier hätte ich beinahe Material eingestellt. Da meine Stellung aber so stark war, brauchte ich mich nicht zu sorgen. Weiß konnte 31. D:b2 ziehen, das freilich in 31. ... Dd8! 32. Df2 Df6 33. Dg3 L:a2+! seine Widerlegung gefunden hätte. Falls 31. Sf5, so 31. ... Da6 32. a4 b3.

**31. Da4**

Der letzte Versuch, aktiv zu spielen. Die Drohung ist klar: 32. De8+. Falls 31. Dg6 mit demselben Ziel, dann am einfachsten 31. ... Dd7 mit der Absicht 32. ... L:a2+ und 33. ... Da4+.

**31. ... Dd8**

Ich greife den Springer an, der das Feld f5 überdeckt. Die weiße Stellung ist schwierig. Zudem macht der Gegner noch einen ungeschickten Zug.

**32. Dc6 Ld5**

Hier steht er schon ganz schlecht. Der Springer hängt, und auf Züge wie 33. Db5 folgt die unangenehme Erwiderung 33. ... Da8. Die schwarzen Figuren sind bestens koordiniert, Schwarz hat entscheidenden Vorteil.

**33. T:d4 ed 34. Db5 Da8 35. K:b2 D:a2+ 36. Kc1 Da1+ 37. Kd2 Dc3+ 38. Kd1 Lb3+.** Weiß gab auf.

Dies war ein Kopfzerbrechen bereitender Zweikampf. Ich möchte Ihre Aufmerksamkeit darauf lenken (der Gedanke ist auch für mich interessant), daß diese Begegnung wie auch die vorhergehende in gewissem Sinne die Partie einer Idee, eines Planes darstellt. Schwarz klammerte sich an eine, eventuell sogar abstrakte positionelle Idee, die Konstruktion: Läufer auf c3, Bauern auf b2 und b4. Mir war klar, daß darin meine einzige Hoffnung lag. Ich mußte sie nutzen und mit dem Läufer nach f5 gelangen oder irgend etwas auf a2 opfern. Dank dieser Einstellung fiel mir das Spielen leichter, ebenso wie das Lösen der sich vor Schwarz auftürmenden Probleme.

# Übungen

Zum Schluß schlage ich Ihnen vor, drei Beispiele aus der gegenwärtigen Praxis zu lösen. Da es sich um praktische Stellungen und nicht um konstruierte Probleme handelt, gibt es möglicherweise jeweils nicht nur eine Lösung, und Sie finden eventuell andere gute Fortsetzungen. Ich möchte, daß Sie die Aufgabe als eine Herausforderung für sich verstehen. Die Stellungen sind recht gehaltvoll, sie fordern Phantasie, Erfindungsgeist und genaue Berechnung.

In zwei der drei Stellungen unterliefen sehr starken Großmeistern Fehler. Sie konnten das Problem nicht lösen. Nun haben Sie die Chance zu beweisen, daß Sie damit besser fertig werden. Ich hoffe, daß Sie bei der Analyse der eigenen Partien ständig suchen und manchmal solche Versäumnisse finden werden.

1

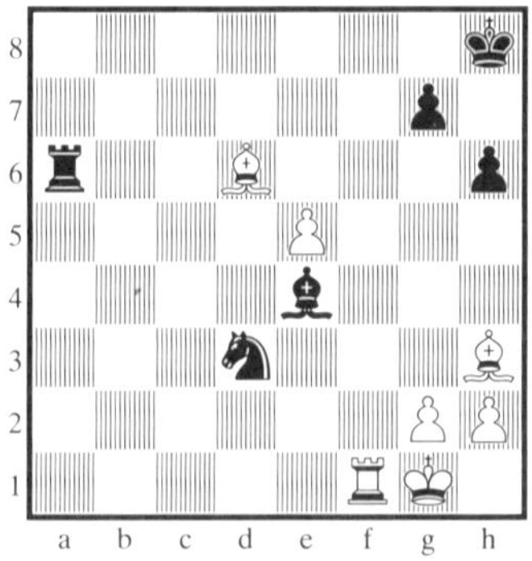


Weiß am Zug

2

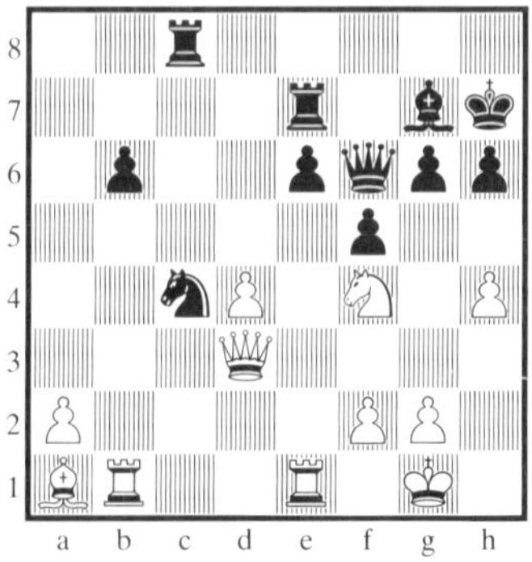


Weiß am Zug

3

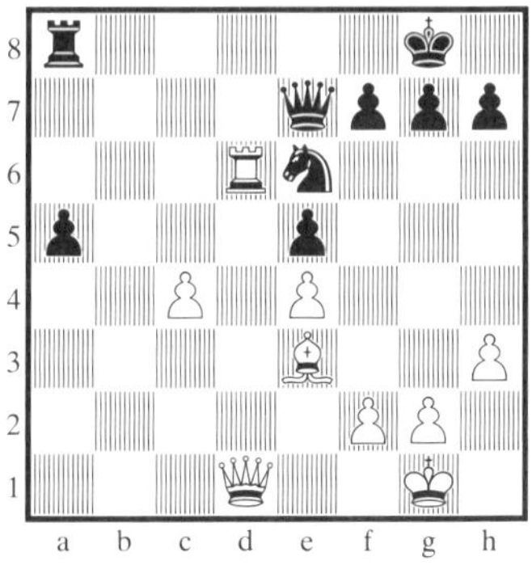


Weiß am Zug

# Lösungen

## 1

**Jussupow – Timman**

Reykjavik 1988

Forciert gewann **1.e6! T:d6 2.e7 Lc6 3.Tf8+ Kh7 4.Lf5+! g6 5.Td8 Tf6 6.Ld7 L:d7 7.T:d7**.

Ich übersah das Zwischenschach 4.Lf5+! und zog 1.g3? Kh7 2.Lg2 L:g2 3.K:g2 Kg6 4.Tf8. Timman fand jedoch die Verteidigung 4.Sb2!, wonach der Mehrbauer nicht mehr verwertet werden konnte.

## 2

**M. Gurewitsch – Rasuwajew**

Moskau 1987

Die positionelle Überlegenheit von Weiß ist offensichtlich, aber wie nutzt man sie am besten aus? Gurewitsch fand eine glänzende Lösung und beendete den Kampf in lediglich zwei Zügen.

**1.h5! g5 2.Sd5!!** Schwarz gab auf wegen 2....ed 3.T:e7 D:e7 4.D:f5+ und 5.D:c8.

Paradoxerweise wurde der am meisten befestigte Punkt von Schwarz, f5, plötzlich zu seiner Hauptschwäche.

## 3

**Dolmatow – Nikolić**

Hastings 1990

**1.Dd5! Sc7** Andernfalls verliert Schwarz einen Bauern ohne jegliche Kompensation.

**2.Dc6 Ta6 3.Lb6 Se8**

Weiter geschah 4.Dc8? D:d6 5.D:a6 Dc6 6.D:a5 D:c4! 7.D:e5 Dc1+ 8.Kh2 Dc6. Die Verwertung solcher Mehrbauern ist sehr schwierig, und so erzielte Schwarz später ein Remis.

Weiß versäumte den forcierten Gewinn: **4.c5!** (mit den Drohungen Td7 und Dc8) **4....S:d6 5.cd Dd8 6.Dc7!!** (gerade dieser elegante Zug entging Dolmatows Aufmerksamkeit) **6....D:c7 7.L:c7 a4 8.d7 Ta8 9.d8D+ T:d8 10.L:d8 a3 11.La5 a2 12.Lc3**.

Alle drei Beispiele zeigen, daß die Realisierung eines Vorteils nicht nur eine Sache der Technik ist. Fast immer kommt ein Moment, wo man seine Kräfte anspannen, Varianten exakt berechnen und den kürzesten Weg zum Ziel finden muß. Andernfalls kann ein Sieg nicht nur schwierig, sondern eventuell auch zunichtegemacht werden.

## Anlage zur Vorlesung von A. Jussupow (von M. Dworezki)

# Zweifel des Kommentators

Englische Eröffnung R 26/a

**M. Dworezki – G. Agsamow**

Halbfinale der Allunions-Studentenspiele, Alma-Ata 1976

**1. c4 Sf6 2. Sc3 e6 3. e4 d5 4. e5**

Bekanntlich erhält Schwarz nach 4. cd ed 5. e5 ausgezeichnetes Gegenspiel durch das Bauernopfer mit 5. ... Se4!: Beispielsweise 6. S:e4 de 7. Da4+ Sc6 8. D:e4 Dd4! 9. D:d4 S:d4 10. Kd1 Lf5 11. d3 0-0-0.

Nach dem Partiezug ist das analoge Opfer weniger effektiv: 4. ... Se4 5. S:e4 de 6. Dg4 Sc6 7. D:e4 Dd4 8. D:d4 S:d4 9. Kd1. Im Vergleich mit der vorhergehenden Variante hat es der Nachziehende schwerer, seinen weißfeldrigen Läufer zu entwickeln.

Die Partie Dworezki – Petrosjan (43. UdSSR-Meisterschaft, Oberliga) entwickelte sich folgendermaßen: 9. ... Lc5 (oder 9. ... Ld7 10. d3 0-0-0 11. Le3) 10. d3 Sc6 (falls 10. ... Sf5, so 11. g4 Sh6 12. h3 L:f2 13. Lg2 nebst Sf3, Ke2 und d4 mit Überlegenheit) 11. f4 f6 12. Sf3 fe 13. fe 0-0 14. Le2 Ld7 15. Ld2 Le8 16. Sg5 Ld7 17. Lg4 Tae8 18. Lc3 mit Vorteil für Weiß.

**4. ... d4 5. ef dc 6. bc**

6. fg cd+ 7. L:d2 oder 7. D:d2 kommt ebenfalls vor.

**6. ... D:f6 7. d4 c5 8. Sf3 h6**

Nach 8. ... cd 9. Lg5! Df5 10. cd Lb4+ 11. Ld2 kann Schwarz offenbar ausgleichen, aber er muß exakt spielen. Mehr kann er damit jedoch nicht erreichen. Deswegen ist es keine Überraschung, daß Agsamow eine kompliziertere Fortsetzung wählt.

**9. Ld3!**

Verbunden mit einem Bauernopfer.

Das ruhige 9. Le2 bereitet Weiß keinerlei Schwierigkeiten, z. B. 9. ... cd 10. cd Lb4+ 11. Ld2 L:d2+ 12. D:d2 Sc6 13. 0-0 0-0 oder 9. ... Ld6 10. 0-0 0-0 11. Le3 Sc6 12. Db3 e5 mit gleichen Chancen (Mikenas – Tscherepkow, Leningrad 1954).

**9. ... Sc6**

Nun würde 9. ... cd 10. cd Lb4+ 11. Ld2 L:d2+ 12. D:d2 Sc6 13. De3 0-0 schon nicht mehr zum Ausgleich reichen wegen Le4 und Tab1. Ganz schlecht ist 14. ... b6?? wegen 15. De4.

In der Partie Dworezki – Langeweg (Wijk aan Zee 1976) geschah 9. ... Ld6 10. 0-0 0-0 11. De2 Td8 (besser 11. ... Sc6) 12. De4 Df5 13. Dh4!, und Weiß gewann.

**10. 0-0 cd**

Schwarz nimmt das Bauernopfer an, obwohl er nach der Schnelligkeit, mit der ich die Eröffnungszüge machte, schließen konnte, daß das Opfer vorher vorbereitet war.

Der Entschluß von Schwarz ist fragwürdig: Weiß erhält für den Bauern einen zu großen Entwicklungsvorsprung. Natürlich war 10. ... Ld6 11. De2 0-0 (11. ... cd 12. cd S:d4 13. S:d4 D:d4 14. Lb2 Df4 15. g3) sicherer, aber auch hier wahrt der Anziehende die besseren Chancen.

Er könnte beispielsweise das bessere Endspiel bekommen: 12. De4 Df5 13. D:f5 oder 13. D:c6.

**11. cd S:d4 12. S:d4 D:d4 13. Tb1 Dd8**

Auf 13.... Le7 würde 14. Lb2 folgen.

**14. Df3**

Im Falle von 14. Lb2 wäre der Bauer b7 nicht mehr angegriffen, so daß der Lc8 entwickelt werden könnte.

**14.... Le7**

Auf 14.... Lc5 wäre 15. Tb5! sehr stark, z. B. 15.... De7 16. Dg3 Ld4 17. Le4 mit der Drohung 18. La3.
Bei 14.... Ld6 dachte ich ernsthaft daran, dieselbe Idee für den Preis eines weiteren Bauern zu realisieren: 15. c5?! L:c5 16. Tb5.

**15. Td1**

Natürlich wollte ich diese verlockende Angriffsstellung nicht nutzen, um lediglich den Bauern mittels 15. Le4 0-0 16. L:b7 zurückzugewinnen.

**15.... Dc7 16. Tb5**

Auf diese Weise wird der Gegner an der Rochade gehindert (16.... 0-0 17. L:h6! gh 18. Dg4+ Lg5 19. T:g5+ oder 18.... Kh8 19. Th5 mit Gewinn). Der Nachziehende zwingt jedoch den Turm auf das Feld h5, wo er etwas ungünstig postiert ist.

**16.... a6! 17. Th5**

Von der Vereinfachung 17. Lf4 Ld6! hätte Weiß nichts.

**17.... Ld7 18. Lf4 Dc8**

Ein kaltblütiger und richtiger Zug.
Im Falle von 18.... Ld6 19. L:d6 D:d6 konnte Weiß großen Vorteil erringen mittels 20. D:b7 Lc6 21. Db6. Schwächer ist das verführerische 20. Lg6? Nach 20.... De7 21. L:f7+ D:f7 22. D:f7+ K:f7 23. T:d7+ Kg6 24. Th3 Thd8 25. Tg3+ Kf6 26. Tg:g7 T:d7 27. T:d7 Tc8 28. T:b7 T:c4 29. Tb1 Tc2 30. Ta1 muß der Sieg im Turmendspiel nachgewiesen werden. Noch unklarer ist die Variante 20.... D:d1+ 21. D:d1 fg 22. Tc5 Lc6!.

**19. Le5**

Aufmerksamkeit verdiente 19. Dg3. Dann würde Weiß nach 19.... g5 20. Le5 f6 eine günstigere Stellung als in der Partie erhalten.
Auf 19.... Lf6 wäre 20. Ld6 stark.
Falls 19.... Kf8, so 20. Ld6 L:d6 (20.... De8 21. Le4 Lc6 22. L:c6 bc 23. c5 mit Vorteil für Weiß) 21. D:d6+ Kg8 22. Tc5 Lc6 23. Le4. Nach 23.... L:e4 24. T:c8+ T:c8 wäre es nicht einfach für Weiß, seinen Materialvorteil zu realisieren.

**19.... f6 20. Dg3**

Nach 20. Lg6+ Kf8 drohte der Nachziehende, die Stellung mittels 21.... Le8 zu vereinfachen. Da in diesem Fall nicht zu sehen ist, wie Weiß den Angriff verstärken kann, entschließt er sich zu einem Figurenopfer.

**20.... g5?**

Im Falle von 20.... fe 21. D:g7 Tf8 ist der schwarze Monarch in Gefahr, obwohl es keinen klaren Gewinnweg für Weiß gibt. Auf 22. T:h6? wäre 22.... Dc5! möglich.
Weiß hätte sicher einfach 22. T:e5 gezogen und die gefährlichen Drohungen weiter aufrechterhalten. So folgt auf 22.... Dc7 23. Lg6+ Kd8 nicht 24. T:e6 Dc5! mit Gegenchancen, sondern 24. Lf5!. Es verbietet sich 24.... T:f5 25. T:f5 ef 26. Dg8+. Auf 24.... Kc8 entscheidet 25. T:d7 K:d7 26. L:e6+ Kc6 (26.... Kd8 27. Td5+; 26.... Ke8 27. Dg6+ Kd8 28. Td5+ Ld6 29. c5; 26.... Kd6

27.c5+ Kc6 28.Ld5+) 27.Ld5+ Kb6 28.T:e7 mit unwiderstehlichen Drohungen.
Im Falle von 22....Kd8 verdient 23.Lc2 (mit der Drohung La4) Beachtung: 23....b5 24.c5 nebst 25.Le4 Ta7 26.c6 oder 25.Lb3.
Ich denke, daß die beste Möglichkeit in dem kaltblütigen 20....Kf8! bestand. Auf den Partiezug findet sich für Weiß eine vorbereitete entscheidende Kombination.

**21.Lg6+ Kf8**

Auf 21....Kd8 ist 22.Lf7 das Energischste.

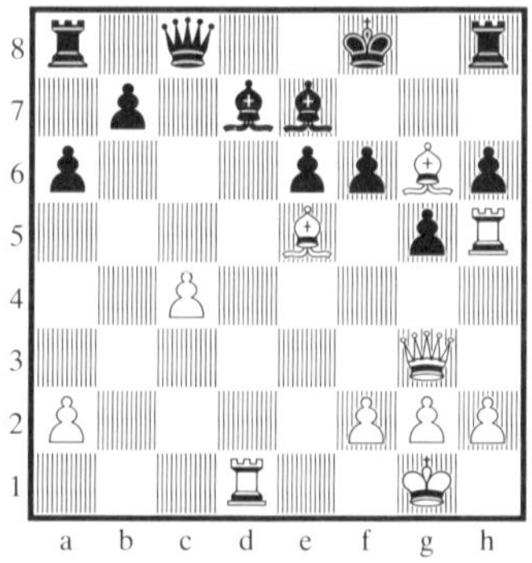


**22.h4 Le8**

Natürlich nicht 22....fe 23.Df3+.

**23.hg! fe**

Oder 23....L:g6 24.gf!, und Schwarz hat keine Verteidigung mehr.

**24.T:h6!**

Natürlich nicht 24.D:e5? L:g6! 25.D:h8+ Kf7. Schwächer war auch 24.gh L:g6 25.D:g6 Tg8, und nach einem Damenrückzug folgt 26....Lf6.

**24....Tg8**

Auf 24....T:h6 25.gh Lf6 gewinnt 26.Df3 Ke7 27.Da3+! mit Matt.

**25.Df3+ Kg7 26.Le4**

Das Einfachste, obwohl es auch andere Wege zum Sieg gibt, wie z.B. 26.Th7+ K:g6 27.De4+ oder 27.Dh5+, beispielsweise 27.De4 K:g5 28.Td3.

**26....Tf8**

Oder 26....Th8 27.T:h8 K:h8 28.Dh3+ mit Matt in vier Zügen.

**27.Th7+ Kg8 28.Dh3**

Schwarz gab auf.

Die Partieanalyse ist eigentlich beendet. Nun möchte ich mir Gedanken machen, wie die Kommentare zu Schachpartien aussehen sollten. In der Schachliteratur werden ja Tausende und Zehntausende Partien unterschiedlich kommentiert.

Kommentare zu den eigenen Partien waren für mich immer besonders interessant. In der Regel enthalten sie weniger analytische Fehler (der Autor löst dieselben Probleme zunächst am Brett, dann in der gemeinsamen Analyse mit dem Partner und anschließend bei der Vorbereitung der Partie für die Veröffentlichung).
Noch wichtiger ist es jedoch, daß sich solche Anmerkungen selten auf die Wiedergabe der Ereignisse beschränken. Häufig erzählt der Autor über seine Gedankengänge während der Partie, über die Ursachen von Fehlern usw.

Leider haben solche Kommentare neben den offensichtlichen Stärken häufig auch einige ihnen eigene organische Mängel. Diese sind nicht leicht zu erkennen, sie erschweren es jedoch, von der analysierten Partie einen genauen und umfassenden Eindruck zu erhalten. Um nicht lange nach einem Beispiel zu suchen, nehmen wir einfach die gerade behandelte Partie. Ich hatte sie früher schon einmal kommentiert und sie später erneut analysiert.

Beginnen wir mit der Eröffnung. Es scheint, daß sie ausführlich betrachtet wurde. Schauen Sie genauer hin. Es wurde eine relativ seltene Variante gespielt. Vielleicht trifft man sie in der Praxis nur deswegen selten, weil für den Nachziehenden zuverlässigere Wege zum Ausgleich gefunden wurden? Aber wo sind sie, diese Wege? Der Autor der Anmerkungen sagt dazu nichts. Dabei geht es nicht darum, daß entsprechende Empfehlungen formell fehlen. So könnte die Stellungsbewertung in den Kommentaren zum 8. Zug von Schwarz anders formuliert werden, beispielsweise: „Nach 8....cd 9.Lg5 Df5 10.cd Lb4+ hätte Schwarz gute Chancen, das Spiel auszugleichen." Vielleicht weiß der Kommentator nicht, was man dem Nachziehenden mit Sicherheit empfehlen sollte? Natürlich weiß er das! Es gibt Fortsetzungen, die ihm ungünstig erscheinen. Bewußt oder unbewußt möchte er sich dazu nicht äußern. Vielleicht möchte er die von ihm ausgearbeiteten Verfahren gegen verschiedene Pläne von Schwarz nicht preisgeben. Und das wäre verständlich, denn die Eröffnungsanalysen könnte er noch im Wettkampf gebrauchen.

Ich denke, daß die „ausweichende" Behandlung der Eröffnung eine charakteristische Besonderheit der Kommentierung eigener Partien darstellt.

Es gibt ein zweites Spezifikum. Bekanntlich sind wir alle Sünder. Wir neigen dazu, Niederlagen als Zufall anzusehen, während Siege als Beispiele schachlicher Kunst gewertet werden. Indem wir uns (in der Regel unbewußt) diesem Wunsch hingeben, beginnen wir eigenen Entscheidungen übertriebene Aufmerksamkeit zu widmen und von den gegnerischen Aktivitäten nur jene hervorzuheben, auf die wir schöne Antworten vorbereitet haben.

Alles was nicht in dieses Schema paßt, wird nicht etwa vergessen (die Gewissenhaftigkeit erlaubt das nicht, denn wir sprechen über gewissenhafte Kommentatoren), man erinnert einfach nur daran nach nichtssagenden Einleitungen wie z.B. „Aufmerksamkeit verdient ebenfalls ..." oder „möglicherweise sollte man prüfen ...". Im Ergebnis geht der Leser manchmal über die wichtigsten Momente oder gar über die Wendepunkte der Partie hinweg, ohne sie zu bemerken.

Was kann man z.B. über die eben angesehene Partie sagen? Weiß unternahm schon in der Eröffnung ein positionelles Bauernopfer, entfaltete unter Ausnutzung taktischer Momente eine starke Initiative und beendete den Kampf mit einer schönen Kombination.

Eine Partie aus einem Guß, nicht wahr?

Schauen wir genauer hin. In den Anmerkungen zum 20. Zug von Schwarz werden vor allem die Folgen des Figurenopfers des Nachziehenden untersucht, nur nebenbei wird auf die beste Verteidigung 20....Kf8! hingewiesen. Was passiert jedoch in diesem Fall?

Kehren wir zu dieser Stellung zurück.

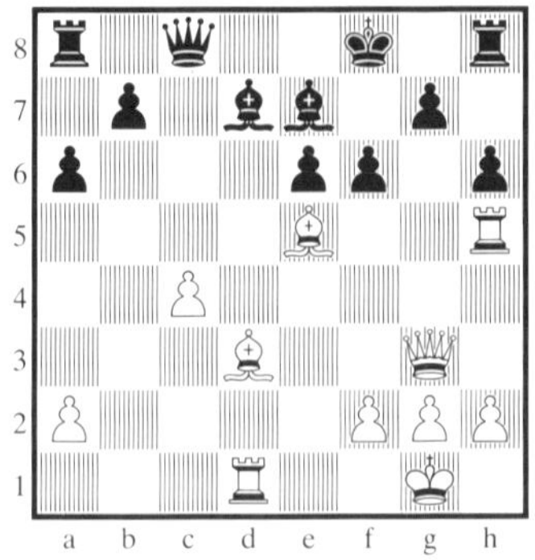

Falls 21. Ld6, so 21. ... L:d6 22. D:d6+ Kf7, und nach 23. Tc5 Lc6 hat Weiß keine Zeit für 24. Le4 wegen 24. ... Td8. Hier ist nicht zu sehen, wie Weiß den Angriff verstärken kann.

Schwach ist auch 21. Lg6 Le8 22. Ld6 L:g6 (22. ... L:d6 23. D:d6+ Kg8 24. Tc5) 23. L:e7+ K:e7 24. D:g6. Für den Bauern hat Weiß Initiative. Die Erfolgsaussichten sind jedoch fragwürdig, vor allem wegen des Turms auf h5.

Vergleicht man diese Überlegungen mit den Anmerkungen zum 19. Zug von Weiß, die beweisen, daß Weiß bei 19. Dg3 die besseren Chancen behielt, so kann man folgern, daß 19. Le5 ein Fehler war, nach dem der Anziehende kein Übergewicht mehr hatte.

Aber auch nach 19. Dg3 erreicht Weiß nicht so viel, wie die Stellung versprochen hatte. Wurden nicht schon vorher Fehler gemacht?

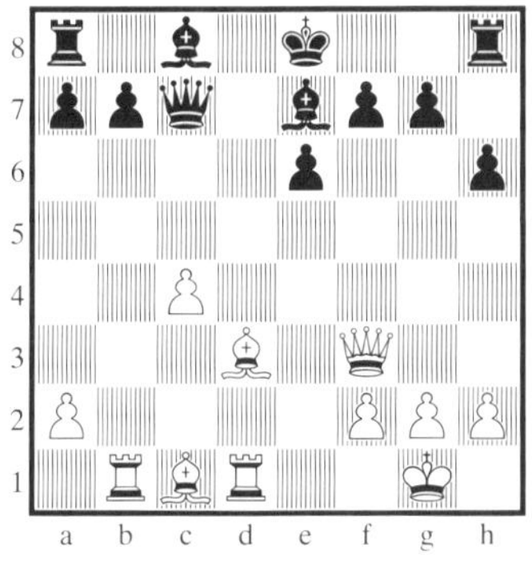

Hier spielte Weiß 16. Tb5 und nach 16. ... a6 ging der Turm nach h5. Vielleicht war das Manöver nicht das Beste?

Die Analyse zeigt, daß 16. Lf4 e5 (16. ... Dc6 17. D:c6 bc 18. Le4 Ld7 19. Tb7 gibt Weiß starke Drohungen) 17. Lg3 stärker ist. Nach 17. ... 0-0 18. De4 f5 19. Dd5+ gewinnt Weiß den Bauern zurück und übt weiterhin Druck aus.

In den Anmerkungen zum 13. Zug von Schwarz verwies ich auf den Zug 14. Lb2 und erklärte, warum ich ihn nicht spielte. Wenn man die Stellung jedoch konkreter untersucht?

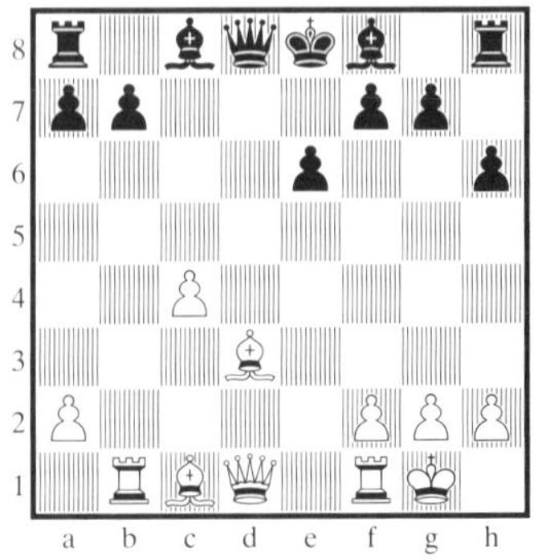

14. Lb2 Ld7 15. Le4. Die Antwort 15. ... Lc6 führt nach 16. L:c6+ bc 17. Df3 oder 17. Dg4 zu einer erdrükkenden Überlegenheit des Anziehenden. Ganz schlecht ist 15. ... Dc8 16. L:g7! L:g7 17. L:b7 Dd8 18. L:a8 D:a8 19. Dd6 Dd8 20. Tb8 Lc8 21. Dc5.

Auf 15. ... Dc7 ist dagegen 16. Te1! sehr stark, z. B. 16. ... Lc6 17. Le5 Dc8 18. Df3 mit der Drohung 19. T:b7!.

Auf diese Weise kann das Spiel der Gegner schon objektiver bewertet werden. Nach dem erfolgreichen Bauernopfer in der Eröffnung fand sich Weiß in der „Angriffsstrategie" nicht zurecht. Mehrmals wurde nicht der beste Plan zur Entwicklung der Initiative gewählt, wodurch Weiß riskierte, jeglichen Vorteil wieder einzubüßen.

Schwarz dagegen spielte wiederholt zu unternehmungslustig. Dadurch geriet er nach Annahme des Bauernopfers zuerst in eine schwierige Lage. Als er fast schon den Angriff abgewehrt hatte, verlor er dennoch, nachdem er seine Stellung mit 20. ... g5? unvorsichtigerweise geschwächt hatte.

Warum wurde die Partie anfangs anders bewertet? Gab es Fehler in den Anmerkungen? Nein, nicht eine Variante wurde widerlegt. Alles liegt an den falsch gesetzten Akzenten. Diese Akzente sind eine große Sache. Mit deren Hilfe kann man, ohne die Varianten zu ändern, beweisen, daß die Partie interessant oder daß sie uninteressant ist, daß sie viele Fehler oder fast gar keine Fehler enthält...

Wenn Sie eine umfassende Vorstellung über eine analysierte Partie erhalten wollen, dann sollten Sie deswegen die Argumente der Kommentatoren überprüfen und noch einmal überprüfen. Seien Sie vor allem wachsam gegenüber unscheinbaren, „nebenbei" gemachten Empfehlungen jener Art, welche wir gerade behandelt haben.

# KAPITEL 3

## Über die Technik der Arbeit an eigenen und fremden Partien

Vorlesung von Artur Jussupow und Mark Dworezki

Teil I: A. Jussupow

Sprechen wir darüber, wie man Partien, klassische oder eigene, untersuchen sollte und über die Verfahren, welche es ermöglichen, aus der Beschäftigung maximalen Nutzen zu ziehen.

Es ist unmöglich, ein wirklicher Schachspieler zu werden, ohne ernsthaftes Studium der schachlichen Klassik. Genauso unmöglich wäre es, sich einen Schriftsteller oder Poeten vorzustellen, der Shakespeare nicht gelesen oder einen Maler, welcher Rembrandts Bilder nicht gesehen hat.

Sogar ein oberflächliches Durchsehen klassischer Partien ist sehr nützlich für die Verbesserung des Positionsverständnisses. Die großen Schachspieler beherrschten vollkommen die Prinzipien der Strategie und vermochten ihre Figuren entsprechend zu plazieren. Nach ihren Partien kann man typische Schachstellungen, Standardpläne und typische Spielverfahren erlernen. Die Klassik ist damit eine wichtige Stütze bei der Aneignung der Kunst, den Kampf im Mittelspiel zu führen.

Erinnern Sie sich daran, wie wir meine Partie mit Karpow untersuchten (im zweiten Kapitel dieses Buches) und ich Ihre Aufmerksamkeit auf sein Herangehen an die Entscheidungsfindung, auf sein prophylaktisches Verständnis der Stellung lenkte. Beim Studium der Partien herausragender Spieler sehen Sie, wie diese denken, schwierige Probleme lösen und welcher psychologischen Mittel sie sich bedienen. Das ist auch wesentlich, um Ihre Informationssammlung zu vervollständigen.

Versuchen Sie, Ihre Aufmerksamkeit auf bestimmte – auf die stärksten – Seiten des Schaffens jenes hervorragenden Schachspielers zu richten, dessen Partien Sie zum Studium ausgewählt haben. Bei der Beschäftigung mit dem Schaffen Petrosjans beispielsweise muß man natürlich darauf achten, wie er die Stellung prophylaktisch verstand und mit den Plänen des Gegners kämpfte. Diese Arbeit ist besonders nützlich für jene Spieler, bei denen die ausgewählte Seite des Spiels zu den Schwachpunkten zählt. Beim Studium der Partien und der Kommentare von Aljechin benötigt man ein ganz anderes Vorgehen. Es ist sehr interessant zu verfolgen, wie Aljechin logisch und konkret die Stellung analysiert und den Plan wählt, mit welcher unerbittlichen Konsequenz und kolossalen Energie er seine Ziele verwirklicht.

Einige Worte über die Verfahren, die man beim Studium der Partien nutzen sollte. Sie können auf „Vermutung“ spielen. Beim Nachspielen der

Eröffnung sollten Sie den folgenden Buchtext mit einem Blatt verdecken und versuchen, die nächsten Züge der Großmeister zu erraten. Beim Vergleich Ihres intuitiven Stellungsverständnisses mit der intuitiven Auffassung großer Schachspieler können Sie Ihre Intuition, Ihr Stellungsgefühl entwickeln. Dieses Verfahren nutzte beispielsweise Nimzowitsch.

Ein anderes Verfahren. Sie sehen ein Diagramm oder eine größere Anmerkung. Es ist klar, daß hier ein ernstes, inhaltsreiches Problem vorliegt, daß ein unerwarteter oder schwieriger Zug gemacht oder versäumt wurde. Sich in die Stellung vertiefend, können Sie probieren, das Problem selbständig zu lösen und anschließend Ihre Schlußfolgerungen mit dem Partiekommentar vergleichen.

Das dritte Verfahren ist nach meiner Meinung ein sehr nützliches Arbeitsmittel. Sie haben eine Partie untersucht, und ein bestimmter Moment hat Sie beeindruckt, erschien Ihnen interessant und lehrreich. Fertigen Sie ein „positionelles Bild" zu diesem Thema an. Zeichnen Sie auf einem gesonderten Blatt ein Diagramm und beschreiben Sie kurz, warum diese Stellung Ihr Interesse weckte. Lassen Sie Platz für eventuelle künftige Ergänzungen oder Berichtigungen. Fügen Sie auf demselben Blatt neue Beispiele nur dann hinzu, wenn sie thematisch zu den vorhandenen passen.

Die Partie, die wir nun untersuchen werden, wurde erst „kürzlich", vor 108 Jahren, gespielt. Warum habe ich gerade die Begegnung **Zukertort – Blackburne** (London 1883) gewählt? Es ist eine der schönsten Schachpartien, in der eine bemerkenswerte Kombination realisiert wurde. Johann Zukertort, der Gegner von Steinitz im ersten Weltmeisterschaftsmatch, war ein vielseitiger Schachspieler. Besonders erfinderisch agierte er im Angriff. Darüberhinaus war er ein guter Positionsspieler.

**1.c4 e6 2.e3 Sf6 3.Sf3 b6 4.Le2 Lb7 5.0-0**

1883 wurde die Eröffnung ohne große Ansprüche gespielt. Man achtete lediglich auf eine vernünftige Figurenentwicklung. Hier möchte ich Ihre Aufmerksamkeit auf den folgenden Zug von Blackburne lenken. Er vermochte seine Kräfte günstig aufzustellen.

**5.... d5 6.d4 Ld6**

Die Figurenentwicklung ist sicher eine Frage des Geschmacks. Man kann auch anders spielen, z.B. 6.... dc, 6.... Le7, 6.... Sbd7 oder 6.... c5. Mir persönlich gefällt Blackburnes Aufstellung am besten. Später haben Aljechin und Rubinstein in analogen Situationen ebenso gehandelt.

**7.Sc3 0-0 8.b3**

Mit dem Läuferzug nach b2 schließt Zukertort die Entwicklung ab.

**8.... Sbd7**

Das ist die Aufstellung, über die ich sprach. Die aktiven Läufer auf b7 und d6 zielen auf den Königsflügel. Früher wurden diese als die „Horwitz-Läufer" bezeichnet (ein deutscher Meister des 19. Jahrhunderts, der es liebte, seine Läufer so aufzustellen). Im weiteren träumt Schwarz davon, Se4, f5 zu spielen und anschließend Dame oder Turm über das Feld f6 zum Königsangriff zu überführen.

**9. Lb2**

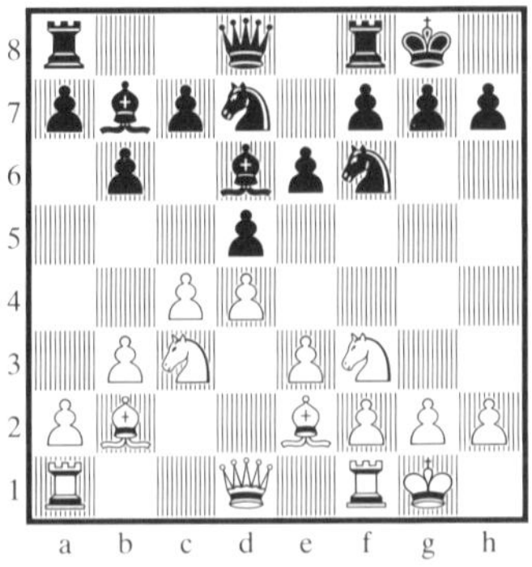

Sicherlich könnte Schwarz jetzt 9.... c5 oder 9.... Se4 spielen, ich würde jedoch 9.... a6 vorziehen, um Sb5 vorzubeugen. Der Läufer auf d6 ist eine sehr starke Figur, und Weiß möchte ihn gegen seinen Springer auf c3 tauschen. Natürlich ist der Ausfall Sb5 nicht immer effektiv. Der Läufer kann nach e7 zurückgehen, dann folgt a7-a6, und man erhält das gleiche. Falls Weiß jedoch mit Turm oder Dame schon die c-Linie besetzt hat, so könnte der Läufer nicht mehr zurückweichen wegen der Schwäche auf c7. Aus diesem Grund ist a7-a6 in derartigen Stellungen ein gutes prophylaktisches Manöver.
Blackburne dagegen unterschätzte die Drohung Sb5.

**9.... De7?! 10. Sb5 Se4 11. S:d6 cd**

Sehen Sie, wie sich die Stellung verändert hat? Die Bauernstruktur von Schwarz wurde etwas entwertet, Weiß erhielt den Vorteil des Läuferpaares. Der Springer auf e4 wird getauscht oder mittels f2-f3 vertrieben. Die Lage von Weiß ist vorzuziehen.

Gehen wir einen Schritt zurück.
Die Situation vor dem 9. Zug von Schwarz erscheint mir sehr interessant. Hier könnte man ein positionelles Bild zum Thema prophylaktischer Züge und Wachsamkeit gegenüber den Drohungen des Gegners zeichnen. Nehmen Sie ein Blatt Papier, das die Überschrift „Aufmerksamkeit gegenüber den Möglichkeiten des Gegners" tragen könnte. Zeichnen Sie ein Diagramm. Darüber schreiben Sie „Zukertort – Blackburne (London 1883)" und darunter „Schwarz am Zug" oder „nach 9. Lb2". Rechts lassen Sie etwas Platz für eventuelle künftige Bemerkungen. Weiter könnte man vermerken, daß Schwarz ungenau spielte – 9.... De7 – und damit den Tausch des Sc3 gegen den Ld6 zugelassen hatte. Es war nötig, vorbeugend das Feld b5 mittels 9.... a6, einem typischen Zug in ähnlichen Stellungen, zu decken.
Im Prinzip können Sie beliebige eigene Kommentare oder Überlegungen aufschreiben, die zu dem Thema passen. Falls Sie später neue, interessante, inhaltlich ähnliche Beispiele treffen, dann tragen Sie diese auf dem Blatt ein. Im Ergebnis erhalten Sie eine Sammlung lehrreicher Stellungen zu den unterschiedlichsten Themen. Diese Beispiele prägen sich Ihnen zuverlässig ein, erweitern und festigen Ihr positionelles Arsenal.

Kehren wir zur Partie zurück. Dank der Ungenauigkeit von Blackburne hat Weiß einen kleinen Vorteil.

**12. Sd2 Sdf6**

Auf 12.... f5 bereitet Weiß nach 13. cd L:d5 14. f3 schrittweise e3-e4 vor. Ich halte jedoch den Tausch 12.... S:d2 für besser als den Partiezug.
Nun schlage ich vor, etwas über die Stellung nachzudenken.

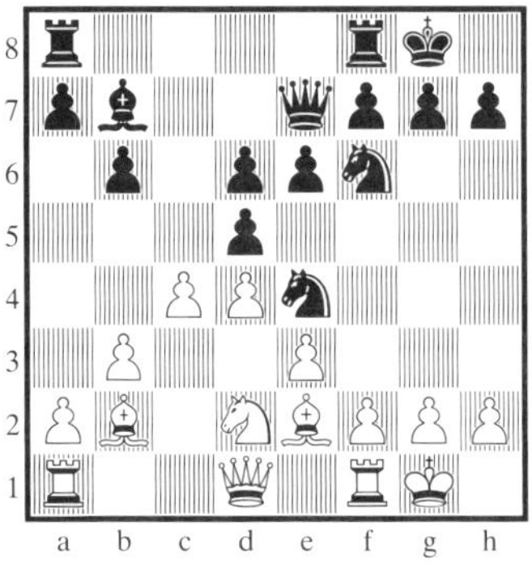

Vor kurzem, als ich diese Partie mit M. Dworezki besprach, wies er auf den Zug Sb1! hin. Vor hundert Jahren spielte so natürlich niemand. Dieses positionelle Manöver, einem Tausch auf so ungewöhnliche Weise auszuweichen, tauchte erst viel später auf. Mark Israiljewitsch fand diesen starken Zug leicht, da er solche Situationen schon studiert und zu dem Thema sogar einen Artikel „Die 'Mehr'-Figur“ geschrieben hatte.

Hier würde ich ebenso ein „positionelles Bild“ anfertigen. Kommentieren kann man das Bild ungefähr wie folgt:

„Aufmerksamkeit verdient das unerwartete 13. Sb1. Indem er dem Tausch ausweicht, plant Weiß, den Springer mit f3 zu verjagen, anschließend Sc3 zu spielen und e3-e4 vorzubereiten. In dem Fall wären mehr Figuren auf dem Brett, was für die Seite vorteilhaft ist, die über einen Raumvorteil verfügt.“

Ähnliche Stellungen kommen manchmal in der Englischen Eröffnung vor oder in der Holländischen Verteidigung, im System Stonewall.

Eine weitere Nuance ist der Zug La3, beispielsweise in der Variante 13. Sb1 e5 14. f3 Sg5 15. de de 16. La3 mit Qualitätsgewinn.

In der Partie spielte Weiß einfacher, ließ den Springertausch zu und gab damit einen Teil seines positionellen Vorteils auf.

**13. f3 S:d2 14. D:d2 dc**

Eine mögliche Entscheidung, die jedoch von einigen kritisiert wurde. Womit würden Sie auf c4 wiedernehmen? Der Bauer auf c4 könnte schwach werden, weshalb ein Schlagen mit dem Läufer natürlicher aussieht. Damit überzeugen wir uns zugeich, daß statt 14. ... dc der Zug 14. ... La6 in Frage kam.

**15. L:c4 d5 16. Ld3**

Nun muß ein Turm die offene Linie besetzen, aber welcher?

Falls 16. ... Tac8, dann muß mit der Antwort a2-a4! gerechnet werden. Es taucht die Drohung La3 auf sowie der Plan eines Angriffs am Damenflügel mit a4-a5.

**16. ... Tfc8 17. Tae1**

Weiß hatte eine große Auswahl. Man könnte auch über 17. a4 und somit über einen Plan nachdenken, am Damenflügel zu spielen. 17. Tae1 sieht jedoch sehr nützlich aus und entspricht dem ungezwungenen positionellen Verständnis von Zukertort.

Nun sollten Sie sich in die Stellung vertiefen und eine Antwort für Schwarz finden.

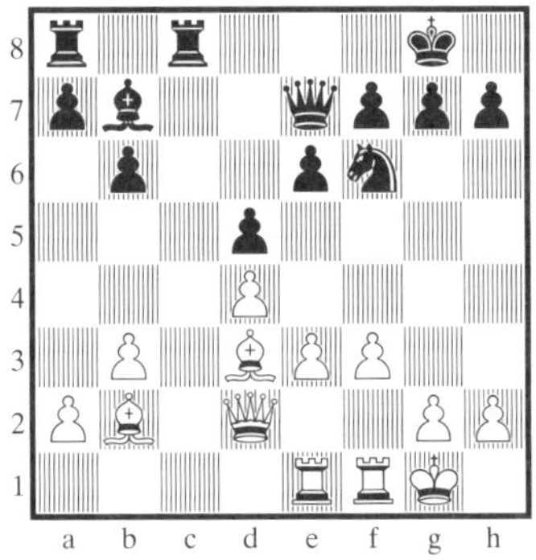

Ja, Sie haben ins Schwarze getroffen, wenn Sie 17.... a5! vorgeschlagen haben. Die Situation ist für den Nachziehenden nicht ungefährlich. Sein Läufer auf b7 steht passiv, der Gegner hat den Vorteil des Läuferpaares und reelle Chancen für einen Angriff im Zentrum mit e3-e4. Spielt Schwarz planlos, dann bekommt er kein Gegenspiel und gerät in eine schwierige Lage.

Mit dem Zug a7-a5 (der in der Partie jedoch nicht gemacht wurde) verfolgt Schwarz gleich mehrere Ziele. Es eröffnen sich drei aussichtsreiche Möglichkeiten: ein Gegenspiel am Damenflügel mittels a5-a4, der Tausch der weißfeldrigen Läufer durch La6 sowie eventuell der Damenausfall Db4.

Gegen die Drohung a5-a4 würde Weiß am ehesten wohl mit a2-a4 vorgehen. Dann würde der Nachziehende die weißfeldrigen Läufer tauschen, hätte genügend Gegenspiel und könnte die Partie kaum verlieren. Eine starke weiße Figur würde vom Brett verschwinden. Zudem wäre das Feld c2 geschwächt, was die Drohung einer Verdoppelung der schwarzen Türme auf der c-Linie verstärken würde.

Nachdem wir den Zug 17.... a5! gefunden haben, wird klar, daß, falls Weiß schon den Plan eines Spiels im Zentrum gewählt hat, er diesen mit 17. De2! (statt 17. Tae1) verfolgen sollte. Von e2 würde die Dame nicht nur e3-e4 unterstützen, sondern Schwarz auch den Tausch der Läufer erschweren.

Zu diesem Thema kann man ein positionelles Bild zeichnen (Sie haben sicher schon verstanden, wie das geht). Die Überschrift hieße „Figurentausch". Häufig ist es wichtig zu erkennen, welche Figuren getauscht und welche nicht getauscht werden sollten. Diese Erkenntnis kann der Schlüssel zum Verständnis der Stellung sein und bei der Festlegung des richtigen Planes helfen.

Blackburne spielte schablonenhaft. Er sah die offene Linie und begann, die Türme zu verdoppeln.

**17.... Tc7 18. e4 Tac8**

Viele Schachspieler würden wahrscheinlich ähnlich vorgehen, zuerst die Türme verdoppeln und dann überlegen, wie es weitergeht. Eigentlich ist nichts zu machen, denn alle Einbruchsfelder auf der c-Linie werden von den Läufern zuverlässig kontrolliert. Trotzdem hat Schwarz einige taktische Möglichkeiten, die mit dem Eindringen auf c2 verbunden sind. Eventuell ist La6 eine Idee, obwohl nicht zu sehen ist, wie man dieses Manöver vorbereiten kann.

Wie würden Sie als Weißer handeln?

**19. e5 Se8 20. f4**

Die logische Entwicklung des Planes von Weiß. Der Raumvorteil wird ausgebaut und zugleich der Königsangriff vorbereitet. Was würden Sie nun für Schwarz vorschlagen?

Den Vorstoß f4-f5 zuzulassen, wäre höchst riskant. D.h., man muß zwischen 20.... g6 und 20.... f5 wählen. Letztere Fortsetzung scheint begründeter zu sein.

**20.... g6**

Im Turnierbulletin setzte Zukertort hinter diesen Zug ein Fragezeichen und merkte völlig richtig an: „Natürlich war es notwendig, den Vormarsch des weißen f-Bauern zu stoppen. Schwarz mußte jedoch bei seinem Partiezug beachten, daß die-

ser die schwarze Königsstellung schwächt, ohne dafür irgendwelche Vorteile zu bringen. Besser war das direkte f5.“ Ja, die Bauern vor dem König dürfen nur mit Vorsicht bewegt werden.
Nach 20. ... f5! 21. ef S:f6 hätte der Nachziehende in Verbindung mit Se4 Gegenspiel.

**21. Te3**

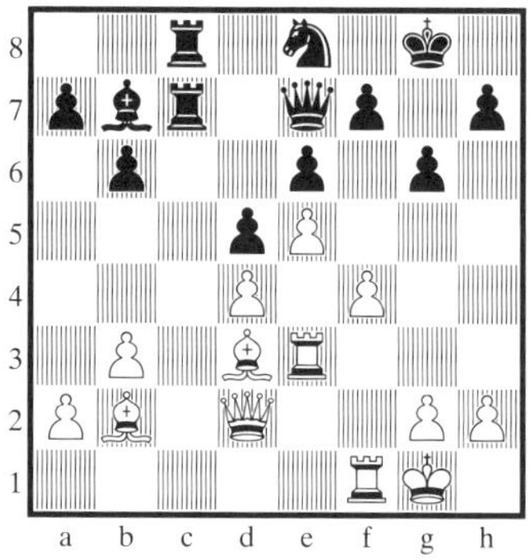

Falls nun 21. ... Sg7, dann setzt Weiß den Angriff mit 22. g4 fort.

**21. ... f5**

Etwas inkonsequent, aber das passiert häufig. Zuerst wird ein Zug ausgeführt, dann erkennt man, daß ein anderer besser gewesen wäre. Vertiefen Sie sich jetzt bitte etwas in die Stellung und versuchen Sie, den weiteren Kampfverlauf vorherzusagen.
Aus welchen Erwägungen wählten Sie 22. ef? Ja, das ist der naheliegendste Zug. Mit dem Läuferpaar ist es nur natürlich, das Spiel zu öffnen. Zudem soll ja der Läufer b2 in den Angriff eingeschaltet werden. Ein eventuelles Gegenspiel, das nach Sf6-e4 auftauchen kann, muß jedoch beachtet und der Zug 22. ef daher genau berechnet werden.
Man konnte auch ruhiger h3 nebst g4 ziehen. Dann war es zumindest schwierig oder gar unmöglich, die schwarze Stellung zu stürmen.

**22. ef!**

Der Beginn einer wunderschönen Kombination.

**22. ... S:f6**

Hätte er das Spiel von Zukertort vorhergesehen, dann hätte Schwarz 22. ... D:f6 vorgezogen in der Hoffnung, sich irgendwie zu verteidigen, beispielsweise nach 23. De1 Sg7. Weiß konnte in dem Fall den Angriff mittels g4 fortsetzen, obwohl die Position des Nachziehenden recht stabil gewesen wäre. Blackburne wollte aber aktiver spielen, zumal er offenbar schon das Gegenspiel, verbunden mit 25. ... Tc2, ins Auge gefaßt hatte.
Was sollte der Anziehende nun unternehmen? Hier reichen allgemeine Überlegungen nicht mehr aus. Man muß konkrete Varianten berechnen, um die Idee zu finden, die Zukertort realisierte.

**23. f5**

Dieser Zug machte einen starken Eindruck auf Steinitz, den ersten Weltmeister, der die Partie kommentierte und ihn „als Beginn einer bemerkenswerten Konzeption grandiosen Ausmaßes“ bezeichnete.

**23. ... Se4** (Was sonst?) **24. L:e4 de**

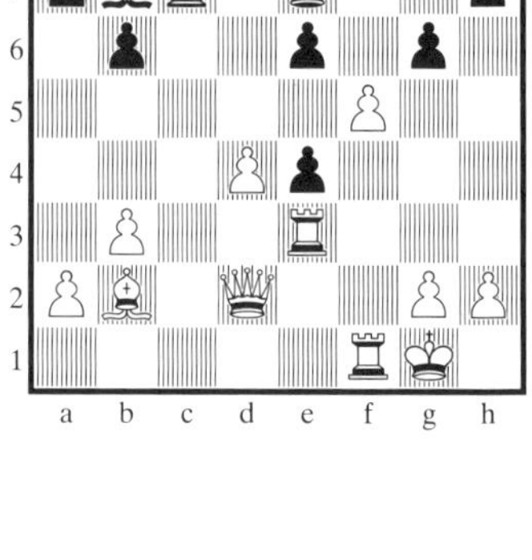

Der prinzipielle Zug 25. d5 liegt nahe. In Stellungen mit ungleichfarbigen Läufern ist ein Materialvorteil von untergeordneter Bedeutung, wichtiger ist dagegen die Aktivität der Läufer. Der Zug d4-d5, der dem Läufer b2 die Diagonale öffnet und Dd4 droht, ist sehr interessant.

Aber prüfen wir konkret: 25. d5 Tc2 26. Dd4 e5. Nach einem Tausch auf e5 und L:d5 hat der Nachziehende alle Chancen auf ein Remis. D. h., daß man nach anderen Möglichkeiten in der Stellung suchen muß.

Sicherlich hatte Zukertort dies vorausgesehen, als er 22. ef zog. Er war ein sehr erfinderischer Spieler und hatte die Idee der folgenden Kombination sicher vorher gefunden.

**25. fg!**

25. f6 ist selbstverständlich schwächer, da es Schwarz eine Atempause einräumt: er erhielte nach 25. ... Df7 26. Tc3 Ld5 reelle Remischancen. Der die Stellung öffnende Partiezug ist am stärksten. Die Erwiderung 25. ... hg ist nun ungünstig wegen 26. Tg3 (26. ... Dg7 27. d5 und falls 27. ... Tc2, so 28. D:c2).

**25. ... Tc2 26. gh+ Kh8**

Eine typische Verteidigungsmethode. Der König versteckt sich hinter dem Bauern. Schlecht war natürlich 26. ... K:h7 27. Th3+ und 28. Dh6.

**27. d5+ e5 28. Db4!!**

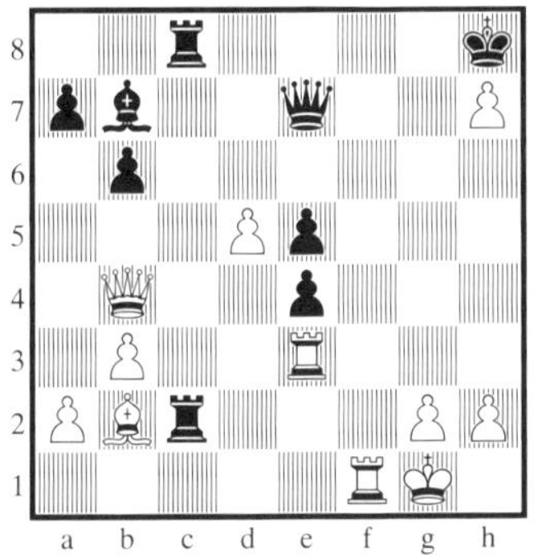

Hier könnte man sicherlich die Berechnungen schon abbrechen, da der Anziehende einen so gefährlichen Angriff hat, der mindestens zum Remis reichen sollte. Schauen wir uns aber dennoch die Varianten bis zum Ende an:

28. ... D:b4 29. L:e5+ K:h7. Weiß spielt 30. Th3+ Kg6 31. Tg3+ Kh6 32. Tf6+ nebst Tf5 (f7)+ und Lf4+. Sehen Sie das Mattbild? Das ist die Idee der Kombination. Die drei weißen Figuren führen durch laufende Schachgebote das Matt herbei.

Auf 28. ... Dg7 oder 28. ... Dg5 entscheidet 29. Tg3.

**28. ... T8c5**

Nun ist es offensichtlich, daß Weiß gewinnt, und er kann sich auch aussuchen, auf welchem Wege. Neben der schönen Lösung, die Zukertort wählte, sehe ich noch einen zweiten Gewinn. Zunächst aber der Partiezug.

**29. Tf8+!**

Eine sehr schöne Ablenkung. Falls 29. ... D:f8, so folgt 30. L:e5+ K:h7 31. D:e4+ Kh6 32. Th3+ mit Matt in wenigen Zügen.

Steinitz kommentierte die Stellung folgendermaßen:

„Die vorhergehenden Züge und der eben gemachte Zug von Weiß bilden eine der größten Kombinationen, vielleicht sogar die schönste von allen, die jemals auf dem Schachbrett geschaffen wurden.

Es fehlen einem die Worte, um unsere Begeisterung über die hohe Meisterschaft von Zukertort auszudrücken, mit der er die Partie spielte."

Steinitz stand zwar in einem ständigen Wettbewerb mit Zukertort, aber er liebte Schach so inniglich und konnte sich derart an schönen Ideen begeistern, daß er dem Gegner Gerechtigkeit widerfahren ließ. Ein nachahmenswertes Beispiel!

Ebenso entscheidet der weniger ästhetische Zug 29. D:e4, wenn auch mit komplizierteren Varianten. Auf 29. ... T:b2 folgt erst jetzt 30. Tf8+! D:f8 31. D:e5+ K:h7 (31. ... Dg7 32. De8+ K:h7 33. Th3+ Dh6 34. Df7+) und hier am einfachsten 32. Dh5+ Kg7 33. Tg3+ Kf6 34. Tf3+ Ke7 35. De5+ mit Damengewinn.

In solchen Fällen muß man einen Zug wählen, der einem am besten gefällt und ihn bis zu Ende berechnen.

**29. ... K:h7 30. D:e4+ Kg7 31. L:e5+**

Hiermit erfolgt schon der Todesstoß. Zukertort stellt auch dabei sein ästhetisches Verständnis unter Beweis.

**31. ... K:f8 32. Lg7+**

Ein sympathischer Zug.

**32. ... Kg8 33. D:e7**

Schwarz gab auf.

# Teil II: M. Dworezki

Sie haben gerade eine bemerkenswerte klassische Partie untersucht und gesehen, daß sie mehrere strategisch interessante Situationen enthält. Die positionellen Bilder, die man anfertigen konnte, tragen sozusagen alle rein schachlichen Charakter (sie sind verbunden mit dem Problem des Figurentausches). Es ist wichtig, sich die typischen Verfahren des positionellen Spiels anzueignen. Jeder starke Schachspieler verfügt über ein großes Arsenal solcher Methoden, sowohl allgemein bekannter als auch selten anzutreffender.

Positionelle Bilder kann man auch zu anderen als nur rein schachlichen Themen zeichnen. Schach wird von Menschen gespielt, die denken, suchen und kämpfen. Jemandem gelingt etwas, er findet irgend etwas Interessantes, manchmal irrt er sich oder scheitert an einer Aufgabe. Er scheitert nicht nur wegen eines Mangels an schachlichem Wissen, sondern häufig aufgrund charakterlicher Schwächen, wegen Fehler beim schachlichen Denken, beim Herangehen an die Stellung und bei der Entscheidungsfindung. Sein Denken analysieren zu können, rationale Methoden des Denkens auszuarbeiten, die Ursachen für unterlaufene Fehler festzustellen oder dementgegengesetzt schöpferische Erfolge zu bemerken, alles das ist nicht weniger bedeutsam als das Erlernen rein schachlicher Feinheiten.

Die Beispiele, die ich Ihnen zeigen möchte, sind verbunden mit der Analyse eigener Handlungen, d.h. nicht mit einer rein schachlichen, sondern einer schachlich-psychologischen Analyse. Alle stammen aus den Partien von Sergej **Dolmatow**, der eine solche Arbeit im Zeitraum von 1977-1980 durchführte. Damals mußte er sein positionelles Spiel verbessern. In den Kommentaren zu den Stellungsbildern beleuchtete er nicht nur rein schachliche, sondern auch psychologische Aspekte der Entscheidungsfindung und des schachlichen Denkens.

Kürzlich habe ich mir erneut die Aufzeichnungen von Serjoscha Dolmatow angesehen. Ich erinnerte mich, wie er damals an sich arbeitete. Sergej war schon zu jener Zeit ein recht starker Schachspieler. 1978 wurde er Jugendweltmeister. Ein Jahr später gewann er die erste Liga der UdSSR-Meisterschaft. Auch für einen Spieler mit einer so hohen Qualifikation wie Dolmatow erwies sich die Arbeit mit den positionellen Bildern als produktiv. Die weitere Erhöhung seiner Spielstärke wurde begünstigt. Selbstverständlich waren in seinem Spiel Mängel, die er überwinden wollte. Jetzt zeige ich einige Beispiele, wie er sein eigenes Schaffen analysierte.

Ende 1977 gelang es Dolmatow nicht, die Jugend-Europameisterschaft allein zu gewinnen. Er belegte den geteilten 1.-3. Platz und war nach Wertung Zweiter. In dem Turnier kamen einige Schwächen in seinem Spiel zutage, u.a. mangelnde

Selbstsicherheit und eine gewisse Passivität. Vorher hatten wir viel an der Technik und der Strategie gearbeitet. Sergej begeisterte sich für das positionelle Spiel, begann dem Risiko auszuweichen und versuchte, den Kampf mit technischen Mitteln zu entscheiden. Nach der Europameisterschaft beschäftigten wir uns mit der Aktivierung seines Spiels, mit der Festigung seiner kämpferischen Qualitäten. Die Arbeit war erfolgreich. Serjoscha spielte wesentlich aggressiver und findiger. Bald darauf gewann er überzeugend die Jugendweltmeisterschaft. Aber auch in der Analyse dieses für ihn erfolgreichen Turniers fand er Spuren einer alten Krankheit.

Die Partie, mit der wir anfangen, wurde zu Beginn der Meisterschaft gespielt. Das erste Bild, welches Sergej zeichnete, ist mit einer Stellung gleich nach Abschluß der Eröffnung verbunden.

**Kchakpur – Dolmatow**

Graz 1978

**1.e4 c5 2.Sf3 e6 3.c3 d5 4.ed D:d5 5.d4 Sf6 6.Ld3 Le7 7.0-0 0-0 8.De2 cd 9.cd Sc6 10.Td1 Sb4 11.Sc3 Dd6 12.Lb1**

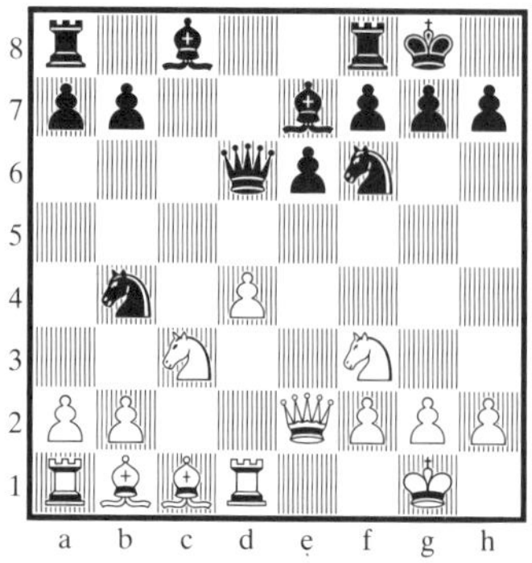

**12.... Ld7**

Ein normaler Entwicklungszug.

Ist jedoch 12.... b6 nicht stärker, um mit dem Läufer die lange Diagonale zu besetzen? Was könnte Schwarz hier stören? Natürlich, nach 13.Se4 konnte er versehentlich einen Turm verlieren. Fürchten wir den Zug oder nicht? Da auf den Gegenschlag 13.... La6 jeglicher Abtausch für den Nachziehenden vorteilhaft ist, brauchen wir uns nicht zu fürchten.

Dolmatow schrieb zu dem Diagramm, daß es besser gewesen wäre, den Läufer statt nach d7 auf die lange Diagonale zu entwickeln (eine rein schachliche Wertung). Er kommentierte das Geschehen wie folgt:

*„Ich wußte, daß 12.... b6 in der Stellung das stärkste ist. Während der Partie fürchtete ich aber plötzlich 13.Se4, obwohl ich die Antwort 13.... La6! sah. Ich hatte also vor einem Gespenst Angst."*

Das Interessante daran ist, falls Sergej den Zwischenzug La6 nicht gesehen hätte, könnte man das Ganze als ein taktisches Versehen abtun. Da er aber alles sah und sich trotzdem ängstigte, entsteht ein völlig anderes Bild. Wenn man eine gute Idee sieht und sie funktioniert, dann darf man sich nicht fürchten!

Fehler beim Durchdenken eines Zuges sind selten zufällig. Man sollte versuchen, deren Ursachen zu finden. Beispielsweise ein mangelndes Vertrauen in die eigene Kraft, dann fürchtet man nicht konkrete Drohungen, sondern ist für alle Fälle übermäßig vorsichtig. Diese ernste Schwäche kann im Schach erheblich stören. Erfolgreich sind häufig aggressive und selbstsichere Spieler.

Eine vorsichtige Spielweise ist manchmal das Ergebnis einer entsprechenden Einstellung zur Partie. Für Sie ist es z.B. wichtig, nicht zu verlieren, ein Remis würde Sie jedoch nach der Turnierlage zufriedenstellen, und Sie entschließen sich, besonders sicher zu handeln.
Diese innere Stimmung beeinflußt Ihr Spiel während der ganzen Partie. An einem bestimmten Punkt müßten Sie aktiv spielen. Ihre Einstellung auf Sicherheit und Zuverlässigkeit schränkt jedoch Ihre Aktivitäten auf dem Schachbrett ein.

Wenn Sie nach dem Turnierstand unbedingt ein Remis erreichen müssen, dann wäre ein geradliniges Spiel auf unentschieden ein sehr grober Fehler. In solchen Fällen verliert man fast immer, vor allem dann, wenn man gegen einen klugen und erfahrenen Gegner spielt. Nichts ist schlechter als vom ersten Zug auf remis zu spielen. Wenn Sie nicht verlieren dürfen, dann denken Sie nicht an ein Unentschieden, spielen Sie normal und aktiv. An den gewünschten Partieausgang dürfen Sie nur in bestimmten, seltenen Momenten denken, beispielsweise, wenn Ihnen der Gegner remis anbietet oder Sie selbst eine völlig unentschiedene Stellung forciert herbeiführen können, mit anderen Worten nur ein- oder zweimal im Verlauf der Partie.
Natürlich, eine vorsichtige Einstellung verschlechtert nicht unbedingt die Qualität des Spiels. Manchmal vereiteln Sie dadurch verborgene Absichten des Gegners, die Sie andernfalls übersehen hätten. Eine durch Vorsicht geprägte Einstellung kann Ihnen also manchmal helfen, sie kann Sie aber auch in eine unangenehme Lage bringen. Beides kommt zuweilen in einer Partie vor. Einen solchen Fall schauen wir uns gleich an.

Zu Beginn der Weltmeisterschaft, als die Partie mit dem iranischen Spieler stattfand, war Sergej noch nicht eingespielt, sich seiner noch nicht sicher, übermäßig befangen und vorsichtig. Folgende Stellung entstand im Mittelspiel derselben Partie.

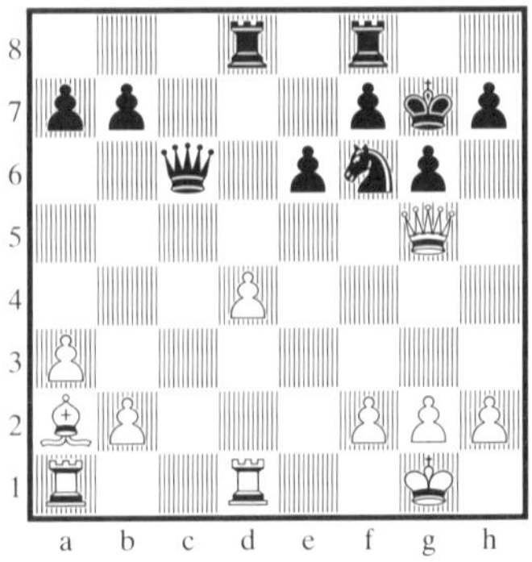


Schwarz ist am Zug. Wie steht er? Gut! Bei uns spielt man aber auch besser Schach als im Iran. So ist es nicht verwunderlich, daß Dolmatow seinen Gegner überspielt hatte. Hier zeichnete er wieder ein Diagramm und gab zu seinem Zug **22.... Td7!** folgenden Kommentar:
*„Hier erriet ich die Absicht des Gegners und fand den stärksten Zug. Der näherliegende Zug 22.... Db6 ist schwächer wegen 23. De5! D:b2? 24. g4!, und Weiß gewinnt. Früher hätte ich einen solchen Vorstoß wie 24. g4 übersehen, da ich mich immer fürchtete, die Bauern vor dem König jäh nach vorn zu rücken."*
Wir sehen, daß die von Vorsicht bestimmte Stimmung Serjoscha damals bewog, auf die gegnerischen

Möglichkeiten zu achten und ihm half, die verdeckte Falle aufzuspüren.

Achten Sie auf den letzten Satz in Dolmatows Kommentar. Er drückt Freude darüber aus, wenn ein konkretes Ergebnis der Trainingsarbeit zu sehen ist. Früher fand er solche Züge wie 24. g4 nur mit Mühe, sie gehörten nicht zu seinem Repertoire. Ich habe mit ihm intensiv solche Themen wie aktives Spiel, Dynamik und ungewöhnliche Entscheidungen behandelt. Nun fühlte Serjoscha, daß er selbst ähnliche Ideen finden kann.

Schauen Sie sich eine dritte Episode aus derselben Partie an.

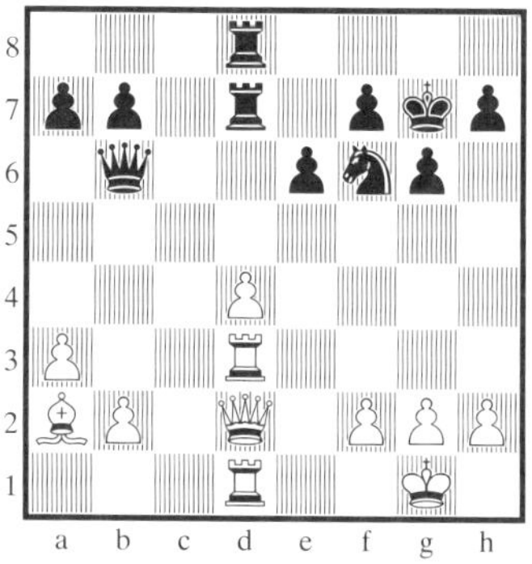


Zu seinem Zug **25. ... Db5?** machte Dolmatow diese Anmerkung:

*„Wieder sah ich die stärkste Fortsetzung 25. ... Se4 26. De3 D:b2 27. L:e6 D:f2+ 28. D:f2 S:f2, bemerkte jedoch nicht, daß ich am Ende der Variante einen Mehrbauern habe. Aus irgendeinem Grund hatte ich den Eindruck, daß die Bauernzahl gleich sei.“*

Auf den ersten Blick handelt es sich um einen Rechenfehler, der aber nicht zufällig auftrat. Wenn ein Schachspieler auf ein vorsichtiges Spiel eingestellt ist, dann geht er gern Kombinationen oder das Spiel verschärfenden Entscheidungen aus dem Weg. Unbewußt sucht er nicht die Bestätigung, sondern die Widerlegung einer solchen Idee, nur um das vorgesehene ruhige positionelle Spiel fortzuführen. Dabei läßt er sich auch von leichten, manchmal, wie in diesem Fall, von illusionären Fakten überzeugen.

Bei einem Schachspieler mit übermäßig aggressiver Einstellung tauchen normalerweise direkt entgegengesetzte Illusionen auf.

Hier ein weiteres Beispiel aus derselben Jugendweltmeisterschaft.

**Jussupow – Dolmatow**

Graz 1978

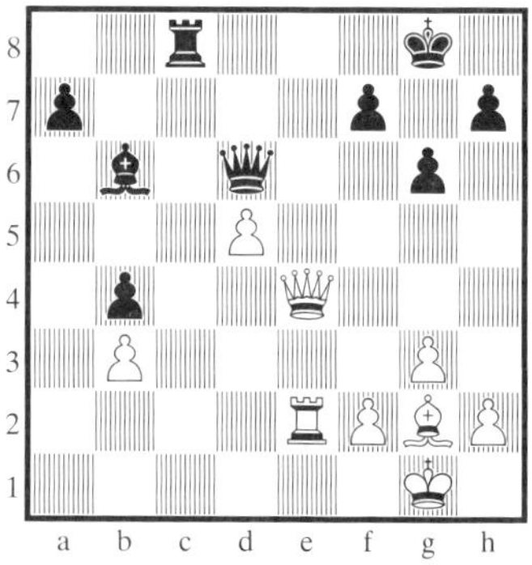


Ich weiß nicht mehr, wer hier am Zug war. Die Partie wurde in der Turniermitte gespielt zu einem Zeitpunkt, als Jussupow einen halben Punkt hinter Sergej zurücklag. Anfangs hatte Weiß einen großen Vorteil. Dolmatow verteidigte sich jedoch erfolgreich. Hier sein Kommentar:

*„In dieser Stellung traf ich meine unglücklichste Entscheidung im ganzen Turnier, ich bot remis an, obwohl ich gute Chancen auf einen Sieg hatte. Da der Gegner nur noch wenig Zeit zur Verfügung hatte, waren diese*

*Chancen recht real. Nach einer kräftezehrenden Verteidigung in der ersten Partiehälfte konnte ich mich nicht mehr umstellen und ein Spiel auf Gewinn beginnen. Ich verstand, daß meine Stellung nicht schlechter ist, daß sie aber besser ist und ich sogar Siegchancen habe, das kam mir nicht in den Sinn.“*

Zuerst zur schachlichen Bewertung der Situation. Dolmatow hatte vollkommen recht. Bei ungleichfarbigen Läufern im Mittelspiel ist es sehr wichtig, wer die Initiative besitzt, wer angreift. Schwarz steht deutlich aktiver. Sein Läufer zielt auf den Punkt f2, während sein weißer Kollege vom eigenen Bauern d5 behindert wird. Ein blockierter Bauer auf einem Feld von der Farbe des Läufers schränkt dessen Aktivität erheblich ein und stellt einen ernsten positionellen Mangel in einem Mittelspiel mit ungleichfarbigen Läufern dar.

Nun zur psychologischen Seite der Sache. Der Übergang von einer schlechteren zu einer besseren Stellung ist häufig für beide Partner schwierig. Derjenige, der die Überlegenheit besaß, versteht bisweilen nur teilweise, daß sich die Situation geändert hat und unterschätzt die Gefahren. Stattdessen sollte er sich mit dem Ausgleich abfinden und gegebenenfalls auch dem Remis zustimmen. Häufig spielt man jedoch weiter auf Sieg und gerät somit in eine schwierige Lage. Dagegen setzt ein Spieler, der längere Zeit einen Angriff abwehren mußte, seine defensive Spielweise auch dann fort, wenn er schon reale Siegchancen hat. Das ist ein typischer psychologischer Fehler. Es wäre sehr gut, wenn Sie lernten, solche Fehler in Ihren eigenen Aktionen zu bemerken. Wenn Sie ehrlich und aufrichtig Ihr Spiel analysieren, wie es Dolmatow tat, dann werden Sie mit hoher Sicherheit solche Fehler nicht wiederholen.

Insgesamt hat Dolmatow bei der Weltmeisterschaft 1978 hervorragend gespielt, mit 10,5 von 13 möglichen Punkten ein Spitzenergebnis erzielt und einige schöne Partien gewonnen. Wie Sie sehen, muß ein Schachspieler auch in den besten Turnieren schwere Minuten durchmachen, hat Anfälle von Unsicherheit und übersieht Fehler. Es ist wichtig, solche Momente mit minimalen Verlusten zu überstehen.

Schach spielen sehr verschiedene Menschen, die sich unterscheiden in Denkweise, Charakter und Temperament. Dolmatow ist sehr emotionell. Sein Überfluß an Gefühlen behindert ihn zuweilen, eine objektive Stellungsbewertung vorzunehmen. Heftige Stimmungswechsel waren bei ihm keine Seltenheit. Ich habe Beispiele gezeigt, in denen er unsicher war, zögerte oder sich fürchtete. Nun mache ich Sie mit einigen direkt entgegengesetzten Fällen bekannt.

Gleich nach der Weltmeisterschaft spielten Sergej und ich in einem Turnier in Kutaisi, wo wir den geteilten ersten Platz belegten.

**Estrin – Dolmatow**

Kutaisi 1978

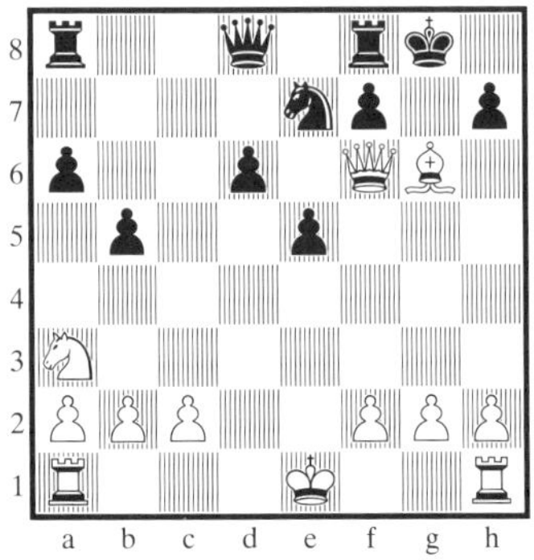

Weiß hat gerade den schwarzen Springer geschlagen: 17. L:g6. Mit welcher Figur würden Sie nun auf g6 schlagen? Dolmatow wählte den Zug **17. ... fg?!**

*„Stärker ist das natürliche 17. ... hg, z.B. 18. 0-0-0 Sf5 19. D:d8 Tf:d8 mit Vorteil des Nachziehenden im Endspiel.“* (Die schwarze Stellung ist wirklich besser wegen des schlechten Springers auf a3; bei einem normalen Springer wäre diese Einschätzung nicht gerechtfertigt.) *„Ich wollte aber eine kompliziertere Partie spielen und redete mir ein, daß ich im Mittelspiel zumindest einen kleineren Vorteil besitze. In Wahrheit ist das Mittelspiel etwa gleich. Schwarz muß sogar genau spielen, um nicht in Nachteil zu geraten. Früher hätte ich, praktisch ohne zu überlegen, 17. ... hg gezogen, da ich das bessere Endspiel erreicht hätte, was mir immer recht war. Jetzt versuche ich, das Maximale aus dem Spiel herauszuholen. Das ist eigentlich ein richtiges Vorgehen, aber in diesem konkreten Fall habe ich mich bei der Bestimmung des Maximums geirrt.“*

Das ist eine gute und interessante Überlegung. Sergej macht sich Gedanken, wie man sich im Verlauf des Kampfes verhält, wie man auf Sieg spielt, welches Risiko man eingehen kann bzw. nicht eingehen sollte. Wenn der Schachspieler seine Partien unter diesen Gesichtspunkten analysiert, dann erhöht er die Chancen, künftig ähnliche Fehler zu vermeiden. Eine Garantie gibt es natürlich nicht. So irrte sich Serjoscha bald darauf in der Jugend-Europameisterschaft erneut auf eine ähnliche Art und Weise. Dort lag zwar eine besondere Situation vor, er machte sich ernste Sorgen um den Turnierausgang. Anfangs führte Dolmatow sicher, aber dann begann der Holländer Van der Wiel Partie um Partie zu gewinnen und holte in der 10. Runde Sergej ein. Man hatte den Eindruck, daß der Holländer seine Siegesserie fortsetzen konnte.

**Dolmatow – Petursson**

Groningen 1978/79

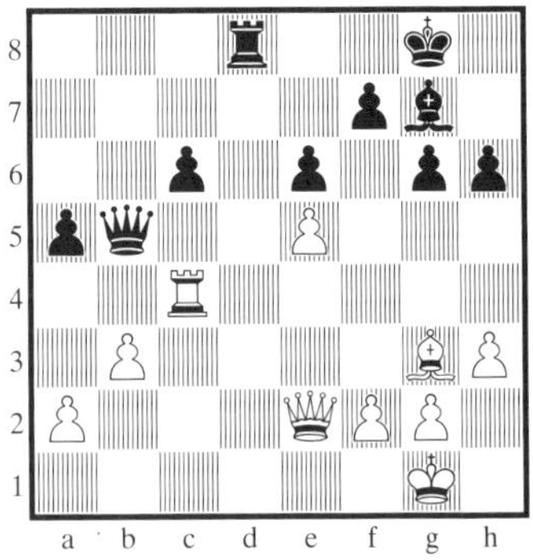

Die Chancen sind ungefähr gleich. Der Trumpf von Weiß sind die vereinzelten gegnerischen Bauern am Damenflügel. Dafür hat Schwarz eine aktive Figurenaufstellung, die offene d-Linie und mit dem Bauern e5 ein mögliches Angriffsobjekt.

Eigentlich kommt diese Stellung Dolmatows Geschmack entgegen: strategischer Kampf mit der Möglichkeit, Druck auf die schwachen Bauern von Schwarz auszuüben. Er wollte gewinnen, sah aber nicht, wie. Man konnte genau spielen: 25. Te4 mit einem ungefähr gleichen Endspiel, aber ohne reale Siegchancen.

Hier ist sein Kommentar zu **25. Kf1?**: *„Ein völlig unsinniger Zug. Ich wollte unbedingt gewinnen, auf diese Weise kann man die Partie jedoch nur verlieren. Einer Stellung kann man nicht Gewalt antun. Davon mußte ich mich ein weiteres Mal überzeugen."*

Der eigentliche Grund für den Königszug liegt im emotionalen Bereich. Wenn man schon den Turm zurückziehen und zum Endspiel übergehen muß, dann soll man den König ins Zentrum bringen. Mit dem König auf e2 könnte Weiß im Endspiel um den Sieg kämpfen. Das war aber lediglich eine Empfindung, was bei etwas Überlegung klar geworden wäre. Bei einem Turmrückzug könnte nun Td1+ oder Td2 folgen. Ein Übergang ins Endspiel ist mit dem König auf f1 nicht durchführbar. Eine andere Begründung für den Zug von Weiß gibt es aber nicht.

Petursson ist ein guter Positionsspieler, aber er verteidigt besser als er angreift. Als besserer Angriffsspieler hätte er sicherlich 25.... a4! gefunden. Im Falle von 26. Tc1 Td2 entstand ein für Weiß schwieriges Endspiel.

Der beste Ausweg wäre dann das Eingeständnis des Fehlers gewesen: 26. Kg1!?. Einerseits fällt so etwas nicht leicht, und andererseits würde dann nach 26.... a3 der Bauer a2 schwach und zum Angriffsobjekt werden.

Es folgte jedoch ein weniger energischer Zug: **25.... Lf8?!**, wonach Weiß eine Atempause erhielt.

**26. f4**

Dolmatow verteidigt den Bauern e5 und möchte den Läufer ins Spiel bringen. Nun könnte im Falle von 26.... a4 der Turm den Bauern ruhig nehmen, da 27.... Td1+ mit 28. Le1 beantwortet wird.

**26.... Lb4 27. Le1**

Der einfache Zug 27. Df3! führte zum Ausgleich. Stattdessen begeht Weiß einen weiteren schweren positionellen Fehler und wiederum im selben Stil. Weiß will die Stellung vereinfachen und dann die schwachen Bauern angreifen. Dabei unterschätzt er erneut die Gefahren, die seinem König drohen.

**27.... L:e1 28. K:e1 a4!**

Was ist nun zu tun? Der Bauer b3 ist angegriffen, aber der Turm darf auf a4 nicht schlagen wegen 29.... Dc5! mit den tödlichen Drohungen 30.... Dc1+ und 30.... Dg1+. Die Stellung wäre völlig in Ordnung, stünde der König auf h2 und nicht im Zentrum.

**29. b4 a3?**

Abermals unterläuft Petursson eine Ungenauigkeit. In positioneller Hinsicht ist sein Zug korrekt, um auf a3 einen gefährlichen Bauern zu bekommen und die weiße Schwäche auf a2 zu fixieren. Dabei erhält Weiß jedoch mittels **30. Kf2** die Chance, seinen Monarchen aus der gefährlichen Zone herauszuführen. Die Initiative verblieb trotzdem in den Händen von Schwarz. Dolmatow gelang es jedoch, nach hartnäckiger Verteidigung und qualvoller Analyse der Abbruchstellung (die in meinem Buch „Kunst der Analyse“ behandelt wird) die Partie zu retten.

Hätte Petursson etwas genauer gespielt: 29. ... Db6! und erst auf 30. Kf1 den Vorstoß 30. ... a3 realisiert, wäre der weiße König im Zentrum geblieben. Dabei hätte es Dolmatow viel schwerer als in der Partie gehabt.

Wir sprachen über den Mangel an Vertrauen in die eigene Kraft, über die Überschätzung der eigenen Möglichkeiten bzw. die Unterschätzung der gegnerischen Ressourcen. Einen Schachspieler können selbstverständlich auch völlig andere Schwächen behindern. Beispielsweise Mängel im kombinatorischen Sehen. (Ein solcher Fall wurde schon im ersten Buchkapitel behandelt, als Sie die Aufgaben aus den Partien von Botwinnik lösten. Botwinnik hat selbst darauf hingewiesen, daß er ständig an diesem Mangel litt.)

In jenen Jahren war Dolmatow nicht zufrieden mit seinem Vermögen, Varianten zu berechnen. Nach der Oberliga der UdSSR-Meisterschaft 1979 fertigte er „Bilder“ zu fünf von ihm gespielten Partien zu diesem Thema an. Eines davon zeige ich Ihnen jetzt.

Schwarz ist in der folgenden Diagrammstellung am Zug und steht verständlicherweise besser, u.a. im Zentrum, wo der Nachziehende die schwarzen Felder beherrscht. Was wäre der natürlichste Zug?

**Beljawski – Dolmatow**

Minsk 1979

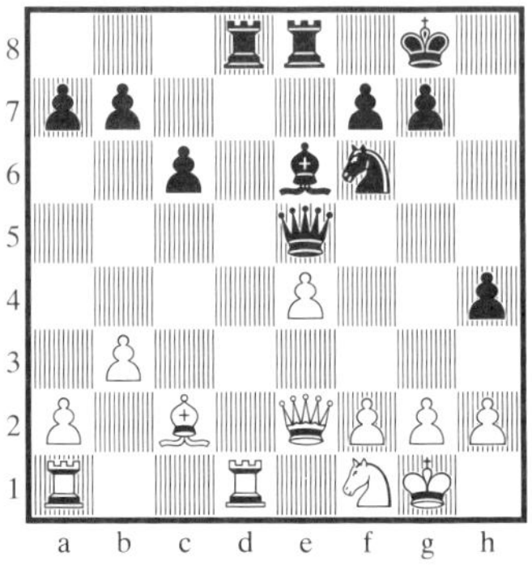

Den Bauern nach h3 vorrücken? Das ist eine Möglichkeit, für die sich auch Dolmatow entschied. In positioneller Hinsicht ist er aber fragwürdig, da die Kontrolle über die schwarzen Felder geschwächt wird.

Sollte man Sh5 nebst Sf4 ziehen? f4 wäre ein gutes Feld für den Springer. Der sympatischste Zug ist dennoch 22. ... Sd5!. Der Springer geht nach f4, blickt aber zugleich auf andere Felder, und niemand weiß, welches er wirklich besetzen wird. Vielleicht c3. Falls Weiß Df3 erwidert, dann begibt sich der Springer nach b4. Was könnte dann Weiß mit seinem Läufer c2 machen? Es ist klar, daß der vielseitige Zug 22. ... Sd5! am deutlichsten den Vorteil des Nachziehenden unterstrichen hätte.

Dolmatow schreibt: *„Schwarz ließ sich zur Berechnung einer komplizierten Kombination hinreißen, die mit 22. ... h3?! 23. g3 Lg4 begann, er bemerkte jedoch den einfachen Zug 22. ... Sd5 nicht, der ihm ein klares Übergewicht gegeben hätte. Wiederum hat mich mangelnde Disziplin bei der Berechnung in Schwierigkeiten gebracht“.*

Was verstand Serjoscha unter mangelnder Disziplin bei der Berechnung? Welches Prinzip der Variantenberechnung wurde verletzt? Natürlich das Prinzip der „Züge-Kandidaten“, welches verlangt, daß man zunächst die perspektivreichsten Möglichkeiten bestimmt, und sich erst anschließend mit der Berechnung einer dieser Züge beschäftigt. Diesem Prinzip folgend, hätte Dolmatow sicher den Zug Sd5! gefunden. Desweiteren hätte er wohl auf die Kombination verzichtet, zumal deren Folgen unklar sind, und seinen Vorteil mit einfachen und sicheren Mitteln bewahrt.

**22. ... h3?! 23. g3 Lg4 24. f3**

Versuchen Sie nun, die Idee der Kombination des Nachziehenden zu finden. Sie liegt nicht auf der Hand.

**24. ... Dc5+ 25. Df2**

Weiß konnte auch 25. Se3 ziehen. Er stände dann recht gefährdet, obwohl ich keine Widerlegung sehen kann. Vielleicht finden Sie etwas in Ihrer Freizeit? Der von Beljawski gewählte Zug ist natürlicher.

**25. ... Dc3**

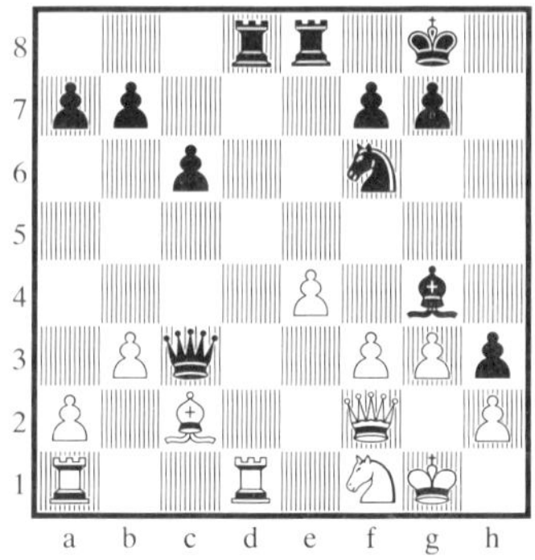


Schauen wir uns nun die Varianten an! Welche Absicht hatte Dolmatow verfolgt und was konnte er übersehen haben? Das ist keine leichte Aufgabe. Das Schlagen auf g4 verliert offensichtlich wegen 26. ... S:g4 27. De2 Dc5+. Welche Züge-Kandidaten für Weiß sehen Sie?

Sergej sah folgende Hauptvariante: 26. Se3 L:f3! 27. D:f3 Sd5! 28. ed T:e3 29. Df2 Tf3 30. De2 Dc5+ und 31. ... Tf2 mit Gewinn. Ein interessanter und schöner Plan!

Als Dolmatow mir die Partie zeigte, fragte ich sofort, was auf 29. dc (statt 29. Df2) folgt oder noch besser, falls Weiß auf c6 einen Zug später nimmt. Er wußte keine Antwort, da er den Gegenschlag einfach übersehen hatte. Ich habe nicht überprüft, was in diesem Fall passiert wäre. Wahrscheinlich wäre es der Anfang weiterer komplizierter Varianten.

Das war jedoch noch nicht alles. Dolmatow schreibt: *„Schwarz übersah den Vorstoß 26. e5, der glücklicherweise nicht seine Niederlage bedeutete. In solchen scharfen Stellungen kann ein Versehen die Partie kosten.“*

Beljawski machte seinen Zug nach längerem Nachdenken.

**26. e5 L:f3**

Die einzige Antwort. Auf 27. ef folgt einfach 27. ... L:d1.

**27. T:d8 T:d8 28. ef D:a1 29. D:f3**

Lassen Sie uns hier nur für fünf Minuten verweilen und überlegen, welche Möglichkeiten hat Schwarz, welche sind davon gut und welche schlecht?

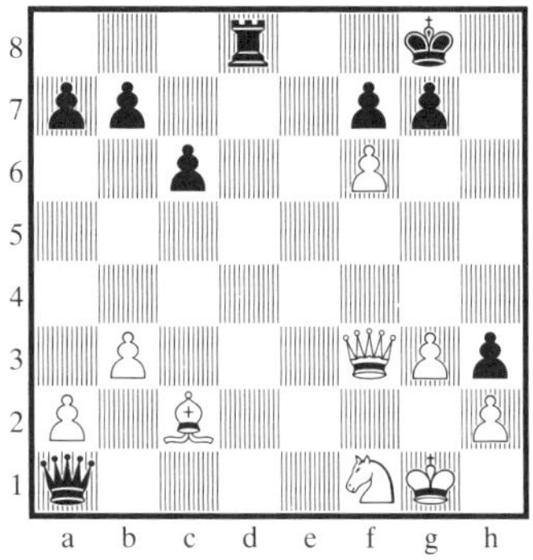

Eventuell 29.... D:f6. Wie ist die Stellung zu bewerten? Schwarz steht schlechter, einverstanden? Falls der Turm aktiver stände, wäre er eventuell stärker als die beiden Leichtfiguren. Der Turm hat jedoch kein Einbruchsfeld. Nach der Zentralisierung des weißen Königs hat der Turm keine Chance mehr, in das gegnerische Lager einzudringen. Der Anziehende dagegen wird bald den Bauern h3 belagern und erobern.
Was brächte der Ausfall 29.... Td2? Sehen Sie den Gegenschlag 30. Lh7+! mit Dauerschach? Das ist aber noch besser als 29.... D:f6 mit unangenehmem Endspiel.

Gibt es keine anderen Fortsetzungen? Das Wort hat wieder Dolmatow.

*„Hier fielen schlechte Berechnung und schwache Stellungsbewertung zusammen. Schwarz hat drei Möglichkeiten:*

*a) 29.... D:f6 Der schlechteste Zug, der jedoch in der Partie gemacht wurde. Weiß hat ein günstiges Endspiel.*

*b) 29.... Td2?! Diesen Zug sah ich nicht. Er hätte nach 30. Lh7+ K:h7 31. Df5+ zu ewigem Schach geführt.*

*c) 29.... gf! Im Mittelspiel hat Schwarz ein Übergewicht, da sich sein König auf den Feldern f8, e7 sicher verstecken kann, während der weiße Monarch schlechter steht. Im Falle des Bauerntausches a2 gegen h3 (beispielsweise nach 30. Dg4+ Kf8 31. D:h3 D:a2) tauscht der Nachziehende bald die Damen und bekommt damit ein gewonnenes Endspiel. Interessanterweise kam weder ich noch mein Partner auf den Zug 29.... gf!“.*

Die Möglichkeit 29.... gf entdeckten Dolmatow und ich, als wir die Partie analysierten. Ich fürchte, daß Sergej die Stärke des Zuges etwas überschätzt. Nach 30. Dg4+ Kf8 hat Weiß das unangenehme Schach 31. Db4+. Im Prinzip hat er jedoch recht. Solche Reserven wie 29.... Td2 oder 29.... gf darf man einfach nicht übersehen.

Jeder Mißerfolg hat auch seine gute Seite. Nachdem er ein schwieriges Endspiel erhielt, begann sich Serjoscha hartnäckig zu verteidigen. Als sein Gegner einen Moment unaufmerksam war, führte er eine phantastische Kombination durch und schuf damit ein wahrhaftes Kunstwerk. Den Partieschluß können Sie in meinem Buch finden, über welches ich schon vorher gesprochen hatte.

Wir haben gesehen, daß sich Dolmatow damals im scharfen Kampf unsicher fühlte, die Varianten schlecht berechnete und Züge sowohl für sich als auch für den Gegner übersah. Diejenigen von Ihnen, die schon mein Buch gelesen haben, fanden dort viele genau entgegengesetzte Bei-

spiele, wo Sergej eine hohe Meisterschaft der Berechnung komplizierter Varianten demonstrierte.
Die Sache ist ganz einfach, Dolmatow verstand, daß er mit einer schwachen Technik der Variantenberechnung keine großen Erfolge erzielen kann. Er trainierte hart, löste viele Aufgaben und praktische Stellungsprobleme aus meiner Übungskartothek. Wir nutzten auch andere Trainingsmethoden, beispielsweise das Durchspielen speziell ausgewählter Stellungen. Nun denke ich, daß er in einigen Situationen besser berechnen kann als Kasparow selbst.

Denken Sie nicht, daß Sergej zu jener Zeit ein einfacher Schüler war, der sich nur schachliches Wissen aneignete. Er war bereits ein starker Spieler, der interessante und tiefschürfende Ideen realisierte sowie bemerkenswerte Partien gewann. Wie gut ein Schachspieler auch spielen mag, stets hat er Schwächen, an deren Beseitigung er arbeiten muß. Wie Sie sehen, war der Ausgangspunkt seiner Arbeit zur Selbstvervollkommnung die Analyse der eigenen Fehler, welche mit der Methode der „positionellen Bilder“ durchgeführt wurde.

Bisher zeigte ich Ihnen vor allem negative Beispiele und Mißerfolge von Sergej. Jetzt demonstriere ich Ihnen eine seiner besten Partien, die jeder große Spieler gerne sein eigen nennen würde. Sie wurde in der Jugend-Europameisterschaft 1978/79 gespielt. In dieser Meisterschaft spielte Dolmatow viele sehr gute Partien, die ich teilweise im Turnierbulletin kommentierte.
Das Treffen mit Plaskett blieb damals unkommentiert. Ich erinnere mich, daß Dolmatow gerade in dieser Partie einen positionell feinen Zug fand, der ihm einen Vorteil versprach. Es ist gar nicht so einfach, die Idee des Zuges zu verstehen. Sergej erinnert sich natürlich nicht mehr an seine damaligen Berechnungen. Kürzlich fand ich jedoch ein Heft Dolmatows mit positionellen Bildern, wo er diese Episode beschrieb. Dank diesem Heft kann ich Ihnen jetzt das herrliche Beispiel zeigen.

**Dolmatow – Plaskett**

Groningen 1978/79

**1.e4 c5 2.Sf3 d6 3.d4 cd 4.S:d4 Sf6 5.Sc3 a6 6.f4 e6 7.Le2 Le7 8.0-0 0-0 9.a4 Sc6 10.Le3 Dc7 11.Kh1**

Dies ist eines der Hauptsysteme der Scheveninger Variante. Am häufigsten folgt nun 11....Te8. Die von Plaskett gewählte Fortsetzung ist schwächer.

**11....S:d4 12.D:d4 Ld7**

In der „Enzyklopädie der Schacheröffnungen“ wird im wesentlichen der Zug 12....e5 untersucht. Statt dessen läßt Schwarz hier eine Einengung seiner Stellung zu, in der Hoffnung, das weiße Zentrum später angreifen zu können.

**13.e5 Se8**

Es ist nicht so einfach, zwischen den zwei natürlichen Zügen 14.Ld3 und 14.Lf3 zu wählen. Beide erscheinen möglich, wobei der letztere einen stärkeren Eindruck macht.

**14.Ld3 Lc6**

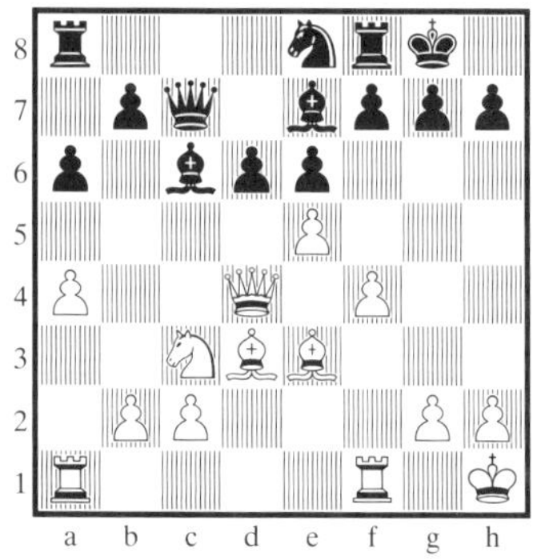

**15. Lf2!**

Auf das naheliegende 15. Se4 antwortet Schwarz 15.... Td8!, und auf 16. Dc3 folgt 16.... Tc8!. Die Gegenüberstellung von Dame und gegnerischem Turm macht dem Anziehenden Sorgen. Seinerzeit haben Nana Alexandria, der Kiewer Großmeister Platonow und ich die entstandene Stellung analysiert und festgestellt, daß Weiß keinerlei Vorteil hat.

Dolmatow spielt stärker. Er macht rechtzeitig ein Rückzugsfeld für die Dame frei.

**15.... Td8 16. De3**

Weiß hat etwas mehr Raum, weswegen seine Stellung vorzuziehen ist. Im weiteren versucht er, seinen Raumvorteil zu halten und auszubauen.

**16.... g6 17. a5**

Ein Standardmanöver, um Schwarz am Damenflügel einzuschnüren.

**17.... Sg7 18. De2**

Eine gute Kräfteumgruppierung. Auf der Diagonale g1-a7 muß der Läufer vor der Dame stehen.

**18.... Td7 19. Lb6 Db8 20. De3 Ld8 21. La7 Da8 22. Lb6**

Um taktischen Tricks auszuweichen, wie 22.... L:g2+ 23. K:g2 b6+ oder sofort 22.... b6 (22.... b5), zieht Dolmatow den Läufer zurück.

**22.... L:b6 23. D:b6 Db8 24. Le4**

Der schwarze Läufer auf c6 hält den Damenflügel zusammen und drückt auf g2. Weiß ist bereit, ihn zu tauschen.

**24.... Tc8 25. Tad1 Se8**

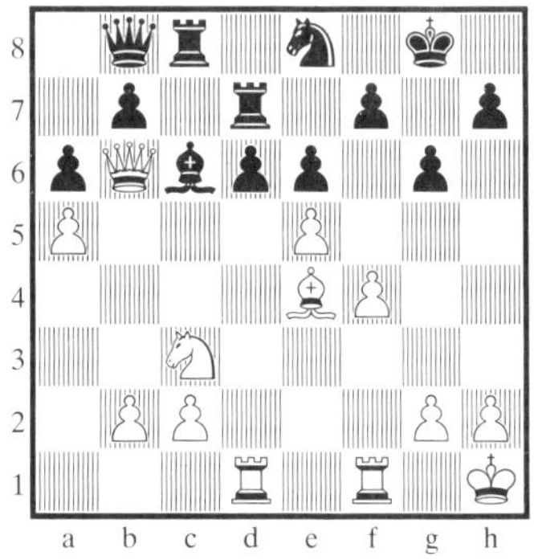

Hier ist die Stellung, wegen der ich Ihnen die Partie zeige. Weiß steht schön, aber wie wahrt er die Initiative? Obwohl Sergej damals noch kein Großmeister war, machte er dennoch einen großmeisterlichen Zug. Ich versuche nun, seinen Gedankengang aufzuzeigen.

Zuerst prüfen wir, ob man nicht durchbrechen kann, beispielsweise mit 26. f6. Da wir keine konkreten Drohungen haben, kann der Gegner nicht kurzerhand erledigt werden.

Wissen Sie, welche Frage man sich in einer solchen Situation nützlicherweise stellen sollte? „Was will der Gegner?" Das ist die Schlüsselfrage, die hilft, richtig an die Stellung heranzugehen. Wir müssen den Gegner gedanklich zum Zug kommen lassen und herausfinden, wie er dieses Zugrecht ausnutzen würde.

Lassen Sie uns gemeinsam überlegen, welche Absichten Schwarz verfolgen könnte. Will er beispielsweise auf e5 tauschen? Prüfen wir: 26.... de

27.T:d7 L:d7 28.L:b7 mit Angriff auf den Turm und den Bauern a6. Das wäre für Weiß günstig, also fürchten wir das Schlagen auf e5 nicht.
Was ist von 26....d5 zu halten? Es jagt uns ebenfalls keinen Schreck ein. Der Läufer geht nach d3 zurück. Auf 27....d4 könnte 28.Se4 folgen. Andernfalls geht Weiß mit dem Springer nach d4 und bewahrt einen deutlichen Vorteil.
Nicht schlecht ist der Zug 26....Dc7!?, mit dem man ernsthaft rechnen muß.
Was wäre noch möglich? Prüfen wir 26....L:e4 27.S:e4 d5. Wohin geht der Springer? Auf c3 stünde er schlecht, da Schwarz auf der c-Linie Gegenspiel erhält. Eventuell Tdc7, Tc6 oder Tc4. 28.Sc5 überzeugt genauso wenig. Der Nachziehende hat die zurückhaltende Erwiderung 28....Te7 nebst Tc6 und die gute Antwort 28....Tdc7 29.b4 Tc6 30.D:b7 D:b7 31.S:b7 Tb8.
Wir haben interessante Informationen erhalten und wissen schon, was wir von Schwarz erwarten können. Am ehesten 26....L:e4 und 27....d5, eventuell aber auch 26....Dc7. Nun müssen wir herausfinden, wie wir gegen diese Pläne vorgehen. Insbesondere, was würde Schwarz daran hindern, sich aus der Umklammerung zu befreien? Dolmatow fand eine glänzende Lösung.

**26. Db4!!**

Ein rätselhafter Damenrückzug, dessen Sinn man nicht gleich versteht. Solche Züge gefallen mir. Verschaffen wir uns Klarheit.
Welche Antwort plante Weiß auf die Hauptidee des Gegners? Es stellt sich heraus, daß Dolmatow auf 26....L:e4 27.S:e4 d5 den starken Gegenstoß 28.c4!! vorbereitet hatte. Nach dem Schlagen auf d5 erzielte er ein deutliches Übergewicht. Falls 28....T:c4, so 29.D:c4 dc 30.T:d7 mit klar gewonnener Stellung, da die schwarzen Figuren keine nützlichen Züge mehr haben.
Damit ist Dolmatows Absicht klar. Es gelang ihm, den mit dem Tausch auf e4 verbundenen gegnerischen Plan zu verhindern. Wie häufig bei tiefgründigen Zügen, so ist 26.Db4 vielschichtig. Der Zug hat mehrere starke Seiten, er ist nicht nur in jenen Varianten nützlich, für die er geplant war. Um uns davon zu überzeugen, schauen wir uns die Stellung auf dem Brett an.
Angenommen, Schwarz nimmt nach 26....L:e4 27.S:e4 den c-Bauern 27....T:c2. Dann kann d6 mit Vorteil geschlagen werden. Hier würde der Zug Tc6 keinen Tempogewinn bedeuten, ebensowenig wie 26....Dc7. Falls 26....d5, so 27.Ld3 (Sc3-e2-d4 planend). Diese Stellung unterscheidet sich nicht von unseren vorläufigen allgemeinen Überlegungen.
Nach 26....de 27.T:d7 L:d7 hätte sich die Situation dagegen verändert. Wir beabsichtigten, mit dem Läufer auf b7 zu schlagen, was jetzt wegen der Fesselung nicht geht. Ein Nehmen mit der Dame wäre nicht ganz klar. Nichts spricht jedoch gegen das einfache 28.fe, da nach 28....D:e5 der Ausfall 29.De7! sehr stark wäre.
Dürfte man annehmen, daß der Zug 26.Db4 die Partie gewinnt? Kaum, da schwer aufzuzeigen ist, was eigentlich dem Nachziehenden konkret droht. Für ihn findet sich sicher eine Verteidigung.

Schauen wir uns 26.... Tcd8 an, was das Schlagen auf e5 droht. Dolmatow hat diesen Zug gesehen und geschrieben, daß er auf 27. L:c6 bc die Antwort 28. Db6! geplant hatte. Ein guter Plan. Nach einem Tausch könnte der Freibauer b6 durch den Springer auf a4 gedeckt werden. Der schwarze Bauer bleibt nicht ewig auf d6, entweder rückt er vor, oder er wird auf e5 getauscht. In beiden Fällen erhält der weiße Springer einen schönen Stützpunkt auf c5.

In der Bewertung der Stellung nach 28.... Tb7 29. D:a6 (oder 29. D:c6) 29.... T:b2 bin ich mir jedoch nicht sicher. Ich glaube, daß Schwarz zu Recht mit Ausgleich rechnen kann.

Möglicherweise kann man auch andere für den Nachziehenden akzeptable Fortsetzungen finden. Das würde aber das Wesen der Sache nicht berühren. Solche Züge wie 26. Db4!! beeinflussen in der Praxis oft bzw. entscheiden manchmal das Schicksal einer Partie. Wenn es Ihnen gelingt, in die Geheimnisse einer Stellung einzudringen, die Pläne des Gegners zu vereiteln und ihn vor ernste Probleme zu stellen, dann ist es recht wahrscheinlich, daß er Ihren Plan nicht gleich versteht, sich nicht umstellen und keinen neuen Plan entwerfen kann. Psychologisch ist das eine sehr schwere Aufgabe.

Plaskett kam mit ihr nicht zurecht. Sicher verstand er die Folgen eines Tausches auf e4, aber ihm entging eine weitere starke Idee, die mit 26. Db4 verbunden ist.

**26.... Dc7?!**

Das sieht sehr natürlich aus. Schwarz aktiviert seine Dame und verteidigt den Turm auf d7. Dolmatow hatte jedoch eine ausgezeichnete Erwiderung vorbereitet.

**27. L:c6 D:c6**

Auf 27.... bc wäre die gleiche Antwort erfolgt.

**28. Sa4!**

Mit dem Damenrückzug wurde das Feld b6 für den Springer frei gemacht.

Es ist Zeit, etwas über die Figur zu sagen, deren Schicksal das Leitmotiv der gesamten Strategie von Weiß bestimmt. Es ist der schwarze Springer, dessen Aktionsradius vom weißen Bauern e5 eingeschränkt wird. Welche Perspektiven hat diese Figur? Könnte sich der Springer über g7 und f5 befreien? Wenn die Damen nicht mehr auf dem Brett wären, könnte Weiß diesen Plan mit dem Zug g4 verhindern. Eine andere Route des Springers führt über c7 nach d5. Falls Weiß mit dem Bauern nach c4 gehen kann, dann ist auch dieser Weg verschlossen, und der Springer bleibt auf e8 lange vom Spiel ausgesperrt. Dabei ist es angebracht, sich an das Wort von Tarrasch zu erinnern: „Steht eine Figur schlecht, dann steht die ganze Partie schlecht."

Nun ist Dolmatows Absicht klar. Es geht nicht um die dem Nachziehenden drohende Gabel und nicht darum, daß der Springer nach b6 gelangt (das ist nicht das beste Feld auf dem Brett). Weiß möchte den Zug c2-c4! durchsetzen, der den gegnerischen Springer einsperrt und zugleich die schwarzen Schwerfiguren auf der c-Linie behindert.

Der Partieschluß ist ein totaler Triumpf des weißen Planes.

**28. ... Sc7**

Eine primitive Falle: 29. Sb6 Sd5, und der Springertausch kommt Schwarz entgegen. Dolmatow läßt sich hier nicht beirren. Er verfolgt konsequent sein Hauptziel, den schwarzen Springer einzuengen.

**29. c4 de 30. Sb6 T:d1 31. T:d1 Te8 32. fe**

Die schwarzen Figuren stehen sehr beengt. Nebenbei hat Weiß die offene d-Linie besetzt. Auf dem Brett herrscht jene von Petrosjan und Karpow so geliebte Dominanz. Der Kampf ist faktisch zu Ende.

**32. ... Kg7 33. Dd6!**

Das Einfachste und Genauste. Nach dem Damentausch dringt der weiße Turm auf die 7. Reihe ein.

**33. ... Tb8 34. D:c6 bc 35. Td7 Se8**

Auf 35. ... Sa8 folgt selbstverständlich 36. c5, und das Turmendspiel ist für Schwarz hoffnungslos.

**36. g4!**

Eine akkurate positionelle Entscheidung. Das bringt ein „Luftloch", den direkten Weg des Königs zum Zentrum und Raumgewinn am Königsflügel.

**36. ... g5**

Die letzte Feinheit. Obwohl die Stellung sicher gewonnen ist, darf man sich von einer solchen Einstellung bei der Vorteilsrealisierung nie leiten lassen. Man muß den „saubersten", den genauesten Gewinnweg finden.

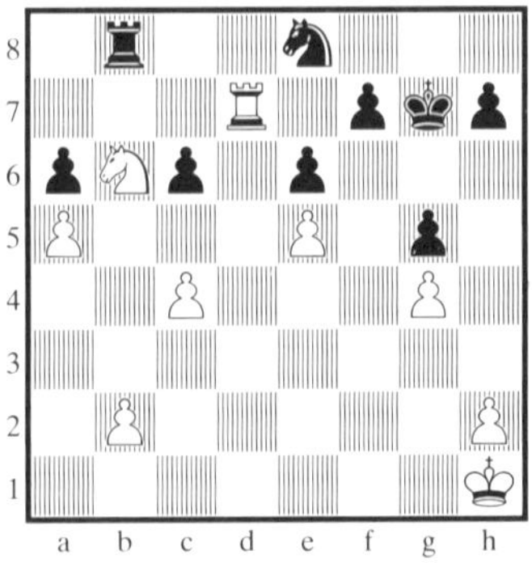


Man könnte den König zentralisieren oder sich der gegnerischen Bauern am Damenflügel annehmen. Dolmatow fragte sich jedoch erneut, was Schwarz unternehmen wird. Was denken Sie, was plant der Nachziehende? Sicherlich versucht er, den Springer zu befreien mittels Kg6 und f6. Dies sollte verhindert werden.

**37. b4! Kg6 38. Te7**

Der f-Bauer kann nun nicht mehr vorrücken. Weiß möchte mit dem König ins Zentrum gehen. War es jedoch nötig, dem schwarzen Turm die d-Linie zu überlassen?

**38. ... Td8 39. b5!**

Der Sinn von 37. b4! ist jetzt klar.

**39. ... cb 40. cb ab 41. a6 b4 42. a7**

Schwarz gab auf. Ein hervorragender strategischer Sieg.

Ich hoffe, Sie haben sich davon überzeugt, wie nützlich das Anfertigen positioneller Bilder rein schachlicher bzw. schachlich-psychologischer Art für die Analyse eigener Partien oder das Studium des Schaffens anderer Schachspieler sein kann.

## M. Dworezki: Die „übrige" Figur

Schon aus den Büchern A. Nimzowitschs ist bekannt, daß Figuren, die auf strategisch wichtige Punkte gelangen können und deren Besetzung unterstützen, gewöhnlich gut postiert sind.
Im Kampf um einen bestimmten Punkt bemüht man sich meist, diese Figuren zu tauschen. Doch hin und wieder wird auch eine ganz andere Strategie angewendet: Wenn es durch Abtausch nicht gelingt, den besagten Punkt zurückzuerobern, so kann man ... überhaupt auf den Tausch verzichten (denn die „wichtige Höhe" kann nur eine gegnerische Figur einnehmen, und die übrigen erweisen sich als nutzlos). Einige Beispiele zu diesem Thema sollen nun gezeigt werden.

In meiner Praxis kam folgende Eröffnungsvariante einige Male vor: **1.c4 Sf6 2.Sc3 g6 3.g3 Lg7 4.Lg2 0-0 5.e3 d6 6.Sge2 e5 7.0-0 Sc6 8.d3 Le6 9.Sd5 Dd7**

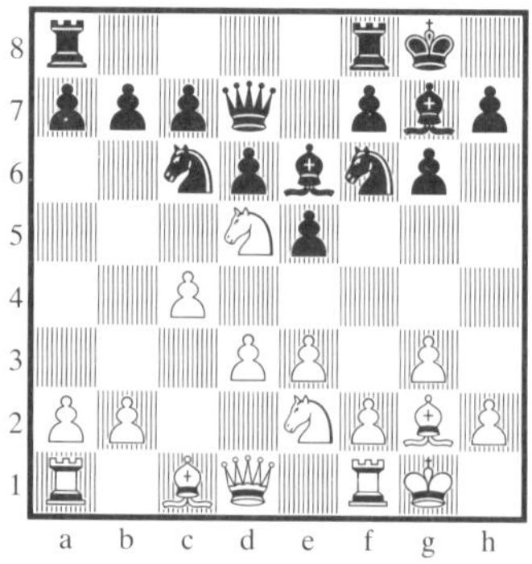

Schwarz möchte den Druck auf seinen Damenflügel abschwächen und die weißfeldrigen Läufer abtauschen: 10.... Lh3. Dabei stellt sich heraus, daß Weiß 11. L:h3 D:h3 12. S:c7? wegen 12.... Sg4 nicht spielen kann.

In der Partie **Ubilawa – Dworezki** (Batumi 1969) geschah **10. Tb1 Lh3 11. Sec3 L:g2 12. K:g2** (besser war 12. S:f6+) **Sh5**.
Und hier zeigte es sich, daß zwei weiße Springer, die allein auf den Punkt d5 fixiert waren, etwas zuviel sind. Nach **13. b4 f5 14. b5 Sd8** mußte mein Gegner sowohl mit 15.... c6 als auch mit 15. f4 rechnen. Ubilawa beschloß zurückzugehen, doch nach 15. Se2 c6 16. bc bc 17. Da4 Kh8 18. f3 Se6 19. Sdc3 Tf7 hatte Schwarz deutliches Übergewicht.

Fünf Jahre später (Odessa 1974) spielte **W. Sawon** gegen den Autor dieser Zeilen sogleich **10. Sec3**. Schwarz steht jetzt vor dem Problem, welche von beiden vernünftigen positionellen Ideen (die uns schon aus der vorigen Partie bekannt sind) er in erster Linie verwirklichen soll: den Tausch der weißfeldrigen Läufer oder den Rückzug der Springer mit nachfolgendem c7-c6. Seine Wahl erwies sich als unglücklich:
**10.... Lh3?! 11. S:f6+! L:f6 12. Sd5 Ld8**
Weiß hat seinen „überflüssigen" Springer getauscht und dabei noch den schwarzen Läufer in eine ungünstige Position zurückgedrängt.

Weiter geschah:
**13. Ld2 L:g2 14. K:g2 f5 15. Db3**
Schwarz hatte nun mit ernsten Schwierigkeiten zu kämpfen.
Die Analyse ergab, daß er den Springertausch vermeiden und **10. ... Se8!** ziehen mußte, mit der Idee Le6-h3 oder Sc6-d8 nebst c6, wonach Schwarz keine Sorgen mehr hat. Diese Erkenntnis wurde durch zwei Partien untermauert:

**1) Gufeld – Dworezki**
(Borshomi 1975):
**11. f4 Lh3 12. L:h3 D:h3 13. f5**
Ein völlig harmloses Unterfangen.
**13. ... gf 14. b4 f4**
Wahrscheinlich war das einfache 14. ... Kh8 noch stärker.
**15. gf f5 16. b5 Kh8! 17. Kh1 Sd8** mit ausgezeichnetem Spiel für Schwarz.

**2) Dworezki – Vadasz**
(Wijk aan Zee 1975):
**11. Da4 Lh3**
(11. ... Sd8!?)
**12. Ld2 L:g2 13. K:g2 f5 14. Tae1**
(Fehlerhaft wäre 14. b4?, worauf 14. ... f4! folgt, und es zeigt sich die ungünstige Lage des weißen Springers auf c3. Genauer war auf jeden Fall 14. f4, weil Schwarz auf den Textzug in der Partie mit 14. ... g5 antworten konnte.)
**14. ... Tf7 15. f4**
Nun hätte Schwarz mittels 15. ... Sd8! das Spiel ausgeglichen, zum Beispiel 16. D:d7 T:d7 17. e4 c6 18. Se3 ef 19. gf fe 20. de Se6 21. f5 Sc5 oder 16. Da3 Se6 17. b4 g5. Statt dessen spielte er: **15. ... ef? 16. gf Sd8**, was sich als Fehler erwies: **17. D:d7 T:d7 18. e4 c6** (oder 18. ... fe 19. T:e4!) **19. ef! cd 20. T:e8+ Kf7 21. Tfe1**, und Weiß stand überlegen.

Auf Grund der betrachteten Beispiele kann man die Schlußfolgerung ziehen, daß in dieser Variante der Springer auf c3 (wenn sich der andere auf d5 befindet) schlecht steht. Vermeidet Schwarz den Springertausch, dann bekommt er ein vorzügliches Spiel.

**Dolmatow – Romanischin**
Minsk 1979

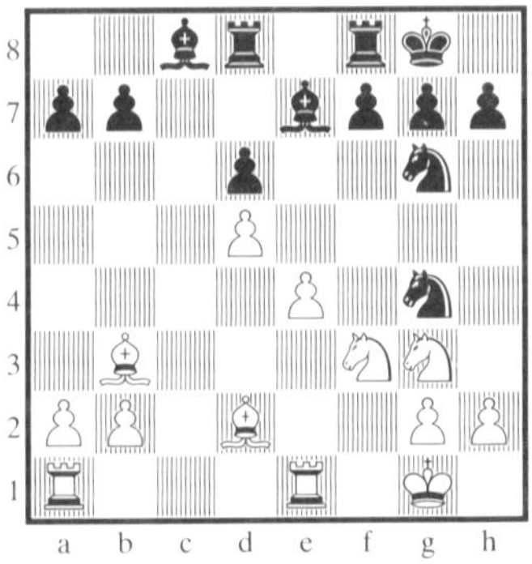


Weiß besitzt räumliches Übergewicht, Schwarz hat den starken Punkt e5 zur Verfügung, wohin beide Springer und der schwarzfeldrige Läufer von ihm zielen. Das heißt, Weiß kann um dieses Feld nicht kämpfen und muß es auch nicht – eine schwarze Figur wird es einnehmen, und die anderen zwei könnten sich als „überflüssig“ erweisen.
Also sollte der Anziehende sein „eigenes“ Spiel machen, zum Beispiel 27. La5! (was den Punkt c6 und die schwarzen Bauern am Damenflügel schwächt; der Turm kann wegen 28. La4 nicht wegziehen) 27. ... b6 28. Lc3 S4e5 29. Sd4! mit der Absicht a2-a4-a5. Auf diese Weise hätte Weiß die besseren Aussichten gehabt.

Aber er wählte stattdessen **27. Lc3?! S4e5 28. Ld4 b6 29. a4** (besser war 29. Lc3) **Lf6** (droht 30. ... S:f3+) **30. S:e5 L:e5 31. L:e5 S:e5 32. a5 g6**.
Schwarz hat seine unnötigen Figuren gegen aktive des Gegners getauscht. Läufer und Springer von Weiß, die auf dem Brett verblieben, sind passiv, der Nachziehende hat schon die Initiative. Einen analogen positionellen Fehler beging Schwarz in der folgenden Partie.

**Karpow – Dolmatow**

Amsterdam 1980

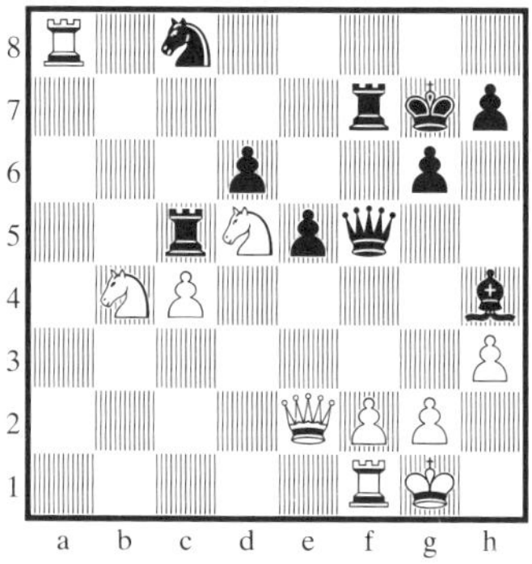

Der Zug **34. ... Se7?**, der den Springertausch zuläßt (der überflüssige weiße Springer b4 verschwindet dadurch), war ein strategischer Fehler. Nach **35. Ta6 Dd7 36. De4 S:d5 37. S:d5 Le7 38. Tfa1 Lf8 39. De2 Tc6 40. T6a3! Tc5 41. Tf3! T:f3 42. D:f3** stehen die restlichen schwarzen Figuren passiv und isoliert da. Weiß organisierte bald darauf den entscheidenden Königsangriff. Dagegen hätte Schwarz durch 34. ... e4! ein gleichwertiges Spiel bekommen. Denn Weiß muß damit rechnen, daß nach Df5-e5-d4 seine einzige reale Schwäche – der Bauer c4 – bedroht ist.

Bislang betrachteten wir Fälle, in denen zwei Springer für ein Feld „kandidierten". Aber manchmal können auch „andere" Figuren „übrig" sein.

**Nei – Dworezki**

Charkow 1967

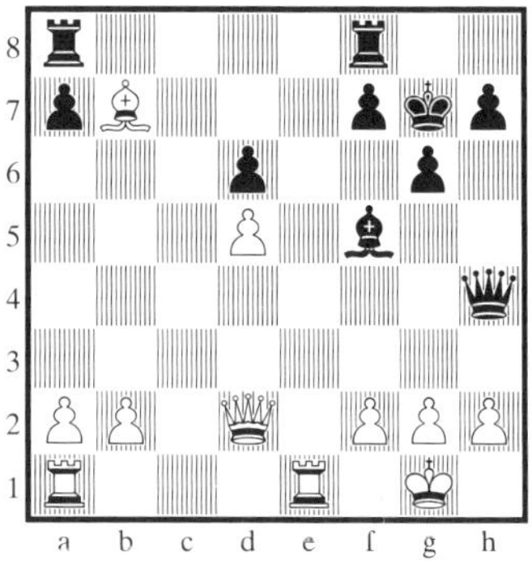

Weiß verfügt über einen gesunden Mehrbauern. Leichte Hoffnungen hat Schwarz nur deshalb, weil der weiße d-Bauer auf einem Feld steht, das die Farbe seines Läufers besitzt. Das bedeutet, es ist ein Gegenspiel auf den schwarzen Feldern möglich. Und im Falle eines Abtausches aller Schwerfiguren könnte das Läuferendspiel remis werden.
Jetzt muß die Wahl zwischen 20. ... Tab8 und 20. ... Tae8 getroffen werden. Bei vier Türmen auf dem Brett schränkt der weiße Läufer, nachdem er auf c6 steht, entscheidend die Beweglichkeit der schwarzen Türme ein – für diese bleibt nur die b-Linie, auf der nur ein Turm nötig ist. Der andere schwarze Turm bleibt passiv. Und Weiß kann, nachdem er seine Türme auf der e-Linie verdoppelt hat, auf der siebten Reihe eindringen. Also ist Schwarz verpflichtet, ein Turmpaar zu tauschen.

**20. ... Tae8! 21. Lc6 T:e1 22. T:e1 Tb8 23. Dc3+ Df6 24. D:f6+ K:f6 25. b3 Tb4**, und Schwarz hat gewisse Gegenchancen.

## Übungen

1

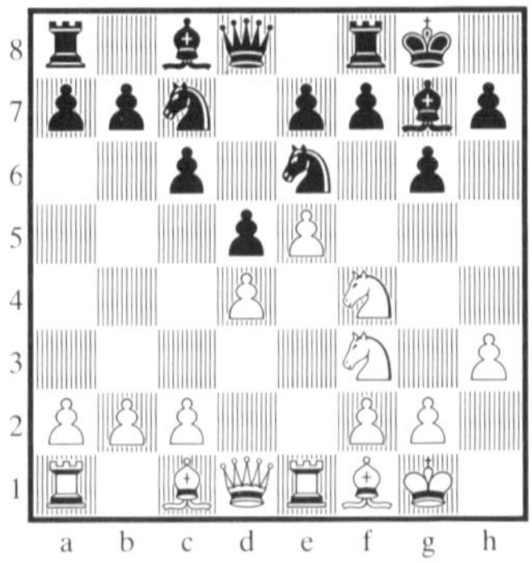

Weiß am Zuge

2

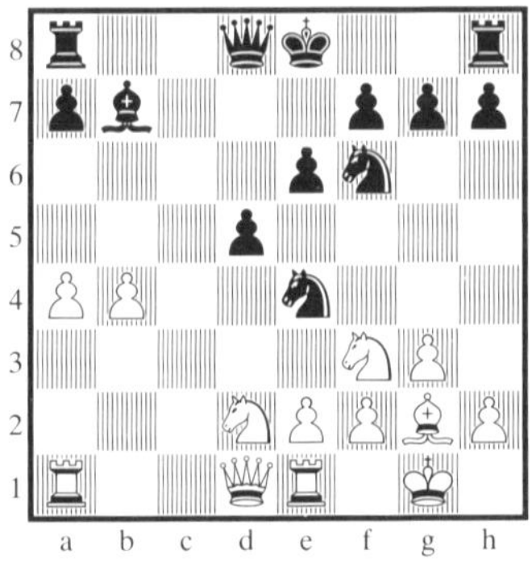

Weiß am Zuge

3

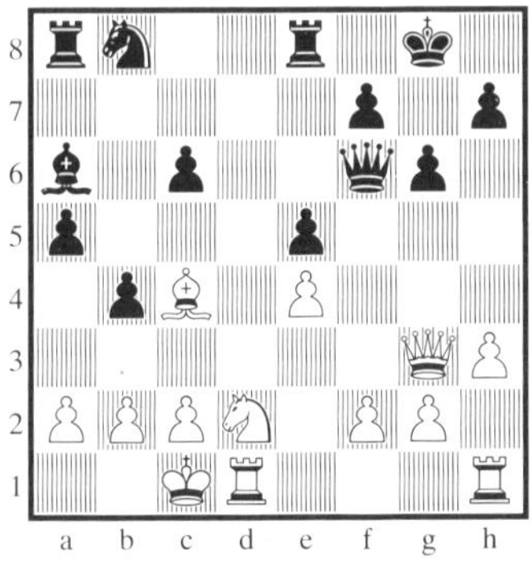

Schwarz am Zuge

## Lösungen

1) **Geller – Ciocaltea**, Malta 1980:

Der stärkste Zug ist **13.Sd3!**. „Auf diesem Wege gelingt es nicht nur, den Tausch zu vermeiden, sondern auch den schwarzen Springer auf c7 festzunageln" (J. Geller). Weiter geschah 13.... f5 14. ef ef 15. a4 a5 16. b3 Te8 17. La3 mit weißem Vorteil.

2) **Dorfman – Trois**, Samardi 1980:

**13.Sb3!** Der Springer ist hier vorzüglich postiert. Hinzu kommt, daß zwei schwarze Figuren für den Punkt e4 kandidieren und sich der Sf6 jetzt einfach als überflüssig erweist. Weiß plant 14.Dd4. Nach 13.... Tc8 14. Dd4 Db6 15. Tfc1 0-0 16. Se5 hatte er deutliches Übergewicht erreicht.

3) **Begun – Dworezki**, Minsk 1972:

Schwarz darf den feindlichen Springer nicht nach c4 lassen, wenn die weißfeldrigen Läufer getauscht werden. Diese positionelle Drohung wird durch **19.... Lb5** abgewehrt. Jetzt hat der Springer auf d2 keine guten Perspektiven. Schwarz beabsichtigt Sb5-a6-c5. Wenn 20. Thf1 (mit der Idee 21. f4), so 20.... Df4!.

In der Partie geschah 20. h4 h5 21. Dg5 D:g5 22. hg Sa6 mit ausgezeichnetem Endspiel für Schwarz.

# KAPITEL 4

## Über das Studium der Schachklassik

Vorlesung von Michail Schereschewski

Vor einiger Zeit fragte ich eine begabte Schachspielerin, welche Meinung sie von Aljechins Partien habe. Sie erwiderte: „Warum muß ich die Werke Aljechins studieren, wenn ich niemals gegen ihn spielen werde?" Daraus folgt, sie sieht sich nur Partien ihrer Gegnerinnen an. Ich bin überzeugt, daß die Perspektiven dieser Schachspielerin bei einer solchen Einstellung sehr begrenzt sein werden.

Warum ist die Klassik für uns notwendig? Ich will mich darum bemühen, Ihnen dies zu erklären.
Das moderne Schach beginnt mit der Theorie von Wilhelm Steinitz. Bereits vor ihm gab es sehr starke Meister wie zum Beispiel Philidor, La Bourdonnais, Morphy usw., aber den Anfang des positionellen Spiels begründete Steinitz.

Als Trainer sind für mich in erster Linie die praktischen Ergebnisse meiner Schüler wichtig. Deshalb interessiert mich natürlich das Studium der Klassik vom Standpunkt des Schachpraktikers aus. Ich habe auf diesem Gebiet ein bestimmtes, möglicherweise subjektives Arbeitsprogramm, das ich den Schülern, die ich trainiere, nahelege.

Die Schachgeschichte vor Steinitz interessiert mich nicht so sehr, obwohl Morphy natürlich ein herausragender Spieler war. Doch das Studium seiner Partien gehört nicht zu meinem Programm. Es beginnt mit der Theorie von Steinitz. Ich bin der Meinung, daß seine Lehre am besten in zwei Büchern beschrieben wurde, und zwar von Lasker: „Lehrbuch des Schachspiels" (Kapitel „Positionelles Spiel") und Euwe: „Schachlektionen". Außerdem gibt es das sehr interessante und seltene Buch Snosko-Borowskis „Theorie des Mittelspiels im Schach". Darin werden die Methoden der Stellungsbeurteilung zu jener Zeit behandelt. Heute sind sie zum großen Teil einfach vergessen.

Die Schachspieler vor Steinitz nahmen an, daß der Gang der Dinge auf dem Brett allein von ihnen abhängt, daß es genügt, ein gutes Selbstwertgefühl und ein hohes schöpferisches Niveau zu besitzen. Dann würde sich wie selbstverständlich die Erleuchtung einstellen und eine geniale Kombination finden.
Damals wurde die „Unsterbliche Partie" zwischen Anderssen und Kieseritzky gespielt (die aber beileibe nicht fehlerlos war und aus heutiger Sicht nicht der Kritik standhält). Steinitz dachte als erster darüber nach, ob alles mit rechten Dingen zuging und interessierte sich näher für dieses Problem. Er kam zu dem Schluß,

daß geniale Kombinationen bei weitem nicht in jeder Lage möglich sind. Ihre Verwirklichung hängt nicht nur von der Genialität des Spielers ab, sondern auch von den Eigenheiten der Stellung. Es gibt Situationen, in denen selbst der begnadetste Schachmeister keine Kombination anbringen kann. Das regte Steinitz dazu an, die verschiedensten Stellungen zu untersuchen, und er begann damit, die Gesetze des positionellen Spiels zu begründen. Seine größte Erkenntnis aber – und ich unterstreiche dies – ist, daß eine Schachpartie nach einem bestimmten Plan gespielt werden muß, daß man seine Handlungen planen kann. Der Plan hängt seinerseits von der Beurteilung der Stellung ab.

Steinitz entwickelte viele interessante Prinzipien des positionellen Stils. Die Mehrzahl von ihnen hielt den Prüfungen der Zeit stand – einige bewährten sich nicht. Aber sein Hauptgedanke, daß man nach einem Plan spielen sollte und dieser sich aus der Stellungsbewertung ergibt – was vor ihm keiner erkannte – ist zweifellos richtig und sehr wesentlich für die Entwicklung der Schachtheorie.

Die für die damalige Zeit charakteristische Methode der Stellungsbeurteilung ist sehr genau in dem erwähnten Buch von Snosko-Borowski beschrieben. Darin wird in **drei entscheidende Faktoren** untergliedert, die Einfluß auf die Bewertung haben: das Kräfteübergewicht (das heißt der materielle Vorteil), der zeitliche Vorsprung (nach unserem Verständnis der Entwicklungsvorsprung) und der Raumvorteil. Wenn die Schachspieler über die Zeit sprachen, meinten sie die gewonnenen Tempi seit der Ausgangsstellung. Es kam vor, daß die eine Seite, sagen wir, sechs Züge und die andere zehn Züge gemacht hatte. Das passierte nicht nur aufgrund von direkten Tempoverlusten, sondern auch wegen Figurentausches oder des mehrmaligen Ziehens mit einer Figur. Heutzutage zählt natürlich niemand mehr diese Tempi, sondern der Schachspieler sieht auf die Stellung und schätzt visuell den Entwicklungsvorsprung einer der beiden Seiten ein. Von diesen drei Momenten ging man damals vor allem auch bei der Stellungsbeurteilung und dem Aufstellen eines Planes aus. Eine solche Methode könnte auch in der Gegenwart nützlich sein. Sehen wir uns Beispiele dazu an.

**Nimzowitsch – Capablanca**
Petersburg 1914

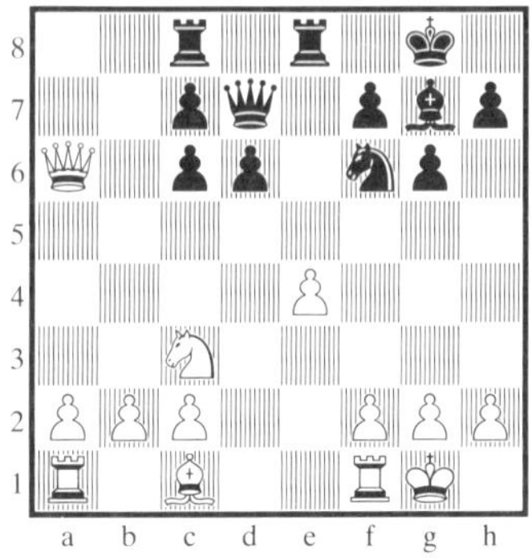


Weiß am Zug

Weiß besitzt einen Mehrbauern, Schwarz aber dafür Entwicklungsvorteil. Zählen wir einmal die Tempi: Weiß spielte e4 – ein Zug, Sc3 – zwei, Rochade – drei, die Dame ging

nach a6 – das sind noch zwei Züge: insgesamt fünf.
Schwarz benötigte mehr Tempi: die Bauernzüge g6, d6, bc – drei, Tc8, Te8, Dd7, Lg7, Sf6, Rochade – noch sechs (Natürlich sind sie nicht alle gleichwertig, zum Beispiel Tc8).

Ich wiederhole, daß Sie solche Rechnungen nicht unbedingt anstellen müssen. Man kann auch sehr schnell mit seinen Augen feststellen, daß Schwarz Entwicklungsvorsprung und Weiß einen Bauern mehr hat.

Der Bauer e4 ist angegriffen, und Weiß steht vor der Frage, wie er ihn schützen soll. Man kann dies durch Dd3 tun, indem man die Dame aus ihrer ziemlich exponierten Lage zurückzieht, aber auch Te1 oder f3 spielt.

Nimzowitsch wählte **15. Dd3** und verlor die Partie infolgedessen auf lehrreiche Art und Weise.
Capablanca antwortete **15. ... De6**, griff den Bauern e4 erneut an und zwang Weiß damit, einen weiteren Verteidigungszug auszuführen. Weiter verlief das Spiel nach Motiven des Modernen Wolga-Gambits: der Springer ging über d7 nach c4, und die Türme besetzten die offene a- und b-Linie. Diesen Druck konnte Weiß nicht beseitigen. Und so ging es weiter:
**16. f3 Sd7 17. Ld2 Se5 18. De2 Sc4 19. Tab1 Ta8 20. a4 S:d2 21. D:d2 Dc4 22. Tfd1 Teb8 23. De3 Tb4 24. Dg5 Ld4+ 25. Kh1 Tab8 26. T:d4 D:d4**, und Schwarz realisierte im weiteren Verlauf der Partie seinen Qualitätsvorteil leicht.

Die richtige Erklärung fand ich zufällig erst im Bändchen von Snosko-Borowski. Er schreibt, daß man auf keinen Fall, wenn der Gegner Entwicklungsvorsprung besitzt, seine Figuren zur Verteidigung von zusätzlichem Material verwenden sollte, wenn diese Figuren Druck auf die feindliche Stellung ausüben. Mögen sie angegriffen und einem gewissen Risiko ausgesetzt sein, aber sie stören den Gegner beim freien Manövrieren.

Die weiße Dame würde vom Feld a6 aus den Bauern c6 attackieren und die Umgruppierung De6, Sd7, Sb6 (e5), Sc4 verhindern. Der richtige Zug war 15. f3!. Weiß muß zwar mit der Antwort Ta8 rechnen, doch darauf kann man mit der Dame nach c4 gehen. Des Pudels Kern liegt darin, daß der Angriff der weißen Königin auf den Bauern c6 unbedingt aufrechterhalten werden mußte.

Erinnert sei an die Najdorf-Variante in der Sizilianischen Verteidigung, wenn Schwarz mit seiner Dame den Bauern auf b2 schlägt und dann nach a3 geht. Diese Dame beschäftigt den Gegner. Sie befindet sich in einer gefährlichen Lage, aber stört den Feind dabei, frei zu manövrieren.

Jetzt zeige ich Ihnen eine Stellung, die in einer Variante der Ragosin-Verteidigung entsteht.
Nach den Zügen **1. d4 Sf6 2. c4 e6 3. Sf3 d5 4. Sc3 Lb4** besteht einer der unangenehmsten Pläne für Schwarz in **5. cd ed 6. Lg5**.
In der Regel antwortet Schwarz darauf mit dem Gegenangriff c7-c5, nachdem er vorsorglich den Zug

6.... h6 ausgeführt hat. Aber man kann auch anders spielen: **6.... c6**. Nach dem logischen **7. e3** gibt es 7.... Da5, doch es ist nützlich, noch h7-h6 einzuschieben.

**7.... h6 8. Lh4 Da5**.

Jetzt hat Weiß die Wahl, mittels 9. L:f6 einen Bauern zu opfern oder zur passiven Verteidigung überzugehen, sagen wir 9. Db3 Se4. Es ist klar, daß Schwarz im letzteren Fall keine Probleme haben wird.

**9. L:f6 L:c3+ 10. bc D:c3+ 11. Sd2 gf**

Schwarz verfügt jetzt über die positionelle Drohung Lf5 nebst Dc2. Gelingt es ihm, die Damen zu tauschen, zum Beispiel 12. Le2 Lf5 13. 0-0 Dc2, so versandet die weiße Initiative. Deshalb ist **12. Tb1** ohne Frage der richtige Zug. Weiß läßt den feindlichen Läufer nicht heraus und bringt zugleich seinen von der schwarzen Dame angegriffenen Turm in eine aktive Stellung.

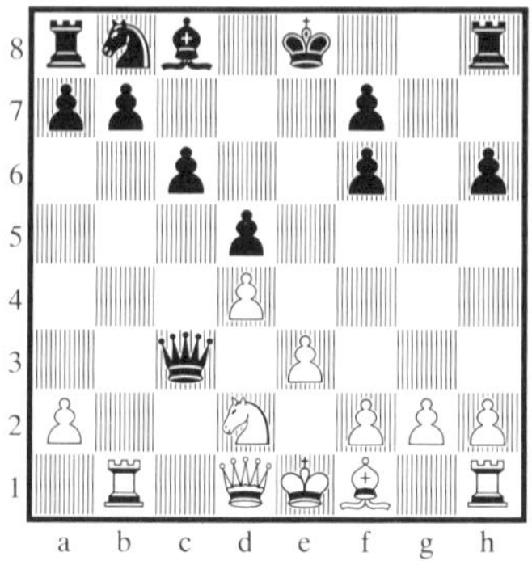

Nun würde Schwarz bei einem Rückzug seiner Dame, sagen wir nach a3 und e7, in einen sehr unangenehmen Angriff geraten. Man muß versuchen, den Gegner mit den Kräften zu halten, die bereits im Spiel sind.

Nachdem wir die Situation untersucht haben, kommen wir zu der Erkenntnis, daß der richtige Weg hier **12.... Tg8** ist. Die Dame muß auf c3 bleiben. Sie befindet sich dort zwar in einer extravaganten Position, doch stört sie von diesem Standort aus den Feind. Zum Beispiel ergeben sich im Falle von 13. Dh5 gute Chancen für ein schwarzes Gegenspiel: 13.... Lg4 14. D:h6 Lf5, und auf 15. T:b7 geschieht 15.... Dc1+ 16. Ke2 Lg4+. Alles das ist sehr gefährlich für Weiß.

Leider hat der Anziehende aber den Zug **13. g3!**, der schwere Probleme bringt. Auf 13.... Lg4 folgt 14. Le2, und die schwarze Stellung ist schlechter. Chronische Schwächen zeigen sich dennoch.

Aber Schwarz muß gerade so und nicht anders kämpfen. Weichen Sie nicht zurück und bemühen Sie sich, wenn Sie schon Stärke gezeigt haben, dem Gegner Widerstand zu leisten. Begreifen Sie, daß es ihm nicht gerade leichtfiel, sich zu g2-g3 zu entschließen, weil nach dem durch Lg4 erzwungenen Läufertausch die weißen Felder geschwächt sind. Und die Anzahl der Figuren hat sich auf dem Brett verringert, was nicht angenehm ist, wenn man einen Bauern weniger hat.

Untersuchen wir nun einmal eine Variante der Grünfeldindischen Verteidigung.

Nach **1. d4 Sf6 2. c4 g6 3. Sc3 d5 4. Lf4 Lg7 5. e3 c5 6. dc Da5** gibt es den wenig erforschten Zug **7. Db3**. (Offensichtlich reicht er nicht aus, um die Überlegenheit zu erlangen.)

Die Idee von Weiß besteht darin, gelegentlich mittels Db5 die Damen zu tauschen. Wir analysierten mit den Schülern diese Stellung und erörterten dabei die interessante Antwort **7. ... Ld7**. Schwarz vereitelt gründlich die Absicht seines Gegners. Den Bauern b7 zu schlagen, ist einfach nicht möglich, da Weiß nach 8. ... Se4 9. D:a8 0-0 in einen vernichtenden Angriff gerät. Und andererseits will Schwarz mittels Sa6 und S:c5 Initiative entwickeln.

Es ist Weiß schwer zu raten, welcher Zug besser als **8. Le5** wäre. Damit nimmt er die Diagonale a1-h8 unter Kontrolle und schafft die Drohung, den Bauern d5 zu schlagen.
Nehmen wir an, Schwarz antwortet konkret **8. ... Sa6 9. cd S:c5 10. Dc4**. Die schreckliche Drohung 11. b4 kann er nur durch das Manöver **10. ... Sa6** abwehren.

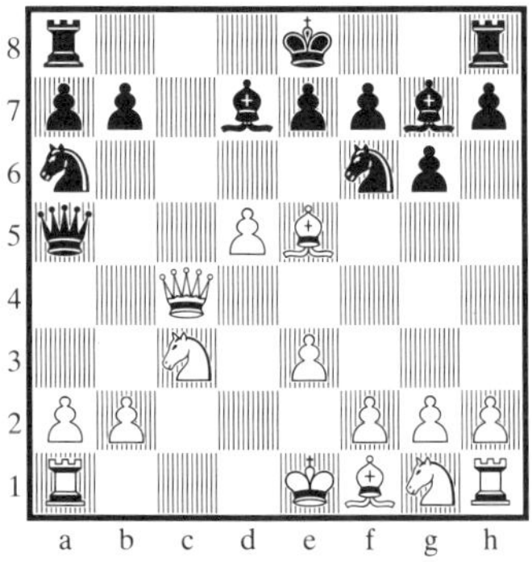

Wir dachten zu Beginn, daß die weiße Stellung unbefriedigend sei. Wenn jetzt noch eine weitere Figur entwickelt wird (11. Sf3 oder 11. Le2), erwidert Schwarz 11. ... Tc8 und erhält starken Angriff.

Doch erinnern wir uns an das von Snosko-Borowski Gesagte. Weiß verfügt über einen Mehrbauern, ist aber in der Entwicklung zurückgeblieben. Noch eine weitere entwickelte Figur nützt ihm jetzt nichts und rettet ihn nicht. Versuchen wir deshalb, aktiver zu spielen und die Kräfte zu nutzen, die schon im Spiel sind. Untersuchen wir **11. a3 Tc8 12. b4**. Wenn es Weiß gelingt, die feindliche Dame zu vertreiben, so hat er nach 13. Dd4 alle Chancen, seine Entwicklung zu beenden und den Mehrbauern zu bewahren. Und im Falle von 12. ... T:c4 13. ba erhält er das bessere Endspiel. Noch hat Weiß seinen Mehrbauern, und selbst wenn er den Bauern a5 verliert, gestattet es ihm seine Überlegenheit im Zentrum, die Entwicklung rasch abzuschließen.

Wir sehen, daß bereits sehr frühzeitig diese auch für die gegenwärtige Praxis nützliche Idee geboren wurde: bei Materialvorteil und Entwicklungsrückstand keine entwickelte Figur zurückzuziehen, die dem Gegner irgendwelche Unannehmlichkeiten bereitet. Mit anderen Worten, man soll nicht zur stillen Verteidigung übergehen. Diese Konzeption ist heute schon vergessen. Interessante Ideen gibt es bei Snosko-Borowski auch in bezug auf Stellungen mit Raumvorteil. Er äußert dort den philosophischen Gedanken, daß man räumliches Übergewicht nicht unbedingt vergrößern muß, die Hauptsache ist, es zu behalten. Früher oder später kommt der kritische Augenblick, wo der Gegner versucht, sich zu befreien. Auf diesen Moment sollte man so gut wie möglich vorbereitet sein.

Snosko-Borowski gibt in seinem Buch auch Empfehlungen, wie man sich verhält, wenn man räumlich im Nachteil ist. Er rät dazu zu ermitteln, welche Figur am schlechtesten steht und was der Gegner plant. Danach sollte die Lage dieser Figur verbessert und gleichzeitig die Absicht des Feindes vereitelt werden. Alles das wird an konkreten Beispielen demonstiert.

Die Theorie von Steinitz enthält verschiedene Postulate, die teils überzeugend, teils weniger überzeugend sind. Er schreibt auch über den Vorteil des Läuferpaares und über die Bauernmehrheit am Damenflügel (obwohl das Übergewicht an Bauern auf einem Flügel – wie die jüngste Praxis zeigt – nicht automatisch Überlegenheit bedeutet, sie muß in Einklang mit anderen Komponenten der Stellung stehen).
Einige seiner Prinzipien tragen, das kann man sagen, philosophischen Charakter. „Wenn Du Vorteil hast, bist Du verpflichtet anzugreifen, ein aktives Spiel zu führen, ansonsten geht die Überlegenheit unweigerlich verloren." Das ist schon kein rein schachliches, sondern bereits ein philosophisches Prinzip. Insgesamt verdient das Herangehen an die Beurteilung einer Stellung, wie es Steinitz anregte, eine ernsthafte Untersuchung. Das ist ein hochinteressantes Kapitel in der Schachtheorie. Es sollte nach Möglichkeit in alten Büchern nachgelesen werden, um sich direkt mit den Ideen jener Leute bekanntzumachen, die alles dies entwickelt haben.

Der Mangel an Steinitz' Theorie besteht in ihrer Unbeweglichkeit. An Technischen Instituten wird theoretische Mechanik gelehrt, die drei Hauptbestandteile hat: Statik, Kinetik und Dynamik. Vereinfacht gesagt – die Statik, das ist, wenn sich alles in Ruhe befindet, die Kinetik, wenn es irgendeine Form der Bewegung gibt und die Dynamik, wenn alles in Bewegung ist. So verhält es sich auch mit der Steinitzschen Theorie, die nur eine der Abteilungen in der „theoretischen Mechanik" des Schachs ist. Steinitz berücksichtigte leider die Dynamik des Kampfes am Brett nicht, er nahm alles als einen statisch gegebenen Zustand hin. Seine Bewertungen sind für viele Stellungen gültig, doch bei weitem nicht für alle. Aber wieviel kann man von einem einzelnen Menschen verlangen? Er hat auch so einen gewaltigen Beitrag zur Schachtheorie geleistet.
Es ist sehr interessant, die Partien von Steinitz zu betrachten, aber man muß anerkennen, daß die Werke der Schüler seiner Lehre die Steinitzsche Theorie besser illustrieren als seine eigenen. Er hielt sich eben zu streng an seine Theorie und beachtete die Dynamik des Kampfes nicht. Und das führte hin und wieder zu traurigen Ergebnissen.
Vortrefflich hat Akiba Rubinstein die Lehre von Steinitz angenommen. In seinem „Lehrbuch des Schachspiels" vertritt Lasker die Ansicht, daß Rubinsteins Partien beispielhaft für die Steinitzsche Theorie sind. Außerdem verfügte Rubinstein über eine großartige Endspieltechnik. In der Serie „Hervorragende Schachmeister der Welt" gibt es das ausgezeichnete Buch „Akiba Rubinstein" von Rasuwajew und Murachweri. Ich verlange von allen meinen Schachschülern, daß sie es studieren.

Ich rate ihnen, sich folgendermaßen mit den Partien bekanntzumachen: „Wenn Ihr die Eröffnung durchgespielt habt, dann deckt die Züge Rubinsteins zu und versucht, sie zu erraten. Das heißt, bemüht Euch, wie Rubinstein zu spielen. Wendet für eine solche Betrachtung etwa 45 Minuten auf, und bei Euch bleibt im Kopf ungleich mehr zurück, als wenn Ihr für die ganze Partie nur fünf Minuten Zeit aufbringt."

Ein sehr gutes Buch mit dem Titel „Die moderne Schachpartie" hat Tarrasch geschrieben. Es ist bislang leider in der UdSSR noch nicht erschienen, soll aber im kommenden Jahr veröffentlicht werden. Nachdem Garri Kasparow es sich angesehen hatte, äußerte er eine hohe Meinung von dem Buch. Wenn Tarrasch von einigen als Dogmatiker bezeichnet wird, so ist das natürlich ungerecht. Er stritt seinerzeit mit Tschigorin, der als Begründer der russischen Schachschule gilt. Solche Leute liebt man bei uns nicht und behängt sie mit einem Etikett.

Jetzt sehen wir uns ein Beispiel an, das die Überlegenheit des dynamischen Herangehens gegenüber dem statischen Betrachten demonstriert. Vor Ihnen ist eine Stellung aus Lipnizkis bemerkenswertem Buch „Fragen der modernen Schachtheorie". Weiß ist hier am Zuge:

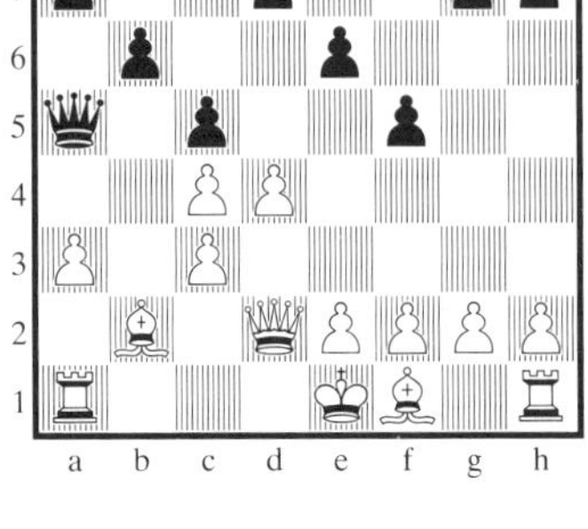


Weiß besitzt das Läuferpaar, doch seine Bauernstruktur am Damenflügel ist ramponiert. Wenn es Schwarz gelingt, den für solche Stellungen üblichen Standardplan – La6, Sc6, Da4, Sa5 – zu verwirklichen, gewinnt er den Bauern c4 und bald darauf auch die Partie.

Folgt man den allgemeinen Prinzipien des Schachspiels in der Eröffnung – Figuren entwickeln, rochieren usw. – so müßte 1.e3 gezogen werden. Ich fürchte, daß in diesem Falle der konkrete Plan von Schwarz über die abstrakten Prinzipien von Weiß triumphieren und Weiß folgerichtig verlieren würde.

Aber in der Stellung wirken auch andere, weniger offensichtliche Prinzipien. Es ist nicht immer leicht, sie mit Worten zu formulieren, oft spürt der Schachspieler sie intuitiv.

Beim aufmerksamen Studieren der Lage kann man feststellen, daß Schwarz am Königsflügel nicht eine einzige Figur postiert hat. Somit kann Weiß den Zug **1.g4!!** ausführen, der die Beurteilung der Stellung von grundauf ändert. Dieses Manöver entspricht dem Prinzip „Attackiere den Gegner an seiner empfindlichsten Stelle!". Weiß stellt die sehr unangenehme Drohung Lg2 auf. Auf 1.... fg folgt 2.Lg2 Sc6 3.d5, und die schwarze Stellung bricht auseinander. Spielt Schwarz 1.... Lb7, so erhält Weiß nach 2.Tg1 gefährlichen Angriff am Königsflügel. Möglicherweise wäre der Zug 1.... cd noch die beste Entscheidung für Schwarz, womit die Partie in das klar schlechtere Endspiel überginge.

Stünde der schwarze Bauer noch auf f7 und nicht auf f5 – so eine Kleinigkeit! – käme das ganze Spiel, das mit g2-g4 beginnt, nicht in Frage. Der Vorteil wäre dann auf seiten von Schwarz. Der Königsflügel würde dann – wie zuvor – von keiner schwarzen Figur verteidigt, aber Weiß hätte nicht den Bauern f5 zum Festhaken. Also, solche Details sind sehr wichtig bei der Bewertung einer Stellung.

Nach Steinitz erschienen die Hypermodernen (ein komisches Wort!) auf der Bildfläche. Ihr Schachverständnis entsprang vor allem aus der Beziehung zum Zentrum. Steinitz nahm an, daß es gut sei, ein starkes Bauernzentrum zu besitzen, und wer darüber verfügte, der hatte generell Vorteil. Aber solche Schachmeister wie **Réti**, **Nimzowitsch** und **Breyer** – die Hauptvertreter der Hypermodernen Schule – betonten, daß es gar nicht darauf ankomme, ein starkes Bauernzentrum zu haben, man könne dem Gegner die Brettmitte überlassen und sie dann mit den eigenen Figuren angreifen. Es kamen neue Eröffnungen auf, zum Beispiel die Réti-Eröffnung, und es erweiterte sich das Verständnis für die alten Spielweisen, zum Beispiel die Englische Eröffnung.

Nimzowitsch entwickelte solche Prinzipien wie Prophylaxe oder Überdeckung. Im Ergebnis des Diskussion zwischen Hypermodernen und „Klassikern" entwickelte sich das Schach weiter.

Nimzowitsch war ein unversöhnlicher Gegner Tarraschs und dessen Anschauungen. Bedauerlicherweise gehörten sie unterschiedlichen Generationen von Schachspielern an. Ihren Höhepunkt in der praktischen Spielstärke erreichten beide zu unterschiedlichen Zeiten. In den direkten Vergleichen war Nimzowitsch erfolgreicher, aber das sagt noch nichts über die Überlegenheit seiner Stilrichtung, des Hypermodernismus, aus – Tarrasch war einfach bereits älter und spielte folglich wesentlich schwächer als in seiner Jugendzeit.

Aus den Büchern Nimzowitschs „Mein System" und „Mein System in der Praxis" kann man ohne Zweifel sehr viel entnehmen. Aber es ergibt sich nicht notwendigerweise daraus, daß man alles glauben muß, was dort geschrieben steht. Nimzowitsch hatte es oft mit Gegnern zu tun, die ihm stark unterlegen waren, und im Kampf mit ihnen konnte er jede beliebige Theorie leicht beweisen.

Vor einigen Jahren wurde in der Zeitschrift „Schach in der UdSSR" ein sehr interessanter und guter Artikel des moldavischen Meisters Tschebanenko veröffentlicht. In der Zeitschrift „64" erschien eine Kritik dieses Artikels – obwohl sie völlig falsch war – es handelte sich mehr um kleinliches Gezänk als um eine Kritik. Tschebanenko antwortete nicht darauf, und er tat recht daran.

In dem Artikel wurden Zweifel an dem Prinzip Nimzowitschs angemeldet, daß eine Bauernkette an ihrem Ursprung angegriffen werden muß. Stellen wir uns den weißen Bauernkeil in der Königsindischen Verteidigung vor: d5, e4, f3, g2 (die schwarzen Bauern stehen auf c7, d6 und e5).

Nimzowitsch schreibt, daß Schwarz f5 spielen muß, dann möglicherweise seinen Bauern nach f4 vorstößt und dann den g-Bauern in Bewegung setzt. Ausgangspunkt der weißen Bauernkette ist der Bauer f3 oder aber der auf g2. Wir kennen aber auch Beispiele, daß Schwarz nicht mit f7-f5 beginnt, sondern mit c7-c6. Das heißt, er sprengt das Zentrum nicht am Ausgangspunkt der Bauernkette, sondern am Ende, und das erweist sich manchmal ebenfalls als gut. Nimzowitsch führt seine Erkenntnisse hauptsächlich auf die Französische Verteidigung zurück, aber auch dort ist es zuweilen angebracht, nicht den Anfang, sondern den höchsten Punkt der Bauernkette zu attackieren, also f7-f6 zu spielen.

Noch ein paar Worte über klassische Schachbücher, die Aufmerksamkeit verdienen. Vor einiger Zeit erschien im Moskauer Verlag „Körperkultur und Sport" das „Moderne Lehrbuch des Schachspiels" von Richard Réti. Es lohnt auf jeden Fall, es zu lesen. In Kürze wird auch sein kleines Bändchen „Neue Ideen im Schachspiel" neu aufgelegt, das mir sehr gefällt. Es zeigt die Einstellung zum Schachspiel in der Periode des Hypermodernismus.
Diese Einstellung war in einigen Aspekten ebenfalls dogmatisch. Hier ein Beispiel, wo **Réti** seine Partie mit den schwarzen Steinen gegen Kolste (Baden Baden 1925) kommentiert. Er schätzt die nach **1.e4 Sf6 2.e5 Sd5 3.Sc3 S:c3 4.dc** entstandene Stellung als günstiger für sich ein. Als Grund nennt Réti die in der Perspektive zu erwartende Bauernmehrheit (vier gegen drei) am Königsflügel. Er schreibt, daß „bei einer modernen hohen Technik eine geringe, aber klare positionelle Überlegenheit in der Eröffnung folgerichtig und ohne Mühe zum Gewinn ausgenutzt werden kann."

Lasker hat diesen Standpunkt in seinem „Lehrbuch des Schachspiels" hart kritisiert. Er wies konkret nach, wo sich Weiß besser hätte verteidigen können und bemerkte: „Niemals kann man den Plan für eine ganze Partie nach einem von Réti vorgebrachten Motiv festlegen, dafür ist dieses Motiv zu dürftig. Die Überlegungen Rétis sind richtig und nützlich, wenn sie sich auf eine Analyse gründen. Doch wenn er das Fundament der Analyse verläßt, um sehr kühne und allgemeine Schlußfolgerungen zu ziehen, dann erweisen sich seine Erwägungen als fehlerhaft."

Bleiben schließlich noch zwei große Schachmeister – **Capablanca** und **Aljechin**. Sie unterlagen keinerlei Einflüssen, spielten völlig verschieden, aber großartig. Ihre Partien sind beispielhaft bis zum heutigen Tage.

Warum muß man Aljechin und Capablanca studieren? Denken wir einmal darüber nach, wie das moderne Schach aussieht. Nehmen wir an, es spielen gleichrangige Gegner miteinander, zum Beispiel Andersson und Hübner. Einer entwickelt einen Plan des Spiels, der andere sieht diesen und versucht, ihn zu verhindern. Im Ergebnis der Durchführung des Plans und der Gegenwehr erhält

Weiß leichten Vorteil. Er faßt einen neuen Plan ins Auge, als Antwort erfolgt ein neuer Gegenplan. Schließlich geraten beide in Zeitnot, der logische Verlauf des Kampfes wird gestört, und alles ist unverständlich. Ein unerfahrener Schachspieler kommt mit einer solchen Partie schwer zurecht, selbst für einen Meister ist dies mitunter nicht leicht.
Wenn aber zum Beispiel Aljechin gegen Tartakower spielt, so ist die Klasse Aljechins bedeutend höher. Der von ihm verfolgte Plan geht leicht auf. Tartakower versteht ihn nicht und vereitelt ihn deshalb auch nicht. Sie sehen den ganzen Plan in Reinkultur. Gegen heutige Schachgroßmeister vom Schlage eines Salow, Hübner oder Andersson würde sich ein so klares Bild nicht ergeben, weil die Kraft ihrer Gegenwehr um vieles höher ist. Deshalb muß man seine ersten Unterrichtsstunden in der Strategie, im Aufstellen eines Planes für den Kampf bei den Klassikern nehmen.

Nehmen wir an, Sie haben sich mit dem Erbe der großen Schachmeister von Steinitz bis Aljechin bekanntgemacht und sich die Partien angesehen und die Bücher gelesen, von denen ich sprach. Dann kann man sagen, daß Sie jetzt die Klassik des Schachspiels in ihren Grundzügen kennen. Natürlich gibt es da noch Botwinnik, Smyslow und die anderen großen Schachmeister unserer Zeit. Doch für das tiefe Verständnis des modernen Schachs ist es wichtig, eine hohe schachliche Kultur zu besitzen und zunächst einen Kursus der Klassik zu durchlaufen.

## Anlage zur Vorlesung von M. Schereschewski

# M. Dworezki: Neue Ideen finden

Ein modernes Verhältnis zur Klassik, darunter zur schachlichen, ist vor allem ein schöpferisches, manchmal sogar kritisches. Und gleichzeitig ein aufmerksames und ernstes. Jeder Schachspieler wendet sich in gewissen Etappen seiner Entwicklung bestimmt dem Studium des kostbarsten Erbes zu (genauer gesagt: er sollte es tun). Und mit der Klassik sollten natürlich auf jeden Fall die Trainer gut vertraut sein, die sich mit der Jugend beschäftigen.

Wenn man für den Unterricht Partien führender Großmeister der Vergangenheit vorbereitet, sollte ständig folgende Frage eine Rolle spielen: Wodurch wurden diese oder jene Entscheidungen der Gegner hervorgerufen, konnten sie nicht stärker spielen? Möglicherweise wird man von den Schülern danach gefragt. In Büchern und Kommentaren erhält man lange nicht auf all diese Fragen eine Antwort. Zuweilen sind die Erklärungen nicht völlig befriedigend. Man muß damit beginnen, die Varianten selbst zu überprüfen. Am häufigsten erlaubt die Analyse, die die Richtigkeit des Spiels der Kontrahenten unterstreicht, ihre Entscheidungen besser zu verstehen und nachzuempfinden, aber auch etwa gleichrangige alternative Wege zu finden. Es passiert auch, daß man bei manchen Zügen oder veröffentlichten Anmerkungen auf Fehler stößt. Wenn ein Trainer das Material nicht aufmerksam und ernsthaft geprüft hat, werden ihm im Unterricht des öfteren neue, interessante Ideen vorgeschlagen bzw. eine ganze Reihe von Varianten präzisiert. Im Ergebnis dessen sieht das Bild des Kampfes in einer untersuchten Partie hin und wieder völlig anders aus als vor Beginn der Arbeit.

Der erste Auftritt von Emanuel Lasker nach dem Verlust des Weltmeistertitels erfolgte beim starken internationalen Turnier in Ostrau 1923. In der 9. Runde trafen die beiden Führenden, Lasker und der tschechische Großmeister Richard Réti, aufeinander. Die Schlacht, die vom Exweltmeister gewonnen wurde, hatte vorentscheidende Bedeutung für den Ausgang des Wettbewerbs.
Die Kommentare zu dieser Begegnung (aus dem interessanten und guten Buch B. Wainsteins „Der Denker", das dem Schaffen Laskers gewidmet ist) sind für meine Begriffe unzureichend und erschließen irgendwie nicht richtig ihren Inhalt. Darüber hinaus ist die Partie nicht nur vom historischen, sondern auch vom rein schachlichen Standpunkt aus hochinteressant. Deshalb möchte ich die Aufmerksamkeit der Leser erneut auf sie lenken.

**Reti – Lasker**
Slawische Verteidigung

**1. Sf3 d5 2. d4 Sf6 3. c4 c6 4. Sc3 dc 5. e3**

Heute wird selten so gespielt. Die Eröffnungsmode unserer Zeit gibt der Fortsetzung 5. a4 den Vorzug.

**5. ... b5 6. a4 b4 7. Sa2 e6 8. L:c4 Le7 9. 0-0 0-0 10. De2 Sbd7**

Sicher charakteristischer und typischer für die vorliegende Variante ist die Partie Reshewsky – Smyslow aus dem Radiomatch UdSSR – USA 1945, in der 10. ... Lb7 11. Td1 a5 12. Ld2 Sbd7 13. Sc1 Db6 14. Sb3 c5 15. Le1 Tfd8 mit kompliziertem und etwa gleichem Spiel folgte.

Es ist interessant, einmal zu versuchen, die Abweichung von dem klassischen Vorbild einzuschätzen (das 22 Jahre zuvor geschaffen wurde). Ohne den Zug 10. ... Sbd7 (gegenüber 10. ... Lb7) konnte Weiß jetzt den Vorstoß 11. e4 probieren. Es ist allerdings nicht klar, wieviel ihm das eingebracht hätte.

**11. b3!?**

Réti entwickelt den Läufer nach b2, wo er aktiver als auf d2 (bei Reshewsky) steht. Doch dabei wird der Punkt c3 geschwächt, was sich als wesentlich erweist.

**11. ... a5 12. Lb2 c5 13. Tfd1 Db6 14. Sc1 La6?!**

Hier war es möglich, dem späteren klassischen Beispiel zu folgen und 14. ... Lb7 zu ziehen.

Indem Lasker die weißfeldrigen Läufer tauscht, rechnet er damit, die Schwäche des Bauern b3 ausnutzen zu können. Doch dabei erhält der feindliche Springer den großartigen Punkt c4. In der Folge kann eine für Weiß günstige Situation mit einem starken Springer gegen den passiven schwarzfeldrigen Läufer entstehen. Wir sehen, daß solche, auf den ersten Blick bescheidene Züge (wie 11. b3 oder 14. ... La6) zweischneidig und in strategischer Hinsicht riskant sein können und daß beide Gegner zum anderen sehr prinzipiell handeln und im Kampf um die Initiative nicht vor Schwächungen im eigenen Lager zurückschrecken.

**15. dc?!**

Im Falle von 15. L:a6!? D:a6 16. D:a6 T:a6 17. Sd3 bekommt Weiß das etwas bessere Endspiel. Aufmerksamkeit verdiente 15. Sd2.

**15. ... Sc5 16. Se5 L:c4**

Zu beachten war 16. ... Sd5!? nebst 17. ... Lf6.

**17. S:c4 Da6**

Jetzt muß Weiß Maßnahmen gegen die Drohungen 17. ... Tfc8 und 18. ... S:b3 ergreifen und auch über die Entwicklung seines Springers c1 nachdenken.

**18. Ld4 Tfc8?**

Meines Erachtens eine wesentliche Ungenauigkeit. Weiß möchte seine Probleme durch den Tausch auf c5 lösen. Schwarz konnte den Springer dort erhalten, wenn er 18. ... Sfe4! gezogen hätte (oder auch 18. ... Sfd7), wonach die Folge 19. f3 Sc3 20. L:c3 bc nebst 21. ... Tfc8 ungünstig für Weiß wäre.

Réti hätte wahrscheinlich mit 19. Ta2! geantwortet, doch nach 19. ... Sc3 (möglich war auch 19. ... Tfc8 20. Tc2 Tab8) 20. L:c3 bc 21. Tc2 Tab8! (nicht aber 21. ... Lf6? 22. e4) 22. T:c3 Lf6 ergäbe sich ein völlig ausgeglichenes Spiel.

**19. L:c5! L:c5**

Im Falle von 19. ... T:c5 könnte Weiß mittels 20. e4! den gegnerischen Figuren das wichtige Feld d5 nehmen. Schwächer ist 20. Sd3?!, worauf

20. ... Td5 21. e4 Td4 mit unklarem Spiel geschieht.

Und auf das sofortige 20. e4 wäre 20. ... Db7 unangenehm; erfolglos ist auch 20. Sd3 wegen 20. ... Se4 (d5) mit nachfolgendem 21. ... Sc3.

**20. Df3!**

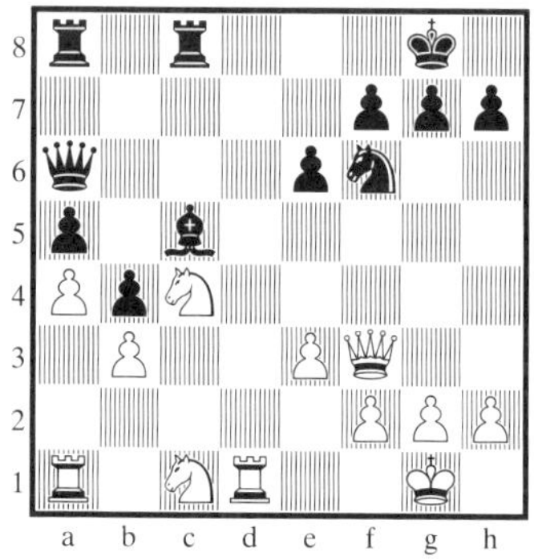

**20. ... Le7!**

Hätte Lasker 20. ... Sd5 gezogen, konnte er die Antwort 21. Se2 erzwingen. Dabei wäre die Stellung ruhig geblieben, und allmählich wären die Schattenseiten des von Schwarz vorgenommenen Tausches der weißfeldrigen Läufer sichtbar geworden. Übrigens konnte in der Partie die ungefähr gleiche Situation entstehen, wenn Réti das bescheidene 21. Se2 gewählt hätte. In diesem Falle behielte er die besseren Chancen, was nicht auf die Fehlerhaftigkeit des schwarzen Planes hindeutet, der mit dem 14. Zug begann, sondern nur eine Folge des ungenauen 18. Zuges ist.

Lasker provoziert seinen Gegner zu dem aktiveren Springermanöver Sc1-d3-e5, nach dem Weiß alle zentralen Felder besetzt. Dafür erhält der schwarze Springer die Möglichkeit, sich auf c3 festzusetzen. Hier zeigte sich Laskers gewaltige Erfahrung in der Verteidigung strategisch schwieriger Stellungen. Sie sagte ihm, daß das erfolgreiche Aufstellen einer einzigen Figur sich als solcher Rettungsanker erweisen kann, durch dessen Nutzung der auf den ersten Blick drohende Angriff der weißen Figurenarmee neutralisiert wird.

**21. Sd3?!**

Wir haben schon auf das Bemühen beider Kontrahenten hingewiesen, prinzipiell zu handeln, doch im gegebenen Falle wäre es angebrachter gewesen, wenn Réti vorsichtiger gewesen wäre, besonders unter Berücksichtigung der nun beginnenden starken Zeitnot.

**21. ... Sd5! 22. Sde5 Lf6!**

Fehlerhaft ist natürlich 22. ... f6? 23. T:d5!.

Bei 22. ... Tf8?! ist diese Variante möglich: 23. e4 Sc3 24. Td7 Ta7 25. T:a7 D:a7 26. Sc6 Dc7 27. S:e7+ D:e7 28. S:a5 Dc5 29. Sc4 Dd4 30. Tc1! (nicht aber 30. Te1 – 30. ... S:a4) 30. ... D:e4 (30. ... S:e4 geht wegen 31. Td1 nicht) 31. D:e4, und Weiß steht im Endspiel überlegen.

**23. e4**

Im weiteren Verlauf könnte ein Luftloch für Weiß sehr nützlich sein, deshalb sieht 23. g4 verlockend aus. Doch darauf würde 23. ... T:c4! 24. S:c4 L:a1 25. T:a1 Sc3 geschehen, und der weiße Turm wäre zunächst vom Spiel ausgeschlossen.

Nach dem Partiezug ist 23. ... T:c4 24. S:c4 L:a1 schon nicht mehr günstig wegen 25. ed!.

**23. ... Sc3 24. Td6?!**

Ein natürlich aussehender, logischer Zug, aber, wie der junge Meisteranwärter Maxim Boguslawski nachwies, war 24.Td7! Ta7 und erst jetzt 25.Td6 Db7 26.Te1 stärker. Der Turm steht auf a7 schlechter als auf a8. Im übrigen ist der Ausgang des Kampfes auch hier nach 26....Ta6! völlig offen. Zum Beispiel 27.Td7 Tc7 28.Sd6 Db8 29.Sd:f7. Jetzt wäre 29....L:e5 nicht gut wegen 30.Td8 D:d8 31.S:d8 mit der Drohung 32.Dh5, und im Falle von 29....Taa7 30.Sh6! Kf8 (30....gh 31.Dg4!) 31.Shg4 T:d7 32.S:f6 hat Weiß starken Angriff. Nach 29....Dc8! jedoch wird sichtbar, daß die weißen Springer sich im feindlichen Lager vergalloppiert haben (30.Sd6 T:d6; 30.Sh6 gh; 30.T:c7 D:c7).

Oder 27.S:f7!? T:c4 (nicht aber 27....K:f7? 28.Td7+!) 28.T:a6 D:a6 29.bc K:f7 30.e5 D:c4 31.ef gf, und Schwarz verfügt über keine schlechte Kompensation für die verlorene Qualität.

**24....Db7 25.Te1**

Jetzt muß Schwarz mit 26.Td7 rechnen. Auf 25....Td8 geschieht 26.T:d8+ T:d8 27.S:a5 Dc7 28.Sec6, und in Verbindung mit der Drohung e4-e5 kann sich Weiß konsolidieren. Natürlich ist auch hier 25....Ta6 mit Varianten möglich, die in den vorigen Anmerkungen angezeigt wurden, aber Lasker findet einen stärkeren Weg.

**25....L:e5! 26.S:e5 Dc7!**

Natürlich ginge 26....S:e4? nicht wegen 27.Td7!

Im Falle von 26....Td8 27.Sc4 T:d6 28.S:d6 Dc7 29.e5 wäre der Vorteil auf seiten von Weiß. Nachdem er eine „Pforte" geöffnet hat, schickt er seinen Turm auf die Marschroute e3-d3-d4-c4. Der Springer auf c3 ist dabei überhaupt nicht gefährlich. Er stellt keine Drohungen auf und ist weit von den Feldern entfernt, von denen aus der Bauer b3 angegriffen werden könnte – die einzige Schwäche im weißen Lager.

Lasker zwingt den weißen Springer, nach c4 zurückzukehren, wo er sich als verwundbar erweist.

**27.Sc4**

Etwas anderes gibt es nicht. Im Falle von 27.Td7 D:e5 28.D:f7+ Kh8 ist der Punkt g7 geschützt, und auf 27.Dd3 würde 27....S:e4! (schwächer wäre 27....Sd5? – 28.Sc4) 28.T:e4 D:d6! folgen.

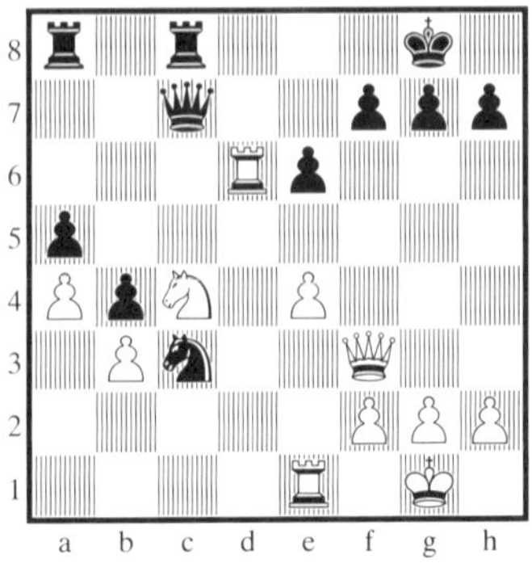


Jetzt möchte Weiß seine Stellung durch 28.e5 mit der Drohung 29.Sb6 verstärken.

Eine logische Fortsetzung der schwarzen Strategie wäre der naheliegende Schlag 27....S:a4!. Auf 28.Ted1 gibt es die einfache Verteidigung 28....Tf8! 29.Td7 Dc5.

In allen Kommentaren zu dieser Partie wird die Überzeugung geäußert, daß Weiß mittels 28.e5 Sc3 29.Sb6 gewinnen würde. S. Tartakower gab diese seltsame Variante an: 28.e5 Td8 29.Ted1 (warum nicht einfach 29.Tc6! mit Figurengewinn?) 29....Sc3 (und wenn 29....Sc5! geschieht?) 30.Td7! f5 31.ef!.

Sechzig Jahre (!) lang blieb diese Einschätzung, die die Bewertung der Strategie beider Partner wesentlich beeinflußte, unangetastet, bis in unseren Tagen Großmeister A. Jussupow auf die Möglichkeit einer unkomplizierten Verteidigung für Schwarz hinwies: 28. ... Tab8!, und wenn 29. Ted1, so 29. ... Sc5. Die Drohungen werden abgewehrt, und der schwarze Mehrbauer bleibt. Um das Remis muß nun bereits Weiß kämpfen, und auch das könnte nicht einfach werden, besonders unter den Bedingungen starker Zeitnot.

Warum aber schlug der Exweltmeister den Bauern nicht? Möglicherweise sah Lasker – ein großartiger Taktiker – plötzlich eine andere, völlig überraschende und sehr schöne Möglichkeit der Verteidigung und konnte sich ihr schon nicht mehr verschließen, so daß er nicht alle Varianten exakt durchrechnete. Oder vielleicht war die Zeitnot beiderseitig. Schade, daß es kein Zeitdiagramm der Partie gibt (starke Zeitnot von Weiß wird in dem Buch B. Wainsteins ausgeschlossen), es könnte etliche zusätzliche Informationen liefern, die für das bessere Verständnis der Ereignisse wichtig sind, die sich auf dem Brett vollzogen.

**27. ... e5? 28. Df5**

Weiß konnte schließlich auch ein Luftloch schaffen, indem er 28. h4!? spielte. Im Falle von 28. ... S:a4 wäre 29. Ted1 Tf8 (29. ... Sc5 30. Sb6) 30. Td7 unangenehm, und der Bauer e5 ist jetzt angegriffen. Auf 30. ... Dc5 gibt es die Antwort 31. T1d5. Auf 28. ... Td8 folgt 29. T:d8+ T:d8 30. h5 h6 31. Se3 mit der Absicht Sf5 und Dg4 oder 30. ... S:a4 31. Ta1 Sb6 32. Se3 mit der Idee 33. h6, 33. Sf5 oder 33. T:a5. In allen Varianten bewahrt Weiß gute Angriffschancen.

Im übrigen ist auch der Textzug, der die Drohungen 29. Td7 und 29. D:e5 aufstellt, sehr stark. Sein einziger Mangel besteht darin, daß gerade darauf ein von Lasker vorbereiteter geistreicher Gegenschlag erfolgt.

**28. ... Se2+!!**

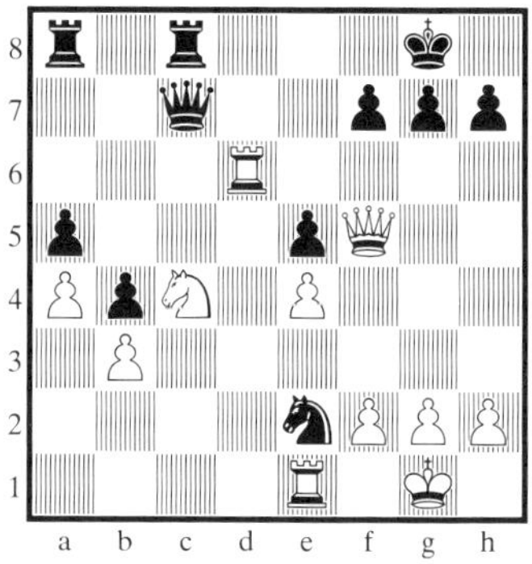

**29. Kf1?**

Der Springer konnte geschlagen werden, aber nach 29. T:e2?! D:d6! 30. D:f7+! Kh8 (zum Remis führt 30. ... K:f7 31. S:d6+ Ke6 32. S:c8 T:c8 33. Kf1 Tc3 34. Te3 T:e3) 31. Dd5 verdienten die Aussichten von Schwarz etwas den Vorzug, obwohl der unentschiedene Ausgang sehr wahrscheinlich gewesen wäre.

In Zeitnot ist es fast nicht möglich, in dieser Partie einem Zug des Königs in die Ecke den Vorzug zu geben, doch gerade 29. Kh1! hätte Weiß entscheidendes Übergewicht eingebracht. S. Tarrasch gibt diese Variante an: 29. ... Sd4 30. D:e5 S:b3 31. Sb6 Dc3 (31. ... Dc1 32. Tdd1) 32. D:c3 bc 33. S:a8 (stark ist auch 33. S:c8 T:c8 34. Ted1! Sd2 35. Tc1, was von Ilja Makarew gefunden wurde, der sich genau wie sein Freund Maxim Boguslawski in unserer Schule mit dem Schachtraining beschäftigt) 33.... c2 34. h3 (logischer war 34. h4 oder 34. g3) 34.... c1D (das Turmendspiel nach 34.... T:a8 35. Tc6 c1D ist hoffnungslos für Schwarz) 35. T:c1 S:c1 36. Sb6 Te8. Es ist klar, daß der Mehrbauer Weiß ausgezeichnete Gewinnchancen verheißt (die Anmerkungen in Klammern stammen von mir – M. Dworezki).

Schwarz kann sich zäher verteidigen: 29.... Td8 (anstelle von 29.... Sd4) 30. D:e5 (30. T:d8 T:d8 mit nachfolgendem Sd4) 30.... T:d6 31. D:d6 D:d6 32. S:d6 Sd4. Wenn jetzt 33. Te3, so 33.... Td8 (schwächer wäre 33.... Ta6 34. Sc4 Tc6 wegen 35. Td3) 34. e5 f6 35. f4 fe 36. fe Sc6 mit Ausgleich oder 34. Sb7 Td7 35. Td3 (35. S:a5 S:b3; 35. Sc5 Tc7) 35.... T:b7 36. T:d4 Kf8 37. g3 Tc7 38. Td5 Tc3 39. T:a5 T:b3, und höchstwahrscheinlich ergibt sich schnell ein theoretisch unentschiedenes Endspiel „vier Bauern gegen drei am gleichen Flügel".

Aber anstelle von 33. Te3? war 33. Tb1 kräftiger. Der Turm hält die Kontrolle über die Grundreihe aufrecht, und auf 33.... Td8 erfolgt jetzt schon sehr stark 34. Sb7. Bei umsichtigem Spiel kann Weiß mit Recht darauf hoffen, seinen Mehrbauern zu realisieren.

**29.... Sd4 30. D:e5 S:b3 31. Sb6 Sd2+!**

In diesem Schachgebot liegt die ganze Würze!

**32. Kg1 Sc4 33. S:c4**

Auf 33. S:a8 folgt 33.... D:d6 34. D:d6 S:d6 35. Sb6 (35. e5 Sc4) 35.... Tc2 (natürlich nicht das von B. Wainstein angegebene 35.... Tc6?! 36. Sd5 S:e4?? wegen 37. Se7+), und in Verbindung mit den Drohungen 36.... b3 und 36.... S:e4 muß Schwarz gewinnen.

**33.... D:c4**

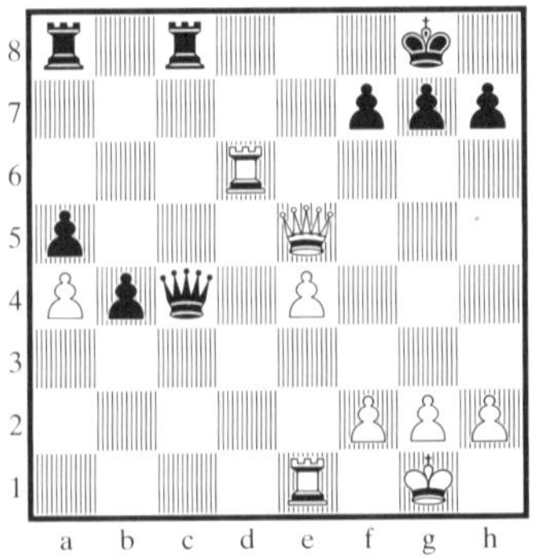


**34. Df5?**

Nach einer so scharf veränderten Lage, dazu noch in stärkster Zeitnot, ist es nicht einfach, zur Verteidigung überzugehen und die besten Züge zu finden. Ich denke im übrigen, daß die Sache von Weiß noch lange nicht verloren war. Er hatte die Wahl zwischen 34. Tb6, womit er seinen Turm hinter den gefährlichen schwarzen Freibauern stellte, und 34. h4 mit der Idee 35. Tb6 oder 35. h5 h6 36. Te3 und 37. Tg3.

**34.... Tab8! 35. e5 b3 36. e6 fe 37. Td:e6 Tf8 38. De5 Dc2 39. f4 b2 40. Te7 Dg6 41. f5 Df6 42. Dd5+ Kh8 43. Tb7 Dc3**. Weiß gab auf.

S. Tartakower gibt die Variante 44. Tf1 De3+ 45. Kh1 Dc1 46. Kg1 h6! 47. f6 T:b7 48. D:b7 T:f6 mit Gewinn für Schwarz an.

Die Analyse ergab, daß die Partie leider bei weitem nicht fehlerlos war. Aber in ihr vollzieht sich ein aktiver und zuweilen riskanter Kampf beider Gegner um den Sieg, wobei sie treu an ihren Plänen festhalten. Der Preis eines einzigen Zuges war sehr hoch, und eine Ungenauigkeit (wie 27....e5? oder 29.Kf1?) konnte die Situation grundlegend ändern. Bedauerlicherweise ist das Spiel der Großmeister in heutigen Wettbewerben vorsichtiger, und der Gehalt der Partie besteht zuweilen nur aus irgendwelchen Eröffnungsfeinheiten. Ich denke nicht, daß daran nur das gewachsene allgemeine Niveau der Spieltechnik schuld ist. Für echte Kämpfer, davon bin ich überzeugt, gibt es auch gegenwärtig noch ein breites schöpferisches Betätigungsfeld, und sie werden uns noch viele Male mit bemerkenswerten Beispielen der Schachkunst erfreuen.

1

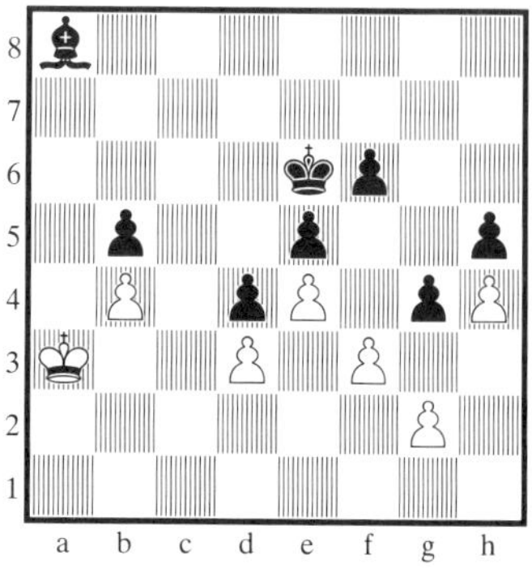

Schwarz am Zug

2

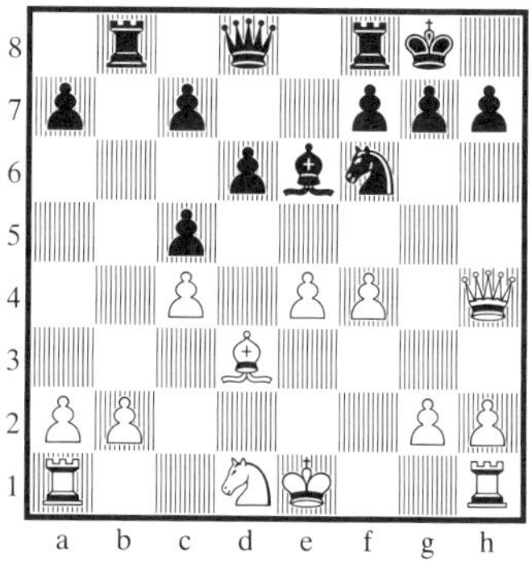

Schwarz am Zug

3

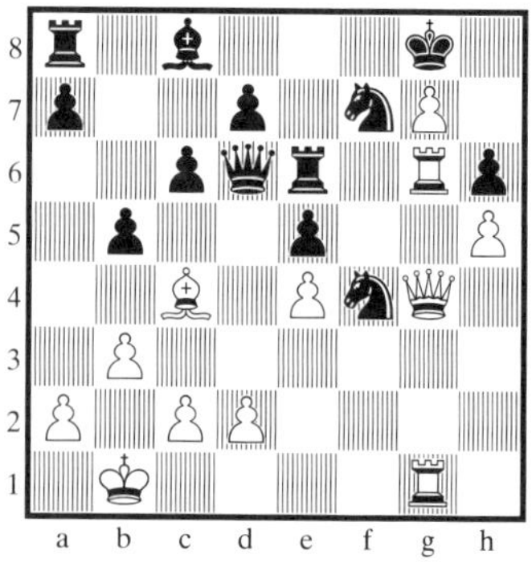

Weiß am Zug

## Übungen

Dieses Mal werden Ihnen recht schwierige Übungen aufgegeben, die nicht zur Lösung bestimmt sind, sondern für die selbständige Analyse (mit Brett und Figuren).

## Lösungen

**1) Krejcik – Perlis**, 1906

Die Bauernstruktur gibt dem schwarzen König keine Möglichkeit, am Kampf teilzunehmen. Es kann also nur der Läufer agieren. Zunächst sehen wir uns an, wie die Partie zu Ende ging.

1.... g3 2. Kb2 Lc6 3. Kc2 Kf7 4. Kd2 Ld7 5. Ke2 Le6 6. Ke1 Lc4 7. Kd2 Ke7 8. Ke2 Le6 9. Kf1 f5 10. Ke2 fe 11. fe Kf6 12. Ke1 (Natürlich nicht 12. Kf3? Lg4+ 13. K:g3 Le2.) Bald darauf einigte man sich auf Remis.

Die von Weiß errichtete Festung kann man aber bei richtigem Spiel zerschlagen. Fehlerhaft war schon der erste Zug 1.... g3?. Der richtige Plan der Erstürmung beruht, wie das oft in ähnlichen Situationen ist, auf dem Zugzwang.

**1.... gf! 2. gf Lc6 3. Kb2 Ld7 4. Kc2 Kf7 5. Kd2 Lg4! 6. Ke2**

Hoffnungslos ist 6. fg hg 7. Ke2 f5 8. ef Kf6 oder 8.... e4.

**6.... f5! 7. Kf2 Kf6**

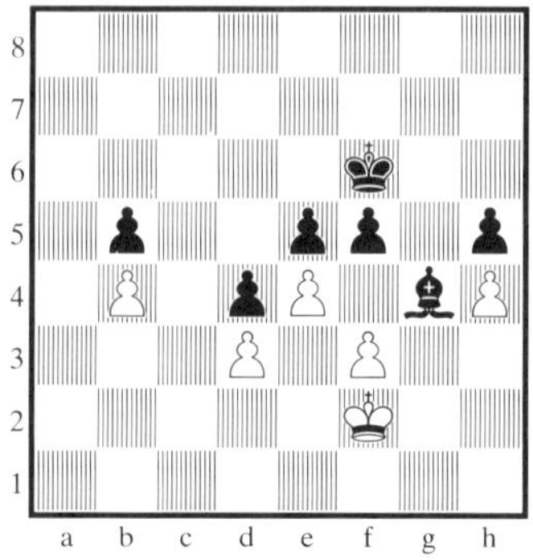

Das ist sie, die Zugzwang-Stellung, die Schwarz finden mußte. Nach wie vor wäre 8. fg hg schlecht für Weiß. Auf 8. Kg2 folgt 8.... fe 9. fe Le2. Auf 8. Ke2 schließlich entscheidet 8.... fe 9. de d3+ 10. K:d3 L:f3 mit nachfolgendem 11.... L:e4 (Analyse M. Dworezkis).

**2) Mieses – Spielmann**,
Regensburg 1910

3. Wettkampfpartie

In der Begegnung entschloß sich Weiß nach **17.... d5?!**, alle Opfer des Gegners anzunehmen: 18. ed L:d5!! 19. cd D:d5.

Spielmann, der die entstandene Situation kommentierte, schreibt: „Jetzt kann man die Ergebnisse des Opferns einschätzen. Schwarz hat eine Figur weniger (die Verdoppelung des Bauern fällt kaum ins Gewicht), aber dank der beiden offenen Linien im Zentrum hat er den Gegner in der Entwicklung überholt. Die gleichzeitige Bedrohung des Läufers d3 und des Bauern g2 verhindert die weiße Rochade. Außerdem verliert der Anziehende noch ein Tempo, wenn er nicht durch 20. L:h7+ und 21. 0-0 zu erkennen gibt, daß er mit Ausgleich zufrieden ist. Es erscheint aber als sehr unwahrscheinlich, daß Weiß nicht versucht, das Opfer zu widerlegen. Infolgedessen kann Schwarz mit einem starken Angriff auf den im Zentrum befindlichen König des Gegners rechnen. Das sind etwa die Überlegungen, von denen ich mich leiten ließ, als ich mich zu dem Opfer entschloß. Nur der unerschütterliche Glaube an die Kraft meiner Stellung und die unwiderlegbaren Gesetze der Entwicklung veranlaßten mich zu diesem Schritt, weil ein analoges Beispiel für einen solchen Durchbruch mir bis heute nicht bekannt war. Ich ging davon aus, daß es Weiß ungeachtet der Mehrfigur sehr schwer haben würde, sich gegen die ausgezeichneten feindlichen Streitkräfte zu verteidigen. Dieser Umstand ergibt auf einem bestimmten Brettabschnitt mindestens den Rückgewinn einiger Bauern. Der Partieverlauf zeigt, daß meine Vorüberlegungen – jedenfalls vom Standpunkt des Praktikers aus – sich vollkommen bewahrheiteten."

20. Dg3 Tfe8+ 21. Le2 Tbd8 22. Sc3 (22. Kf1 T:e2! 23. K:e2 Dc4+! 24. Ke1 Te8+) 22. ... Dd2+ 23. Kf1 Sd5.

„Stärker als 23. ... D:b2. In solchen Situationen muß man den Bauern sozusagen im Vorbeigehen mitnehmen. Alle Gedanken müssen dem Angriff gelten." (Spielmann)

24. Te1 S:f4 25. Df2 Td4 26. g3 Sh3 27. Df5 D:b2 28. D:h3? Die Hauptvariante nach Spielmann ist 28. Sd1! Dd2! 29. D:h3 Tde4 30. Sf2! T:e2 31. T:e2 D:e2+ 32. Kg2 h5!, und es entsteht eine unklare Stellung mit beiderseitigen Chancen.

28. ... D:c3 29. Df5 Tde4! 30. Df2 Dd2 31. Tg1 T4e6 32. Tg2 Tf6 33. Lf3 T:e1+. Weiß gab auf.

Wir sehen, daß dieses Figurenopfer dem Schwarzen objektiv keinen Vorteil versprach. Mehr noch, es ist nicht schwierig nachzuweisen, daß es zu einer schlechteren Stellung führen mußte.

Als Antwort auf 17. ... d5 überprüfen wir einmal **18. e5! Se4** (18. ... dc 19. Lc2) **19. D:d8 Tf:d8**. Spielmann ist der Meinung, daß die schwarze Stellung günstiger war auf Grund des Entwicklungsrückstandes von Weiß. Dem ist aber nicht so – die Bewertung der Lage ergibt sich vor allem aus den Defekten in der schwarzen Bauernstruktur. Wenn wir **20. b3 f5 21. cd L:d5 22. Se3 Le6 23. L:e4 fe 24. Tc1** spielen, wird klar, daß Schwarz ein schwerer Kampf um das Remis bevorsteht.

Anstelle des effektvollen, aber objektiv gesehen nicht korrekten Durchbruchs konnte Spielmann dazu übergehen, planmäßig Druck auf das feindliche Zentrum auszuüben, und zwar durch **17. ... Te8! 18. 0-0 Ld7**, zum Beispiel könnte es so weitergehen: 19. Sc3 (nicht spielbar ist 19. e5 de 20. fe T:e5 21. T:f6 D:f6 22. D:h7+ Kf8) 19. ... T:b2 20. e5 Lc6! 21. Sd5 L:d5 22. cd de 23. fe D:d5, und Schwarz gewinnt.

Weiß kann sich mittels **19. Te1 Lc6 20. Sf2** verteidigen (und nun geht 20. ... T:b2? wegen 21. e5 nicht), aber auch in diesem Falle behält Schwarz offensichtlich die überlegene Stellung.

**3) Teichmann – N. N.**, Zürich 1921

**1. T:h6! S:h6**

Nichts taugt 1. ... T:h6? 2. L:f7+ oder 1. ... bc? 2. Th8+!.

**2. Dg5 Sf7 3. Dd8+!! S:d8 4. h6**

Im Zusammenhang mit der Drohung 5. h7+ müßte Schwarz nun kapitulieren (einigen historischen Quellen zufolge tat er dies auch). Tatsächlich aber ist es noch zu früh zur Aufgabe. Zwar wäre 4. ... Df8 unbefriedigend wegen 5. h7+ Kf7 (5. ... K:h7 6. gfD) 6. gfD+ K:f8 7. h8D+ Ke7 8. L:e6 Sd:e6 9. D:e5.

Dafür jedoch ist es, wie Dworezki angab, durchaus möglich,

**4.... Dd4!!**

zu ziehen (wodurch das Feld d6 für den König frei wird):

**5.h7+ Kf7 6.g8D+ Ke7 7.h8D Kd6!**.

Wie sollte man die entstandene Stellung einschätzen?

Wahrscheinlich kommt Schwarz nach 8.L:e6 S:e6 oder 8.Df8+ Kc7 9.D:d8+ Kb7 in Vorteil. Der Meisterkandidat W.Nikonow aber gibt an, daß die Partie remis ausgeht, hier seine Begründung:

**8.Tg7! D:d2!**

(8....Sb7? 9.L:e6 S:e6 10.D:e6+!!; 8....Lb7? 9.D:d8! T:d8 10.D:d8; 8....bc? 9.D:d8)

**9.Df8+ Kc7 10.D:d8+ Kb7**,

und Weiß kann dem ewigen Schach nicht ausweichen.

# KAPITEL 5

## Stellungsbeurteilung und Wahl des Planes im Mittelspiel

Vorlesung von Alexej Kosikow

Zunächst ein paar Worte über das Mittelspiel. Es stellt aus meiner Sicht, und nicht nur aus meiner, den schwierigsten Teil der Schachpartie dar. Betrachtet man so eine Begegnung als eine Einheit, so entfallen auf das Endspiel etwa 30 Prozent, auf die Eröffnung 20, und die Hälfte aller Ereignisse vollzieht sich in der Partiemitte. Die Kompliziertheit des Mittelspiels besteht nicht nur darin, daß dort die meisten Figuren agieren, sondern auch im Studium dieses Partieabschnitts. Auf diese Tatsache möchte ich Ihre Aufmerksamkeit lenken.

Sie können sich sicher vorstellen, wie eine Eröffnung erlernt wird. Natürlich erfordert das viel Zeit, aber wenn Sie diese aufbringen, lösen Sie die Aufgabe. Sie sahen in Eröffnungshandbücher, legten eine Kartothek an, studierten Partien, legten eine Reihe von Varianten fest, und alles ist in Ordnung – eine Eröffnung kann man sich aneignen.

Es ist auch verhältnismäßig einfach, das Endspiel zu studieren. Über seine Theorie sind viele Bücher geschrieben worden, verwiesen sei auf die Werke Awerbachs und die jugoslawische „Enzyklopädie des Endspiels"; andere Bücher werde ich nicht aufzählen. Wenn Sie zum Beispiel Nachholbedarf bei Turmendspielen haben, sehen Sie nach, studieren Sie 1000 oder 2000 Stellungen, die dort bearbeitet sind, erlernen Sie dort taktische und strategische Methoden.

Aber entschieden komplizierter wird es, das Mittelspiel zu studieren. Warum? Weil es dort keine einheitliche, klare Methodik, kein solches Buch gibt, das man in die Hand nehmen könnte und durch das einem der Sprung vom Spieler der Leistungsklasse eins zum Meister gelingt. Hat man herausgefunden, wie im Mittelspiel zu handeln ist, so wird vieles leichter und einfacher. Aber so ein Buch existiert nicht, und es ist in nächster Zeit auch nicht zu erwarten. Glücklicherweise ist ein Schachspieler schöpferisch veranlagt und ein Kämpfer. Jeder von uns muß seinen Weg gehen, und es wäre uninteressant, wenn alle den gleichen beschreiten würden. Aber Kreativität ist immer mit Schwierigkeiten verbunden, so daß es besser ist, möglichst viel zu wissen.

Ich kann natürlich nicht sagen, daß über die Arbeit am Mittelspiel überhaupt nichts bekannt ist. Einige Wege seiner Untersuchung kann man allgemein beschreiben.

Was sind das für Wege? Vor allem das Studium der Klassik, von Partien hervorragender Schachmeister der Vergangenheit. Sicher spielten die früheren Schachmeister im allgemeinen schwächer als die heutigen. Doch nichtsdestoweniger kann man aus den Partien der Klassiker eine Menge lernen. Damals gab es sehr starke Meister, und die anderen Schachspieler waren ihnen deutlich unterlegen. Und die instruktivsten Partien wurden zwischen Großmeistern und Spielern ausgetragen, die ihnen nicht das Wasser reichen konnten. So konnten die Pläne deutlicher zutage treten und leichter realisiert werden. Daraus kann man noch heute sehr viel lernen. Also, der erste Weg ist, wie gesagt, das Studium klassischer Partien.

Der zweite Weg beinhaltet die Untersuchung strategischer und taktischer Methoden. Indem wir Partien oder Fragmente von ihnen analysieren, Kombinationen und Studien lösen, eignen wir uns diese Methoden an.

Die dritte Richtung der Arbeit besteht im Studium typischer Stellungen. Was eine typische Stellung ist, können Sie sich sicher vorstellen. Beispiele dafür sind Positionen mit einem isolierten Bauern, die Karlsbader Struktur, das Bauernübergewicht am Damenflügel oder im Zentrum ...

Wenn Sie die damit zusammenhängenden charakteristischen Pläne kennen, ist es leichter, am Brett Entscheidungen in ähnlichen Situationen zu treffen.

Und schließlich der vierte Weg, den ich Ihnen empfehlen möchte, ist die Untersuchung von Stellungen mit einem bestimmten Verhältnis der beiderseitigen Kräfte. Es gibt zum Beispiel Stellungen, in denen der Läufer stärker als der Springer ist oder mit einem guten und einem schlechten Läufer. Man muß den Wert der verschiedenen Figurenkombinationen kennen. Zum Beispiel erweisen sich Turm und Läufer häufig als stärker im Vergleich zu Turm und Springer. Dagegen agiert die Dame meist erfolgreicher zusammen mit einem Springer als mit einem Läufer.

Der Schachspieler sollte universell sein und die unterschiedlichsten Stellungen mit den verschiedensten Figurenkonstellationen spielen können. Zugleich ist es schwierig, einen Schachmeister zu nennen, der nicht seine Lieblingsfigur hat. Paul Morphy, Bobby Fischer – und sicher auch die Mehrzahl von uns – geben dem Läufer den Vorzug vor dem Springer. Aber Tschigorin oder Petrosjan spielten gern mit so einer listigen Figur wie dem Springer.

Sehen wir uns nun einige Partien an, die durch drei gemeinsame Umstände gekennzeichnet sind. Erstens wurde in allen die Französiche Verteidigung gespielt. Zweitens war ich an allen beteiligt. Und drittens ist in ihnen der Läufer stets der Hauptakteur.
Die Partie, mit der ich beginne, wurde 1974 bei der Meisterschaft der Ukraine in Lwow gespielt. Ich führte die weißen Steine, und mein Gegner war der damalige Lwower Meister Boris **Kogan**.

**1.e4 e6 2.d4 d5 3.Sd2 c5 4.Sgf3 Sf6 5.ed S:d5**

Heutzutage nimmt Schwarz gewöhnlich mit dem Bauern auf d5.

**6.Sb3 cd 7.Sb:d4 Le7**

Es ist unmöglich, sich das Geschehen im Mittelspiel vorzustellen, wenn einzelne Züge zufällig und losgelöst von einem strategischen Plan ausgeführt werden. Wenn der Schachspieler planlos handelt, schafft er kein geschlossenes Werk und erreicht nicht das erwünschte sportliche Ergebnis.

In welchem Augenblick beginnt der Plan? Er wird schon in der Eröffnung aufgestellt, nicht mit dem ersten Zug, aber auch nicht, wenn die Eröffnung bereits abgeschlossen ist.

Der Plan des Vorgehens im Mittelspiel hängt von der Situation auf dem Brett ab, davon, wie die Figuren aufgestellt sind. Doch wohin sollen diese entwickelt werden? In Abhängigkeit von dem Plan, der gefaßt wurde. Im Schach ist es wie im Leben, alles hängt voneinander ab, die Figurenaufstellung muß analog dem beabsichtigten Plan erfolgen und umgekehrt.

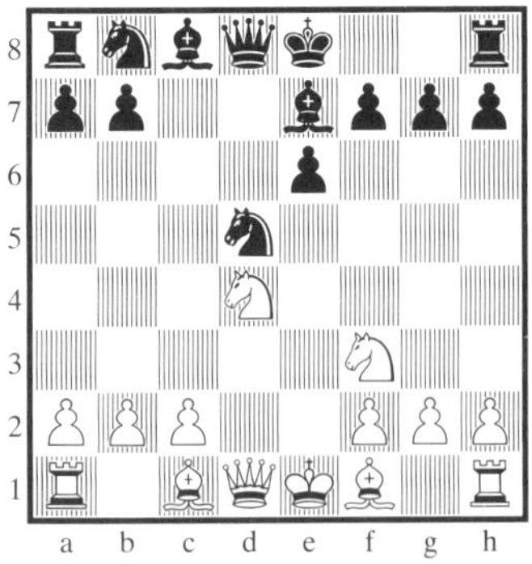


Bestimmen wir einmal die Figurenanordnung und den Plan der letzten Aktionen von Weiß und von Schwarz. (Daß die Aktionen des Gegners studiert werden müssen, denke ich, ist klar.)

Also, die weiße Figurenaufstellung hängt davon ab, wo Sie spielen wollen. Man könnte versuchen, das Bauernübergewicht am Damenflügel auszunutzen. Dann sollte die Anordnung der Streitkräfte den Vormarsch der weißen Bauern in diesem Bereich unterstützen. Die Läufer stellen wir nach e3 und f3 (g2), die Türme nach c1 und d1 und die Dame nach e2.

Aber im Schach gibt es fast immer eine Auswahl, eine Alternative. Man kann sich auch einen völlig anderen Plan vorstellen – den Angriff am Königsflügel. Es ist offensichtlich, daß Schwarz kurz rochieren wird. Dann muß der weiße Läufer auf d3 und der andere auf der Diagonalen a1-h8 stehen. Natürlich werden wir den schwarzen Springer auf d5 nicht dulden und vertreiben ihn von dort durch den Zug c4. Wenn wir also eine Attacke am Königsflügel beabsichtigen, ist es wünschenswert, die Türme auf d1 und e1 bereitzuhalten und die Dame auf e2, gegebenenfalls auf e4.

Ich hatte genau diese Figurenaufstellung im Auge. Es ist interessanter anzugreifen als irgendein abstraktes Spiel zu führen. Wenn man einen Plan auswählt, ist es unbedingt notwendig, mit den Aktionen des Gegners zu rechnen. Wo wird Schwarz spielen? Natürlich besitzt er einen Plan, der mit dem Vorstoß des e- und f-Bauern zusammenhängt. Aber es ist nicht einfach, ihn zu realisieren, weil Weiß auf den Punkt e6 drückt und das Zentrumsfeld e5 kontrolliert.

Eine andere Möglichkeit des schwarzen Spiels besteht (wenn man davon ausgeht, daß Weiß den Zug c4 macht) in der Vorbereitung des Durchbruchs b7-b5. Die Dame kommt auf das Feld c7, und um sie nicht zu beunruhigen, muß der Zug a7-a6 eingeschoben werden. Der Königsturm geht offenbar nach d8, und es ist sinnvoll, den weißfeldrigen Läufer nach b7 zu entwickeln, den Springer nach d7 und den Damenturm nach c8. Somit ergibt sich eine sehr natürliche Figurenaufstellung für diese Art von Stellung.

Nachdem die Pläne der Gegner erkannt sind, werden die nächsten Züge verständlich und bedürfen fast keines Kommentars.

**8. Ld3 0-0 9. 0-0 a6**

Der „Anflug" 9.... Sb4 würde mich nicht stören, dann ginge der Läufer nach e2 zurück, und der Springer stünde auf b4 schlecht. Die „Enzyklopädie der Schacheröffnungen" empfiehlt hier 9.... Lf6, um das Feld e7 für die Dame oder den Springer freizumachen.

**10. c4 Sf6**

Der Springer wird zur Verteidigung des Königs zurückgezogen.

**11. b3 Dc7 12. Te1**

Sowohl Weiß als auch Schwarz beschäftigen sich mit ihren Vorhaben, aber man muß dabei auch auf die Aktionen des Gegners achten. Der „normale" Entwicklungszug 12. Lb2 würde sich jetzt einfach wegen 12.... e5 und 13.... e4 als Fehler erweisen.

Ein recht guter alternativer Gedanke war übrigens 12. De2.

**12.... b6 13. Lb2 Lb7 14. De2**

Beide Seiten verwirklichen die geplante strategische Aufstellung ihrer Figuren. Aber niemals darf man die beabsichtigten Züge mechanisch ausführen. Jetzt führt 14.... Sbd7 nach 15. S:e6 fe 16. D:e6+ Tf7 17. Sg5 offensichtlich zum Verlust von Schwarz. Was kann er also tun? 14.... Sc6 entspricht nicht seinem Plan, denn der Springer würde dort dem Läufer die Diagonale verstellen. Und um Sd7 spielen zu können, muß zunächst der Einschlag S:e6 verhindert werden.

**14.... Lb4**

Möglicherweise hatte Schwarz hier keine besondere Auswahl, doch im Prinzip sollten derartige Züge sehr vorsichtig geschehen. Erstens müßte der Läufer am besten beim König bleiben, und zweitens – das verstehen Sie sicher – steht er auf dem Feld b4 nicht besonders schön. Er ist vom Spiel ausgeschlossen und fehlt nun in der geplanten schwarzen Figurenaufstellung. Sicher rechnet der Nachziehende damit, daß der Läufer nur für eine gewisse Zeit hier steht, aber man muß verstehen, daß er ungünstig postiert ist.

**15. Ted1 Sbd7**

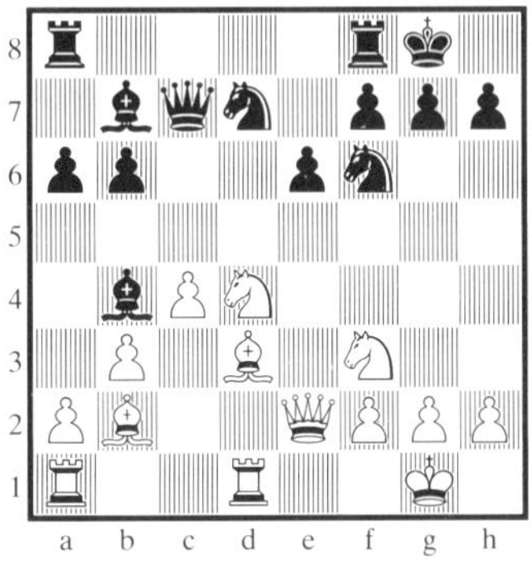

Fahren wir fort im Frage- und Antwortspiel. Hier ist die erste Aufgabe. Der Zug 15. ... Sbd7 stellt, wie Sie sehen, die Drohung e5 nebst e4 auf. Wenn der eine Turm schon auf c1 stehen würde, so könnte 16. Lb1 (mit nachfolgendem Dc2 oder Dd3) am einfachsten die Drohung abwehren. Aber wie ist es jetzt?

Soll Weiß mit dem Springer nach c2 zurückgehen? Sicher ginge dieser Zug. Schwarz würde mit 16. ... Ld6 antworten. Der Springer steht auf dem Feld c2 nicht sehr gut, berücksichtigt man die Drohung e5-e4.

Soll man in dieser Stellung 16. a3 spielen? Darauf geht der Läufer nach d6 zurück. Schlagen Sie ein Figurenopfer vor? 16. S:e6 fe 17. D:e6+ Kh8, und was weiter? Es droht L:f3. Mir gefällt diese Stellung einfach nicht.

Der Springerausfall 16. Sg5 sieht ungefährlich aus. Was droht denn? Darauf erwidert Schwarz 16. ... Ld6 oder 16. ... Tfe8.

Sollte man 16. Lb1 ziehen? Auch diesen Zug gibt es, aber was sagt in diesem Fall der Turm a1 dazu? Duldet er das? Es ist nicht nötig, daß die eigenen Figuren leiden.

Oder 16. Lc2? Ja, das wäre die einfachste Lösung des Problems: Lc2, Tac1, Lb1. Aber es ist schade, ein Tempo zu vergeuden. Auf diese Weise könnte Schwarz die Verteidigung organisieren: 16. ... Tfe8 17. Tac1 Tad8 18. Lb1 Lf8 19. Dc2 g6.

Gespielt aber wurde hier der auf den ersten Blick sehr einfache Zug **16. Tac1!**, der in den weißen Plan paßt. Ich dachte über ihn gar nicht sehr lange – etwa sieben Minuten – nach. Mein Gegner jedoch grübelte über seiner Antwort zwanzig Minuten. Er versuchte herauszufinden, ob dies ein Patzer oder ein Opfer war.

Nachdem ich die Varianten durchgerechnet hatte, sah ich, daß ich garantiert Remis haben würde, wenn der Partner das Opfer annimmt. Die Intuition sagte mir, es kann oder muß sich noch irgend etwas finden. Es war wie in einer Lotterie – der Zug Tac1 konnte nicht verlieren.

**16. ... e5**

Schwarz hob den sogenannten Fehdehandschuh auf und nahm also die Herausforderung an. Doch besser war es, diesen Zug zu vermeiden, er erwies sich als entscheidender Fehler.

Schwarz hätte unbedingt 16. ... Tfe8 spielen und den Läufer zur Verteidigung seines Königs heranziehen sollen. Bei den folgenden Ereignissen wird ihm der Läufer b4 sehr fehlen.

**17. Sf5 e4**

Wer „A“ sagt, muß auch „B“ sagen.

**18. De3**

Nun schaltet Weiß seine stärkste Figur in den Angriff ein. Hier war es gar nicht nötig, sich besonders in die Varianten zu vertiefen, um herauszufinden, ob das Schlagen auf f3 oder d3 gefährlich sei.

Nehmen wir zum Beispiel das Abspiel 18. ... ed 19. Dg5. Die Antwort 19. ... g6 ist erzwungen. Jetzt entscheidet den Ausgang der Schlacht am einfachsten der ruhige Zug 20. T:d3. Die Schwäche der Diagonalen a1-h8 bringt Schwarz um. Es droht T:d7 nebst Sh6+.

Auch nicht besser ergeht es Schwarz nach 18. ... ef 19. Dg5 g6, und hier muß die d-Linie freigemacht werden, zum Beispiel durch 20. Lb1 mit der Drohung T:d7.

Schwarz führte den offensichtlich einzigen Zug **18.... Tfe8** aus.
Die folgende Aufgabe lautet: Setzen Sie den weißen Angriff von der Diagrammstellung ausgehend fort!

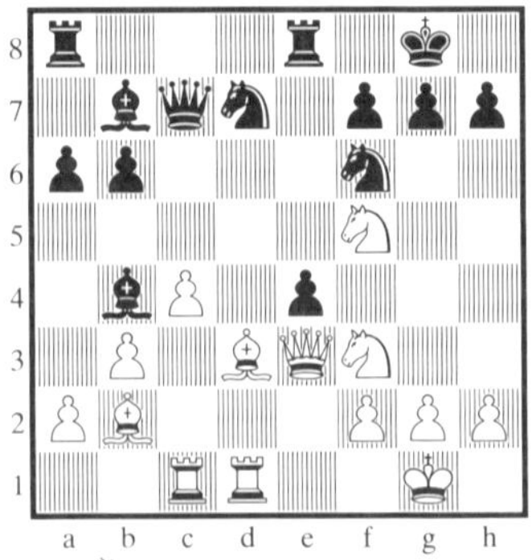

Ja, es bietet sich natürlich 19. Dg5 Lf8 20. Sh6+ Kh8 21. S:f7+ Kg8 an. Obgleich Weiß einen Mehrbauern besitzt, hat er nicht mehr als Remis, weil drei seiner Figuren gleichzeitig angegriffen sind. Aber das Remis ist garantiert, wie ich es vorausgesehen hatte.
Schlagen Sie 19. Lb1 vor? Darauf antworte ich 19.... ef 20. Dg5 Lf8. Vollkommen ungefährlich ist jetzt 21. T:d7.
Sehr gut, wenn Sie das Manöver **19. c5!!** gefunden haben. Es war nicht leicht zu sehen, denn die Attacke spielt sich doch am Königsflügel ab. Darauf sind alle Bemühungen und Gedanken von Weiß gerichtet.
Sowie Sie diese Möglichkeit entdeckt haben, wird alles klar, und die übrigen Züge treten in den Hintergrund. Es ist völlig logisch, daß Schwarz die Stellung nur halten kann, wenn der Punkt g7 durch den Läufer gefestigt ist. Indem Sie den Läufer von der Verteidigung des Königs abschneiden, verstärken Sie Ihren Angriff gewaltig.

Schwarz steht vor einem sehr schwierigen, besser gesagt, unlösbaren Problem. Es droht 20. Dg5. Spüren Sie, wie der Läufer jetzt für die Verteidigung fehlt, wie er jetzt auf dem Feld f8 gebraucht würde? Hier, denke ich, hatte Schwarz bereits alles begriffen und bedauerte es, den zu aktiven Zug 16.... e5 gemacht zu haben.
Schlagen Sie vor, 19.... h6 zu spielen? Das wäre kaum ein Ausweg aus der Situation. Es droht jetzt gelegentlich der Vorstoß c5-c6. In einem günstigen Moment gewinne ich die Figur immer zurück.

Wir werden uns hier nicht länger aufhalten – ich zeige einfach, wie sich die Ereignisse weiter entwickelten. Ich weise Sie nur noch einmal darauf hin: Schwarz verliert nur aufgrund der schlechten Postierung einer seiner Figuren, des Läufers b4. Stellen Sie ihn auf f8, und die Bewertung der Stellung ändert sich grundlegend.

**19.... ef**
Wenn man schon einem Angriff ausgesetzt ist, dann bitte für eine Figur – das ist die typische Haltung eines Schachpraktikers.

**20. Dg5 g6**
In solchen Stellungen macht der Überfluß an verlockenden Fortsetzungen die Hauptschwierigkeit aus. Es ist sehr wichtig, sich nicht zu verirren und vom rechten Wege abzukommen.
Kann man jetzt 21. c6 spielen? Möglicherweise, aber dadurch würden Sie die Diagonale a3-f8 freigeben, und Ihr Plan ist doch, den Punkt g7 zu attackieren. Später kann diese Ressource von Nutzen sein, aber jetzt ist es noch zu früh.

**21. Dh6!**

Das Opfer einer zweiten Figur zerschlägt endgültig die feindliche Stellung. Wird es durch 21. ... Sh5 abgelehnt, dann besitzt Weiß nach 22. g4 Df4 23. gh D:h6 24. S:h6+ Kf8 25. c6 bereits eine Figur mehr.

**21. ... gf 22. L:f5**

Weiß hat sehr viele Drohungen: L:h7+, L:d7, T:d7... Alle beruhen sie auf der furchtbaren Kraft des Läufers b2 – der Hauptangriffsfigur von Weiß. Warum wurde diese Figur zur wichtigsten? Weil sie keinen Widerpart hat. Der schwarze Läufer müßte auf g7 stehen, aber er blieb auf b4 hängen.

**22. ... Se5 23. D:f6**

Es beginnt die Zeit der Ernte – Schwarz muß das Geraubte zurückgeben.

Die Frage ist, wie Weiß auf 23. ... fg reagieren soll. Mit 24. f4? Nein, dieser Zug wäre sehr schlecht wegen 24. ... L:c5+. Schlagen Sie 24. Td7 vor? Darauf wäre die Antwort 24. ... Sf3+ unangenehm.

Erinnern Sie sich an den Läufer b2, dann finden Sie leicht die richtige Lösung. Natürlich 24. Td3! Weiß wehrt die Drohung 24. ... Sf3+ ab, aber Schwarz ist dann schon nicht mehr in der Lage, das tödliche 25. Tg3+ zu parieren.

**23. ... L:c5**

Auf 23. ... De7 geschieht am einfachsten 24. Dh6 f6 25. L:e5 fe 26. Td7.

**24. Td7 D:d7**

Mein Gegner war in Zeitnot und wollte bereits 24. ... Dc6 ziehen, nahm aber im letzten Moment die Hand zurück. Wie schade! Ich hatte für diesen Fall 25. L:h7+! K:h7 26. T:f7+ vorbereitet. Wiederum beruhen die Abspiele auf der Kraft meines schwarzfeldrigen Läufers. Ich hätte es sehr gern gesehen, wenn die Partie so zu Ende gegangen wäre, aber leider ergibt es sich nicht alles so, wie wir wollen. Der Gegner hat auch einen Kopf und bemüht sich, unsere Pläne zu vereiteln.

**25. L:d7**

Schwarz kann auf d7 nicht nehmen, der Materialvorteil ist schon auf seiten von Weiß, der nach einigen Zügen ohne Mühe gewann.

Die Partie illustriert gut den berühmten Aphorismus von Tarrasch: „Wenn eine Figur schlecht steht, so steht die ganze Partie schlecht." Der Läufer ist eine weitreichende Figur, und es scheint, daß es nicht schwierig ist, ihn günstig aufzustellen. Aber wie Sie sehen, gelingt dies durchaus nicht immer.

Die folgende Partie wurde 1972 in der UdSSR gespielt. Diesmal hatte ich Schwarz.

**Agsamow – Kosikow**

Orenburg 1972

Französische Verteidigung

**1. e4 e6 2. d4 d5 3. Sd2 Sc6**

Am häufigsten begegnet man an dieser Stelle der Fortsetzung 3. ... Sf6 oder 3. ... c5. Aber ich nehme an, auch der Zug 3. ... Sc6 ist völlig gerechtfertigt. Ich denke, daß man in einiger Zeit immer öfter auf ihn zurückgreifen wird, weil die Varianten mit 3. ... Sf6 schon sehr weit ausanalysiert sind. Dort ist es bereits schwierig, neue Eröffnungsideen zu finden.

**4. Sgf3 Sf6 5. e5 Sd7 6. Lb5**

Die Hauptfortsetzungen sind 6. Sb3 und 6. Le2. Aber man kann auch so spielen.

**6. ... a6**

Eine umstrittene Entscheidung. Aufmerksamkeit verdienen die alternativen Möglichkeiten 6. ... Le7 und 6. ... a5.

**7. ... L:c6 bc 8. c4**

Diesen Zug kann man nicht empfehlen. Stärker war 8. Sb3, um nach a5 gehen zu können, und wenn Schwarz 8. ... c5 antwortet, so ist 9. Lg5 Le7 10. Sa5 möglich, womit 10. ... Sb8 erzwungen wird. Die Lage von Weiß verdient den Vorzug. Zwei Jahre später spielte Lerner mit Weiß so gegen mich. Obwohl die Partie remis endete, hatte Schwarz gewisse Schwierigkeiten zu überwinden.

Eine Eröffnungsanmerkung: Auf 8. Sb3 kann Schwarz so erwidern: 8. ... a5 9. Lg5 Le7 10. L:e7 D:e7. Nach 11. Dd2 a4? 12. Sa5 Ta6 13. c4 c5 14. cd ed 15. 0-0 steht Weiß überlegen (Timostschenko – Pantschenko, Kischinjow 1975).
Aber in der Begegnung Chalifman – Monin (Leningrad 1985) konnte Schwarz das Spiel mittels 11. ... Db4! 12. 0-0 (12. c3 Db5) 12. ... D:d2 13. Sb:d2 c5 14. c4 c6 15. Sb3 cd ausgleichen (M. Dworezki).

Die erste Frage zu dieser Partie lautet:
Wie sollte Schwarz auf den Zug 8. c4? reagieren?

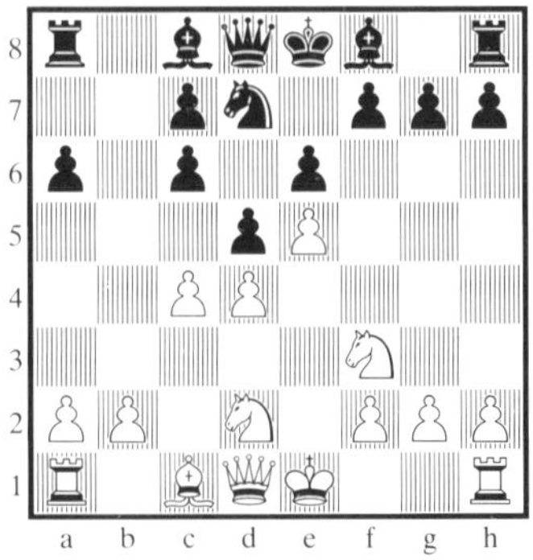


Schlagen Sie vor, mit dem Zug 8. ... f6 aktive Operationen im Zentrum zu beginnen? Aber so eine Bestrebung nützt in der Regel demjenigen, der besser entwickelt ist. Im gegebenen Falle wäre das Schwarz wohl kaum.

Genauso kann man auch 8. ... c5 einschätzen. Solche Vorstöße muß man äußerst vorsichtig tun. Sehen Sie aufmerksamer auf die Stellung, und Sie stellen fest, daß Weiß den Gegner in der Entwicklung überflügelt hat und schon bereit ist zu rochieren. Deshalb wäre jetzt eine Verschärfung im Zentrum sehr gefährlich für Schwarz.

Was kann man zu 8. ... a5 mit der Idee La6 sagen? Ich teile die für derartige Situationen übliche Auffassung. Der Läufer steht auf dem Feld a6 so lange gut, wie Weiß noch nicht rochiert hat. Ist die Rochade aber schon ausgeführt, und der weiße Turm steht bereits auf e1, befindet sich der Läufer a6 im Abseits.

Es lohnt sich nicht, die Probleme der Stellung durch mechanisches Berechnen der Varianten lösen zu wollen. Versuchen wir, in ihr Wesen einzudringen – das hilft uns, die richtige strategische Linie festzulegen.

Wodurch ist die Stellung charakterisiert? Weiß hat seinen Läufer getauscht, und Schwarz besitzt nun das Läuferpaar gegenüber Läufer und Springer. Was halten Sie von der Strategie des Spiels mit zwei Läufern? Man muß die Diagonalen für die Läufer öffnen, das ist klar, das ist der Grundsatz. Aber es gibt auch eine andere für solche Situationen wichtige Überlegung. Wenn Sie mit dem Läuferpaar gegen Läufer und Springer spielen, dann müssen Sie die Stärke des Läufers nachweisen, der keinen Widerpart hat. Wenn Sie zeigen, daß der weißfeldrige Läufer eine starke Figur und kein Statist ist, dann nutzen Sie die Kraft des Läuferpaares richtig.

In der Partie folgte **8. ... dc**, diesen Zug habe ich schon vorgeschlagen. Aber er wurde nicht deshalb gemacht, um anschließend a5 zu spielen. Schwarz beabsichtigt, seinen Läufer nach b7 zu entwickeln und später c6-c5 durchzusetzen, um die lange Diagonale in Besitz zu nehmen.
Wahrscheinlich mußte Weiß einfach 9. S:c4 ziehen. Ich weiß nicht, wie ich darauf geantwortet hätte. Am ehesten 9. ... Sb6, aber vielleicht doch 9. ... a5, um den weißen Springer nicht auf das Feld a5 zu lassen.

Doch Weiß wählte **9. Da4**, wobei er die Antwort **9. ... Sb6!** unterschätzte. Schwarz gibt den Bauern c6 und öffnet damit die Linie für seinen weißfeldrigen Läufer, und der Bauer c4 kann ihm noch zustatten kommen.

**10. D:c6+ Ld7 11. De4 Lb5**

Der Läufer bekundet schon Aktivität. 12. 0-0 verbietet sich wegen 12. ... c3. Aber rochieren muß Weiß, deshalb ist sein nächster Zug erzwungen.

**12. Sb1 Dd5**

Der Damentausch 13. D:d5 S:d5 14. Sc3 bringt Schwarz in jedem Fall eine ausgezeichnete Stellung – nach 14. ... S:c3 15. bc und auch nach 14. ... Sb4.

**13. De3**

Die Dame steht auf d5 sehr stark. Stellen Sie sich vor, was für eine mächtige Batterie vorhanden sein wird, wenn noch der Läufer auf c6 erscheint. Natürlich ist es wünschenswert, die Dame auf dem zentralen Feld zu bewahren, und das bedeutet, Maßnahmen gegen Sc3 zu ergreifen.
Sind Sie dafür, den schwarzfeldrigen Läufer gegen den Springer c3 zu tauschen? Wissen Sie, diese Idee ist nicht sehr glücklich, weil der weiße Läufer nach a3 geht. Sicher werde ich auf den weißen Feldern stark sein, aber mein Gegner bekommt dann Gegenspiel auf den schwarzen Feldern.

**13. ... Sa4**

Züge am Rande des Bretts können gut sein, wenn sie mit einer vernünftigen Idee verbunden sind, die in diesem Falle darin besteht, den Springer c3 gegen den eigenen zu tauschen. Nach wie vor verbietet sich die sofortige Ausführung der Rochade wegen 14. ... c3.

**14. Sc3 S:c3 15. bc**

Im Schach ist es genau wie im Leben. Es gibt Dinge, die muß man zuerst tun soll, und solche, die man später erledigen kann. Legen wir einmal fest, mit welchem Zug Schwarz am besten beginnt.

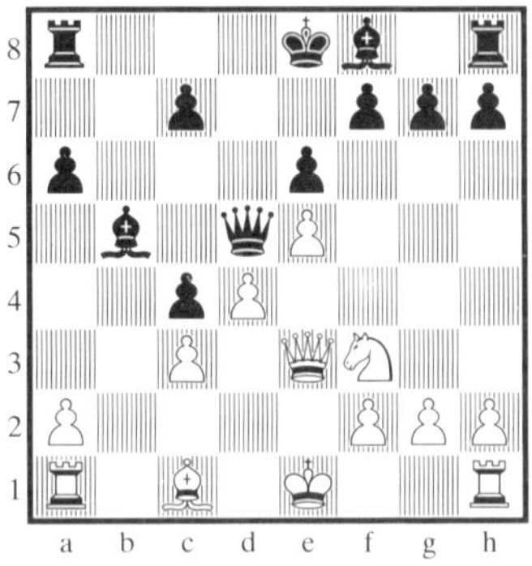

Die Bewertung der Stellung ist eindeutig: Schwarz steht überlegen. Weiß hat dem weißfeldrigen Läufer, wenn er auf c6 auftaucht, nichts entgegenzusetzen. Er ist um vieles stärker als der weiße Springer. Welche für die Lage charakteristischen Momente kann man hervorheben?
Die beiden Läufer? Ich verstehe nicht, worin die Überlegenheit des Läuferpaares bestehen soll, wenn der Läufer, der keinen Widerpart besitzt, nicht dominiert. Wird der weißfeldrige Läufer in dieser Stellung stark, dann erkenne ich den Vorteil des Läuferpaares. Bleibt der Läufer passiv, gibt es kein Übergewicht von Schwarz.

Nehmen wir einmal die schwarzfeldrigen Läufer vom Brett. Natürlich wäre das vorteilhaft für Weiß, weil der Läufer c1 ein schlechter ist. Und dennoch verdient die schwarze Stellung den Vorzug, weil der Läufer sehr gefährlich wird. Ich bekräftige es noch einmal, hier haben wir es nicht mit der Überlegenheit des Läuferpaares zu tun, sondern mit der eines Läufers, des weißfeldrigen, gegenüber dem feindlichen Springer. Obwohl das Vorhandensein des zweiten Läufers von Schwarz die Stärke seiner Stellung unterstreicht.

Beachten wir noch eine nicht unwesentliche Besonderheit der Situation: die offene b-Linie. Sicher wird von Bedeutung sein, wer sie beherrscht. Bevor man eine Entscheidung trifft, ist es zunächst nützlich, die in Frage kommenden Züge zu prüfen.
Schlagen Sie vielleicht 15.... c5 vor? Aber worin liegt sein Sinn? Sie wollen sich von dem Doppelbauern befreien. Doch wieso ist mein Bauer c7 schlechter als der auf c3? Das ist nicht einzusehen. So erhielte Weiß sogar die Chance, das Feld d4 mit dem Springer oder dem Läufer zu besetzen.

Ich überprüfte ernsthaft drei Kandidatenzüge: den Entwicklungszug 15.... Le7, den die Diagonale besetzenden Zug 15.... Lc6 und den wichtigen Zug 15.... Tb8, der den Turm auf die offene Linie bringt. Auf 15.... Le7 könnte Weiß 16. Tb1 antworten.
Nicht übel sieht 15.... Tb8 16. Tb1 Tb6 aus, und wenn der Läufer wegzieht, verbessert sich durch den Tausch auf b6 die schwarze Bauernstruktur.

In der Partie aber wurde **15.... Lc6!** gespielt. Jetzt ist auf 16. Tb1 die Antwort 16.... De4 sehr unangenehm, und der Turm hat kein befriedigendes Rückzugsfeld auf der b-Linie (wenn 17. Tb2, so 17.... La3).

Nach **16. 0-0 Tb8** (nicht aber 16.... Le7 17. Tb1 De4 18. Ld2) hatte Schwarz im Vorbeigehen die offene Linie erkämpft.

Sie sagen vielleicht, das sind alles Kleinigkeiten. Aber auch solche Details haben Einfluß auf die Stellungsbeurteilung, erleichtern den weiteren

Kampf, erschweren die gegnerischen Aktionen und wirken sich letzten Endes auf das Ergebnis der Partie aus.

**17. Te1**

Für alle Fälle schützt sich Weiß vor De4. Die Schwierigkeit seiner Stellung besteht darin, daß man ihm keinen Rat geben kann, denn es ist kein Plan für aktive Handlungen zu sehen. Auf 17. a4 (mit der Idee La3) geschieht 17. ... Tb3 (ein Beleg dafür, wie zeitgemäß die beiden letzten Züge von Schwarz waren). Auch wenn die schwarzfeldrigen Läufer getauscht werden, stellt die Beherrschung der b-Linie im Zusammenhang mit den schwachen Punkten b2 und b3 einen entscheidenden Faktor dar.

(Möglicherweise vergab Weiß hier die letzte Chance, eine hartnäckige Verteidigung zu organisieren. Er mußte 17. Dg5! ziehen, um etwas Druck auf den gegnerischen Königsflügel auszuüben und, weil der Bauer g2 nun geschützt ist, den Springer f3 ins Spiel zu bringen [S. Dolmatow].)

**17. ... Le7**

Ein nützlicher Entwicklungszug. So ein Spiel ist für den Gegner sehr unangenehm, weil nicht klar ist, was konkret droht und was er antworten soll.

**18. h4**

Für den Fall der schwarzen Rochade ist der Bauer bereit, weiter nach vorn zu gehen, in der vagen Hoffnung, irgendeinen Angriff zustande zu bringen.

Antworten Sie nun bitte auf die übliche Frage: Wie kann die schwarze Initiative verstärkt werden?

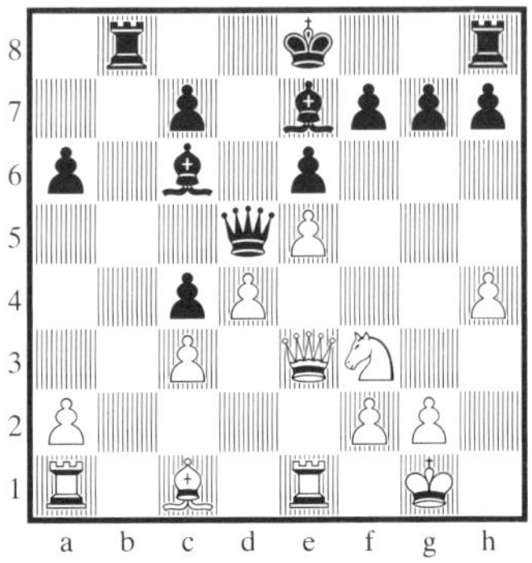

Der Zug 18. ... Kd7 gefällt Ihnen? Und was weiter? Würden Sie die Türme verdoppeln und den Königsflügel ganz seinem Schicksal überlassen? Irgendwie sieht das nicht gut aus. Der Zug mit dem König nach d7 ist sehr verpflichtend.

Man könnte, das versteht sich, einfach rochieren und versuchen, über die b-Linie anzugreifen. Obwohl nicht klar ist, mit welchen Mitteln.

Und nach h4–h5? Sollte man den Bauern dann bis h6 lassen oder selbst h6 ziehen? Im letzteren Falle muß mit einer Attacke der weißen Figuren auf den Königsflügel gerechnet werden: Df4, Dg4, Te3, Se1, Tg3. Und Gegenspiel wollen wir dem Feind doch nicht einräumen?

Sehr interessant ist die Idee 18. ... g5, aber auch dies wäre ein sehr verpflichtender Zug. Nach 19. hg wollen Sie durch 19. ... Tg8 drohen, auf g5 wiederzunehmen. Weiß wird 20. Kf1 antworten, um im Falle eines Figurenopfers mit dem König über das Feld e2 fliehen zu können.

Sollte man den Zug g7-g5 durch 18. ... Tg8 vorbereiten? Doch wenn ich erneut 19. Kf1 erwidere, was dann?

Auf den anderen vorbereitenden Zug 18. ... h6 würde Weiß sicher den

Königsflügel mittels 19. h5 blockieren.

Oder schlagen Sie 18.... La8 vor? Aber warum? Dann prüfen wir erneut c5, zum Beispiel 19. De2 c5 20. Le3. In diesem Vorgehen von Schwarz sehe ich keinen rechten Sinn.

Auch 18.... Da5 mit der Idee La3 ist unlogisch. Ihnen gefällt der Vorteil des Läuferpaares, und wir stellten fest, daß der Läufer von Weiß schwach ist. Also warum ihn dann tauschen? Und es wäre auch sehr schade, die mächtige Batterie Dd5, Lc6 zu zerstören. Ich meine, die Strategie von Schwarz müßte mit der Nutzung dieser Batterie verbunden sein.

18.... h5!

Das ist der beste Entschluß, obwohl auch dieser Zug verantwortungsvoll bedacht werden muß, denn er schwächt den Punkt g5. Es ist wichtig, daß Weiß nicht Df4, Dg3, Lg5 spielen kann. Aber wir wollen doch den Druck auf das Feld g2 verstärken. Mit unserem Zug haben wir das Schicksal der Partie entschieden, denn der Turm wird in den Angriff eingeschaltet: Th6! nebst Tg6 und irgendwann Tg4.

**18.... h5! 19. De2**

Die einzige Verteidigung. Was ist nun zu tun? Wir verfolgen unsere Strategie weiter und versuchen, die lange Diagonale zu räumen, ohne dabei vor einem Bauernopfer zurückzuschrekken.

**19.... g5! 20. L:g5 L:g5 21. hg h4**

Wenn Schwarz jetzt gleich h3 ziehen könnte, wäre der Kampf beendet. Weiß findet aber noch eine Verteidigungschance.

**22. Teb1 Tb6**

Schade wäre es gewesen, die offene Linie durch 22.... Td8 preiszugeben. Wenn schon ein Tausch, dann so günstig wie möglich auf dem Feld b6. (Hätten wir übrigens vorher einmal c7-c5 gezogen, dann wäre der Zug Tb6 jetzt nicht spielbar, das heißt, der Bauer c7 hat seine Vorzüge.)

Jeder Abtausch in der Schachpartie ist wie ein Handelsgeschäft. Sie bieten Ihre Ware an, man zeigt Ihnen eine andere, und jede Seite versucht, daraus irgendeinen Nutzen zu ziehen. Sie möchten zum Beispiel die Türme tauschen, dann nehmen Sie bitte auf b6 und lösen meinen Doppelbauern auf. Was tun? Sie müssen schlagen, den Turm auf a1 werde ich nicht dulden.

**23. T:b6 cb 24. Se1 h3 25. Df3**

Schwarz hat angegriffen, das heißt aber nicht, daß er automatisch dem Damentausch ausweichen müßte. Als grober Fehler würde sich jetzt ein Rückzug der Königin nach d7 oder b5 erweisen. Weiß antwortet darauf 26. Df6 nebst g6, und es ist nicht klar, wer wen angreift.

**25.... hg 26. D:d5 L:d5 27. S:g2**

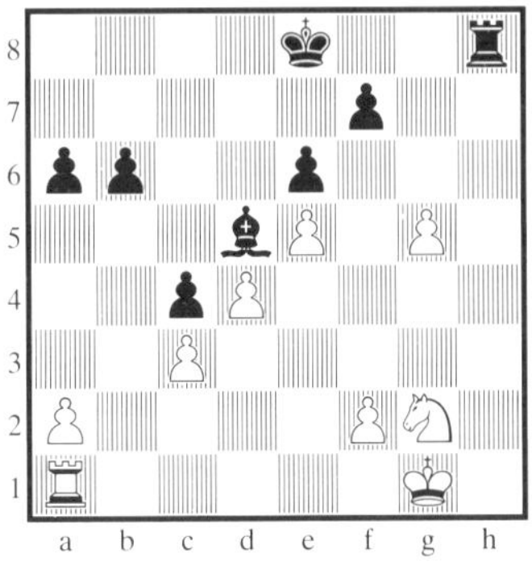


Alles war gut, wir haben alles richtig gemacht – und nun erhalten wir plötzlich ein Endspiel mit einem Bauern weniger. Dennoch haben wir uns in der Einschätzung nicht geirrt, und der folgende Zug beweist dies überzeugend.

**27.... Th3!**

Es ist alles in Ordnung. Die weiße Stellung ist nicht nur schlecht, sondern völlig hoffnungslos. Nach **28. Tc1 b5** gab Weiß auf.

Warum? Der Springer kann nicht ziehen, der König auch nicht, und auf f4 entscheidet 29.... Tg3 30. Tc2 b4 und danach der doppelte Abtausch auf g2. Es bleibt nur noch der Versuch Tc2-c1-c2, doch darauf folgt Kd7, Kc6, a5, b4 usw.

Warum hat Schwarz gewonnen? Wer war der Hauptheld? Klar, der weißfeldrige Läufer, der keinen Widerpart besaß.

Diese Partie spielte ich, als ich noch Meisteranwärter war, doch nichtsdestoweniger bin ich bis heute stolz auf sie. Erweist sich der Läufer c8 in der Französischen Verteidigung doch meist als „schlecht" und bringt Schwarz nur Sorgen. Aber hier wurde er zum Hauptakteur. Solche Fälle behält man lange im Gedächtnis.

Die nächste Partie wurde im Jahre 1989 beim Internationalen Schachturnier in Kiew ausgetragen. Ich hatte Weiß, und mein Gegner war der Meisteranwärter **Choperia** aus Tiflis. Ich nehme vorweg, daß ich leider nicht gewinnen konnte, aber in schöpferischer Beziehung war ich mit der Begegnung zufrieden.

**1. e4 c5**

Die Sizilianische Verteidigung geht manchmal in die Französische über.

**2. Sf3 e6 3. c3 d5 4. e5**

Wenn Schwarz Französisch vermeiden will, kann er 4.... d4 spielen, war zu einem sehr komplizierten Kampf führt.

**4.... Sc6 5. d4 Sge7 6. a3 c4 7. Lf4 Db6**

Ich will in keine theoretische Diskussion eintreten, weil uns jetzt das Mittelspiel der Partie interessiert. Ich verweise nur darauf, daß der letzte schwarze Zug in der Regel geschieht, wenn der Läufer auf c1 steht. Hier aber ist er kaum erfolgreich, weil der Läufer schon nach f4 gegangen ist und Weiß ihn nicht verstellt, wenn er seinen Springer nach d2 entwickelt. Vorzuziehen war 7.... Dc7.

**8. Dc2 Ld7 9. Sbd2**

Jetzt droht der Einschlag 10. L:c4 noch nicht wegen des Zwischenzuges 10.... Sg6, aber im Prinzip muß Schwarz mit dieser Idee rechnen.

**9.... Sa5 10. Le2 f5?**

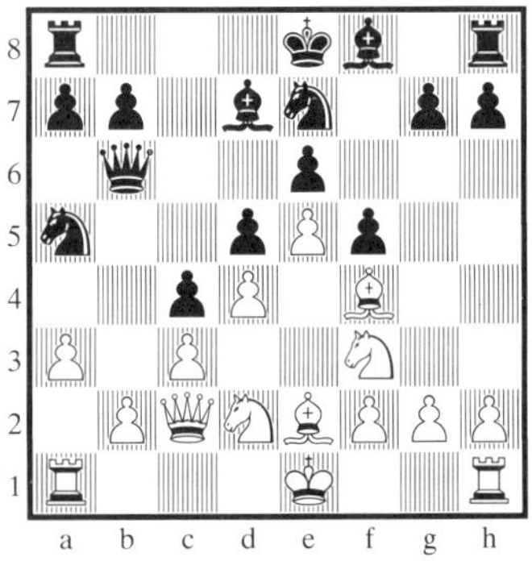


Für meine Begriffe ein grober strategischer Fehler. Der Bauer e5 engt Schwarz ein, und dieser sollte sich die Möglichkeit, das Zentrum zu sprengen (durch f7-f6) erhalten. In der Französischen Verteidigung gibt es Varianten, in denen f7-f5 gespielt wird, aber dann erfolgt der Druck auf d4. Hier hat sich Schwarz, nachdem er c5-c4 und f7-f5 gezogen hat, des Gegenspiels beraubt, und seine strategische Lage wird schwierig.

Es ist also eine charakteristische französische Stellung entstanden, in der Weiß die Übermacht am Königsflügel besitzt und Schwarz sich bemüht, am Damenflügel Initiative zu entfalten.

**11.h4**

Ein Zug, der für diese Art Stellungen typisch und viel stärker ist als 11.0-0. Der h-Bauer muß auf jeden Fall nach vorn stürmen und die feindliche Festung am Königsflügel rammen.

Ist die Rochade hier überhaupt nötig? Das ist die Frage. Möglich wäre auch folgender Plan: der Turm kommt über h3 ins Spiel, und der König wird aus dem Zentrum mittels Kf1 und Kg1 evakuiert.

**11....Tc8 12.h5 h6**

Dieser Zug gefällt mir nicht, aber Schwarz fürchtet sich – und nicht ohne Grund: 13.h6 g6 14.Lg5 und dann Lf6 nebst Sg5.

**13.Sh4**

Die weißen Aktionen erfolgten bislang rechtzeitig und sehr harmonisch. Es sind keine Anstrengungen nötig außer der, das Feld g6 unter Kontrolle zu nehmen. Die grundlegende Idee des letzten Zuges besteht darin, g2-g4 durchzusetzen. Schwarz beeilt sich seinerseits, den Gegner vom Angriff abzulenken, indem er am gegenüberliegenden Brettabschnitt Aktivität bekundet.

**13....Sb3 14.S:b3 D:b3**

Würden Sie jetzt die Damen tauschen? Gibt es jemanden, der 15.D:b3 oder 15.Ld1 spielen möchte? Alle sind dafür, mit der Dame wegzugehen? Sie haben recht. Warum sollte Weiß tauschen, wenn er ausgezeichnete Angriffsaussichten am Königsflügel besitzt! Obwohl ich anmerken muß, daß Weiß auch nach dem Tausch auf b3 angenehmer stünde.

**15.Dd2 La4**

Jetzt wäre es nutzlos, 16.Ld1 Db5 zuzulassen, und der Läufertausch würde Schwarz in die Hände spielen. Es lohnt auch nicht, 16.Tc1 zu spielen. Was ist das für eine Aufgabe für den Turm, das leere Feld c2 zu bewachen? Schwarz attackiert als Antwort darauf unverzüglich den Punkt b2: 16....Tc6 und Tb6.

**16.g4!**

Jetzt ist der Damentausch nach 16....Dc2 möglich, aber er führt zu einem äußerst komplizierten Endspiel: 17.D:c2 L:c2 18.Kd2 La4 19.gf. Bei Weiß bilden sich etliche positionelle Vorteile heraus: ein gedeckter Freibauer, das schwache Feld g6 des Gegners und die offene g-Linie.

**16....Tc6!**

Eine gute Antwort. Der Turm geht nach b6, und nach dem Tausch auf f5 wird er den e-Bauern aufhalten und – was sehr wichtig ist – den Punkt g6 verteidigen.

**17. gf ef**

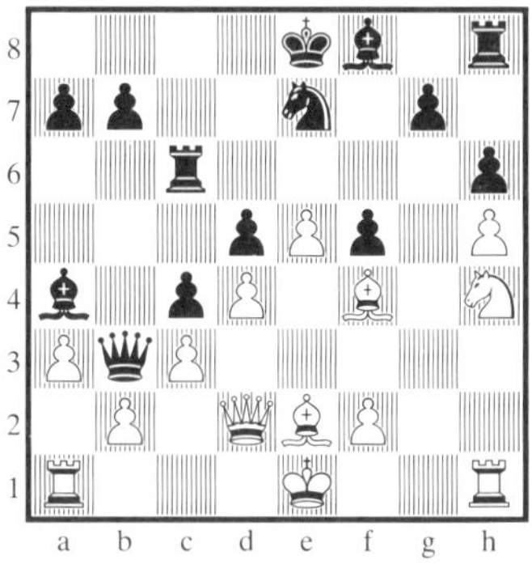

Hier investierte ich sehr viel Bedenkzeit – etwa 25 Minuten. Aber die komplizierte Stellung erforderte dies. Man muß ernstlich mit Tb6 und auch mit Dc2 rechnen. Wie hätten Sie mit Weiß gespielt?

Die Bewertung des Läufertauschs nach 18. Ld1 Db5 bleibt die gleiche – er nützt eher Schwarz.

Wenn 18. Lf3, so 18. ... Tb6 19. Sg6 S:g6 20. hg, und jetzt 20. ... Lc6. Man möchte durch den Bauern nicht das Feld g6 und die g-Linie plombieren. Der gleiche Mangel ergäbe sich auch nach dem sofortigen 18. Sg6.

Vorgeschlagen wird 18. Ld1 Db5 19. Lf3 Tb6 20. Tb1. Nehmen wir an, die schwarze Dame kehrt nach b3 zurück. Was soll Weiß dann weiter tun?

Gehen wir einmal philosophisch an die Stellung heran. Bestimmen wir, was wir können, was wir wollen und was wir nicht wollen. Wir haben nichts dagegen, anzugreifen. Dafür muß die Dame erhalten bleiben. Wir müssen den Punkt b2 verteidigen. Wenn er fällt, entwickelt der Gegner ernsthafte Initiative am Damenflügel, und unsere Attacke am Königsflügel kann zu spät erfolgen. Wir wollen die weißfeldrigen Läufer nicht tauschen. Deshalb paßt uns die Verteidigung des Feldes b2 durch Ld1, L:a4, Tc1 und Tc2 nicht ins Konzept. Der Läufer a4 muß leben. Sein Schicksal hat Einfluß auf den Ausgang der Partie. Dieser Läufer kann schrecklich, aber er kann auch sehr schlecht sein.

Die schwarzen Figuren – Dame, Turm, La4 – drücken auf unsere Stellung. Aber sie sind alle an den Damenflügel gebunden, und wenn der Kampf an anderen Abschnitten des Bretts entbrennt, können sie im Abseits stehen, d.h. nicht rechtzeitig auf dem Schlachtfeld sein.

**18. 0-0**

Ein auf den ersten Blick überraschender, aber sehr aktiver Zug. Jetzt ist nach 18. ... Tb6 19. Tab1 das Manöver 19. ... Dc2 wegen 20. Ld1! bereits nicht mehr möglich.

**18. ... Dc2 19. De1!**

Es droht 20. Ld1.

Schlecht wäre 19. ... D:b2 20. Tb1 und 21. T:b7. Nach 19. ... De4 20. Sg2 gerät die Dame in eine Falle (21. Tc1 und 22. f3).

Hier überraschte mich mein Gegner nicht wenig, als er mir Remis anbot. Ich bat ihn, einen Zug auszuführen, und er fand nichts Besseres, als mit der Dame zurückzugehen.

**19. ... Db3 20. Td1**

Indem Weiß seinen Turm nach d2 bringt, befestigt er zuverlässig den Punkt b2 und bekommt die Hände für den Angriff frei, bei dem der Turm übrigens aktiv teilnehmen kann. Es wird völlig klar, daß Schwarz am Damenflügel überhaupt nichts erreicht hat und dort nur mit seinen Figuren steckenblieb.

**20. ... Kd8**

Schwarz will nicht ohne Gegenspiel untergehen und beabsichtigt g7-g5.

**21. Td2 g5 22. hg S:g6 23. S:g6 T:g6+ 24. Kh1**

Schwarz hat die g-Linie besetzt, ist aber nicht in der Lage, auf ihr reale Drohungen zu schaffen, weil Weiß am Königsflügel viel mehr Figuren besitzt. Der große Positionsvorteil von Weiß ist offensichtlich.

**24. ... Db6 25. Lh5 Tg5 26. Lf7**

Dem Turm braucht man keine Beachtung zu schenken. Weiß konnte auch 26. De2 spielen, aber der Textzug ist stärker. Der Bauer d5 ist angegriffen, und es droht ebenfalls 27. e6.

**26. ... Tg4**

Schwarz wählt eine forcierte Variante, die ich vorhergesehen hatte und als für mich günstig einschätzte.

**27. f3 T:f4 28. Dg3 Le7 29. D:f4 Lg5 30. Dh2 L:d2 31. D:d2 Ke7**

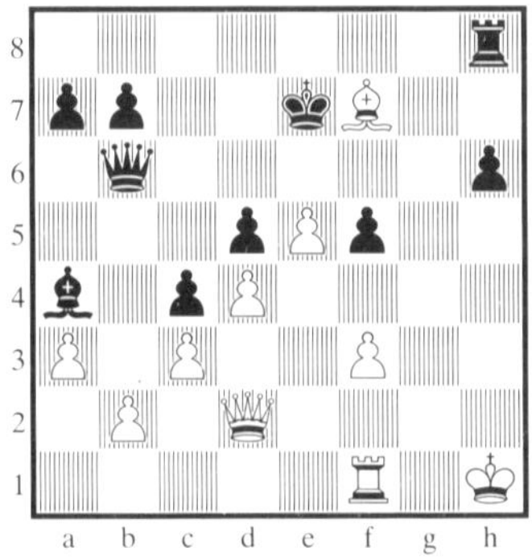

Konstatieren wir die Ereignisse. Bei materiellem Gleichgewicht stehen die schwarzen Figuren unkoordiniert, die Bauern d5, f5 und h6 sind schwach, und der Läufer a4 verwandelte sich in den üblichen „schlechten" französischen Läufer zurück. Weiß mußte gewinnen.

Mitunter ist es das Schwerste, eine gewonnene Stellung auch zu gewinnen. Man sieht die verschiedensten aussichtsreichen Möglichkeiten, aber sie führen bei weitem nicht immer alle zum Ziel. Ich betrachtete zwei verlockende Fortsetzungen: 32. L:d5 und 32. Dg2 K:f7 33. Tg1 (32. Tg1 ist nur Zugumstellung). Welche von beiden sollte man wählen? Ich sehe, die Meinungen gehen auseinander.

Die richtige Antwort lautet 32. Dg2! Es ist nicht schwierig, die Hauptvariante durchzurechnen: 32. ... K:f7 33. Tg1 Ke8 34. Dg7 Tf8 35. Tg6 Tf7 (auf den Rückzug der Dame entscheidet Te6+) 36. Dh8+ Tf8 37. D:h6 und 38. Te6+.

Doch leider verdarb ich die Partie, weil ich der anderen Idee folgte: **32. L:d5? Db5! 33. Dg2** und nicht die Widerlegung **33. ... D:d5 34. Dg7+ Df7 35. D:h8 Dh5+ 36. Kg1 Dg5+** bemerkte, wonach ich ins Remis einwilligen mußte.

Kehren wir zum Ausgangspunkt unserer Überlegungen zurück. Die Französische Verteidigung ist eine sehr interessante Eröffnung. Ich spiele sie schon lange und bereue es nicht. Es gab Freud und Leid, Triumphe und Verluste. Dabei kamen auch theoretische Dispute vor, die nicht immer so endeten, wie ich wollte. Die Geschichte eines theoretischen Duells möchte ich Ihnen erzählen.

**1. e4 e6 2. d4 d5 3. Sc3 Lb4 4. e5 Se7 5. a3 L:c3+ 6. bc c5 7. Sf3**

Hier wird zumeist 7. ... Da5 gespielt, aber mir erscheint **7. ... Dc7** aussichtsreicher. Als Antwort auf 8. Le2 oder 8. Ld3 nutzt Schwarz den Umstand, daß sein Springer b8 noch nicht entwickelt ist und zieht 8. ... b6, wonach 9. ... La6 sehr an Stärke gewinnt. (Der Gegner hat bereits ein Tempo für den unnützen Zug mit dem weißfeldrigen Läufer vergeudet).

Deshalb wählt Weiß in der Regel **8. a4**. Jetzt ist 8. ... b6 schon nicht mehr so gut (obwohl durchaus möglich), und zwar wegen 9. Lb5+.

Als ich seinerzeit über diese Stellung nachdachte, hatte ich den Wunsch, an dem in jeder Beziehung nützlichen Zug 8. a4 etwas Negatives zu finden. Ich begann **8. ... Sbc6** zu analysieren. Weiß hat darauf verschiedene Fortsetzungen zur Verfügung. Möglich ist der Zug 9. La3, aber eine ernste Gefahr stellt er nicht dar. Schwarz antwortet 9. ... cd 10. cd Da5+ 11. Dd2 D:d2+ 12. K:d2, was meiner Ansicht nach zu einem ungefähr gleichen Endspiel führt.

Auf eine kombinatorische Erwiderung stößt 9. Ld3. Möglicherweise sehe ich nicht alles, aber mir scheint, daß dieser Zug forciert verliert. Analysieren wir: 9. ... cd 10. cd S:d4! 11. S:d4 Dc3+. Jetzt könnte Weiß probieren, die Dame zu fangen. Ich zeige Ihnen aus meiner Sicht die Hauptvarianten. Also 12. Dd2 D:a1 13. Lb5+ Ld7 14. L:d7+ K:d7 15. Db4!? Ein sehr listiger Zug. Es droht die Rochade (auf das sofortige 15. 0-0 würde 15. ... D:a4 geschehen). 15. ... D:c1+ 16. Ke2 Df4! Nur so! Übertriebene Habgier wäre nicht gut – 16. ... D:h1? verliert wegen 17. D:b7+ Kd8 18. D:a8+ Sc8 19. Db7 und der starken Drohung 20. Sc6+ die Partie.

17. D:b7+ Kd8 18. D:a8+ (auch im Falle von 18. Sc6+ S:c6 19. D:a8+ Kc7 20. D:h8 besitzt Schwarz klares Übergewicht) 18. ... Sc8. Obwohl auf dem Brett materielles Gleichgewicht besteht, ist die weiße Stellung einfach schlecht. Es hängen der Springer d4 und der Bauer e5. Nach 19. Sc6+ Kc7 bekommt auch die weiße Dame noch Probleme.

Wir untersuchten 9. La3 und 9. Ld3, aber jetzt wenden wir uns dem vernünftigsten Zug **9. Le2** zu. Lange wußte ich nicht, wie Schwarz hierauf antwortet. Dann kam mir folgender Gedanke in den Sinn: Weil die Stellung geschlossen ist, spielt der Zeitfaktor keine so entscheidende Rolle. Kann Schwarz jetzt nicht ein wenig aus der Reihe tanzen und nicht ganz nach den Regeln spielen?

**9. ... cd 10. cd Sb4**

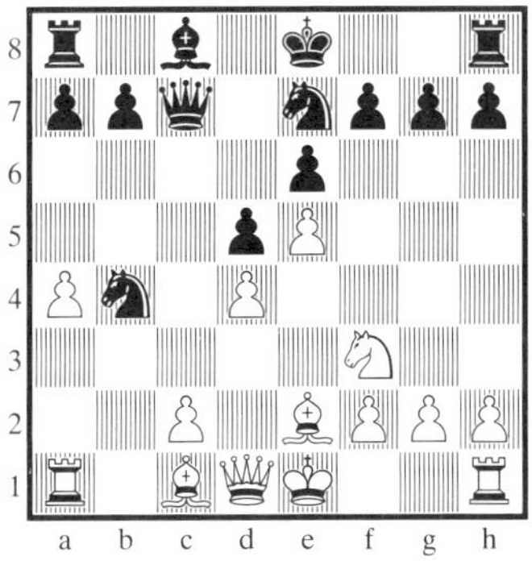

Weiß ist gezwungen, einen Bauern zu opfern (offensichtlich schlecht wäre 11. Ld3? Dc3+ 12. Ld2 S:d3+). Die Züge **11. 0-0 D:c2 12. De1** geschehen automatisch. Ein Bauer ist ein Bauer, Schwarz muß eine solche Gelegenheit nicht auslassen, obwohl seine Stellung natürlich gefährlich aussieht.

Die Idee hatte ich schon lange vorher, trug sie etwa ein Jahr mit mir herum und beschloß endlich, sie auszuprobieren. 1974 fand in Moskau die Mannschaftsmeisterschaft der UdSSR statt, und ich mußte gegen Klowan spielen. Bei der Vorbereitung auf die wichtige Partie zog ich den Trainer unseres Teams und den Mannschaftskapitän Gennadi Kusmin mit heran und zeigte ihnen die ganze Variante, wobei ich auch den beabsichtigten Zug 12. ... Sd3 einbezog. Ich sagte, der Überraschungseffekt liege wohl darin, daß Schwarz bislang noch nicht so gespielt habe.

Ich wisse zwar, daß es sehr gefährlich sei, aber ich wollte es versuchen. Gebt Ihr Eure Zustimmung?

Trainer und Kapitän schauten etwa fünf bis sieben Minuten auf die Stellung und erwiderten: Einverstanden, es wird gefährlich, aber ein Bauer ist ein Bauer, spiel so!

Alle diese Züge kamen in der Partie vor. Weiter folgte **12.... Sd3 13. L:d3 D:d3 14. La3**.

Ich versank an dieser Stelle in tiefes Nachdenken. Und je länger ich auf die Stellung blickte, umso weniger gefiel sie mir. Einen Bauern mehr habe ich, das ist gut. Aber es ist schlecht, daß ungleichfarbige Läufer übrigblieben. Wenn ich das Endspiel erlebe, dann mag dieser Umstand die Realisierung des Mehrbauern erschweren. Dafür wird der Angriff im Mittelspiel bei ungleichfarbigen Läufern enorm verstärkt, und es ist sehr schwer, sich zu verteidigen. Dem schwarzfeldrigen Läufer habe ich einfach nichts entgegenzusetzen.

**14.... Sc6 15. Dc1!**

Es ist furchtbar, 15.... Ld7 zu spielen und dann die lange Rochade zu machen. Alle weißen Figuren werden schnell in den Angriff auf den König eingeschaltet. Kurz rochieren ist unmöglich. Es bleibt nur, den König auf f7 zu verstecken.

**15.... f6 16. ef gf 17. Te1**

Auf 17.... S:d4 folgt 18. S:d4 D:d4 19. Dc7.

Es ist mir beinahe unangenehm, die weiteren Züge zu zeigen, weil es in dieser Partie keinen Kampf gab – die weißen Figuren zerrissen einfach meine Stellung.

**17.... Kf7 18. Df4 h6**

Man mußte mit 19. Sg5+ rechnen.

**19. Te3 Dh7**

Ein plumper Zug, doch ich sah keinen besseren.

**20. Se5+ S:e5 21. de f5 22. Tc1**, und nach zwei Zügen gab Schwarz die Partie auf.

Sie haben gemerkt, bei seinem Angriff hatte Weiß im Grunde eine Figur mehr, den gefährlichen schwarzfeldrigen Läufer, der (wie es bei ungleichen Farben nicht anders sein kann) keinen Widerpart besaß.

Natürlich hagelte es nach der Partie Vorwürfe. Warum hast Du in einem so wichtigen Match sang und klanglos, ohne zu kämpfen, verloren? Trainer und Teamchef hatten vergessen, daß sie ihr okay zur Anwendung der gefährlichen Eröffnungsvariante gegeben hatten. Nichts zu machen, schuld war vor allem ich.

Als sich der Ärger über die erlittene Niederlage etwas gelegt hatte, erhob sich die Frage, ob man die Variante tatsächlich ins Archiv verbannen sollte oder ob es vielleicht doch möglich sei, den Bauern c2 zu schlagen. Wenn ein Gegner Ihr Eröffnungsabspiel widerlegt hat, sagen Sie sich nicht gleich davon los, versuchen Sie zuerst, eine Verstärkung zu finden. Man sollte in so einem Falle, wie wir schon betonten, philosophisch an die Stellung herangehen. Warum hat Schwarz die Partie verloren? Er konnte dem Läufer a3 nichts entgegensetzen. Nach dem Tausch der Leichtfiguren auf d3 herrschte dieser auf der Diagonalen a3-f8. Der Zug 12.... Sd3 erwies sich also als entscheidender Fehler.

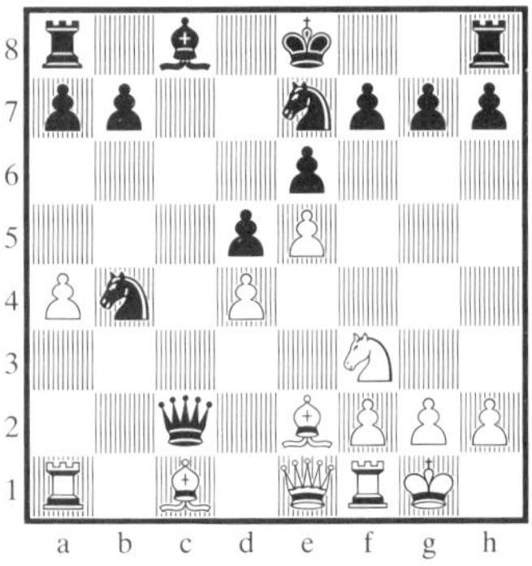

Wie kann man gegen den mächtigen schwarzfeldrigen Läufer kämpfen? Sehen wir uns 12.... Sec6 an. Doch darauf ist 13. a5! stark, und wenn 13.... 0-0 folgt, so geschieht darauf 14. La3 mit Qualitätsgewinn.

Man könnte mit dem Springer zurückgehen: 12.... Sbc6. Weiß antwortet nun 13. La3 0-0 14. Lb5. Es droht 15. Tc1; 14.... Ld7 geht wegen 15. L:e7 nicht.

Bleibt noch **12.... a5!** Was aber soll Schwarz auf 13. Lb5+ ziehen? Auf 13.... Sec6 folgt 14. La3 0-0 15. L:c6 bc 16. L:b4 ab 17. D:b4. Schwarz hat bei gleicher Stellung den schlechten weißfeldrigen Läufer und den schwachen Bauern c6, also keine leichte Lage.

Verzichten wir auf die Rochade und spielen 13.... Ld7. Nach 14. L:d7+ K:d7 15. La3 Sec6 ist bei Schwarz alles in Ordnung: die weißfeldrigen Läufer wurden getauscht und der schwarzfeldrige des Gegners ist neutralisiert. Weiter kann man die künstliche Rochade anstreben: Thc8, Ke8, Kf8 usw.

Bestimmte Zweifel rief bei mir der Zug 14. La3 (anstelle von 14. L:d7+) hervor. Untersuchen wir einmal, was nach 14.... L:b5 15. ab Sd3 herauskommt.

Wenn Weiß die Damen nicht tauschen will, verliert er zwangsläufig ein Tempo: 16. De3 – Nach 16.... Sf5 17. Dg5 h6 18. Dg4 De2 sind die weißen Figuren völlig gelähmt. Die Stellung des Anziehenden wäre jetzt auch schlechter, wenn Schwarz keinen Mehrbauern hätte.

Besser ist 16. Dd1, aber dann geschieht 16.... D:d1 17. Tf:d1 Sf4, und 18. Tac1 verbietet sich wegen 18.... Se2+. Schwarz kann sich konsolidieren und den Kampf um die c-Linie aufnehmen. Nachdem ich diese und noch einige andere Varianten untersucht hatte, kam ich zu dem Schluß, daß der Zug 10.... Sb4 seine Existenzberechtigung hat.

Zwei Jahre später, 1976, fand in Belzy ein Ausscheidungsturnier zur Meisterschaft der UdSSR statt. Als ich die Ergebnisse der Auslosung erfuhr, freute ich mich, daß ich schon in der ersten Runde mit den schwarzen Steinen gegen Klowan zu spielen hatte. Natürlich gab es keine Sieggarantie, denn man konnte nicht von vornherein annehmen, daß Schwarz in dieser Variante gewinnt. Er konnte ebenso verlieren, wie mir das beim ersten Mal passierte. Ich konnte mich ja wieder verrechnen. Doch außer der sportlichen gibt es auch eine schöpferische Seite. In dieser Partie mußte sich das Schicksal des von mir ausgearbeiteten Planes entscheiden. Kann Schwarz so spielen oder nicht? Keine Analysen ersetzen die praktische Erprobung.

Da ich die Einstellung Klowans kannte, war ich überzeugt, daß er einem theoretischen Duell nicht ausweichen würde. Noch einmal prüfte ich die vorbereiteten Abspiele, präzisierte noch etwas meine Analysen ... Weiß tauschte die weißfeldrigen Läufer nicht und spielte sofort **13. La3**. Natürlich hatte ich mir auch diesen Zug zu Hause angesehen und antwortete deshalb rasch **13. ... Ld7**. Die Folge 14. Lb5 L:b5 15. ab Sd3 ist uns bereits bekannt. Weiß kann nicht zweimal auf b4 schlagen, weil der Läufer e2 hängt.

**14. Ld1 Dc7 15. L:b4 ab 16. D:b4**

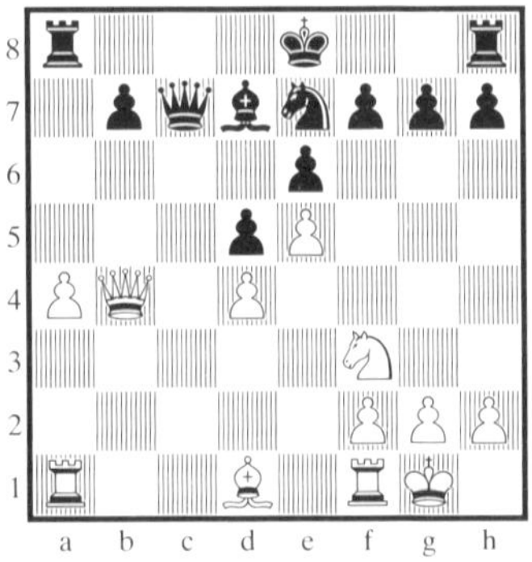

Diese Stellung hatte ich zu Hause auf dem Brett, und ich sah für Schwarz einen Weg zum Ausgleich: 16. ... b5 17. Lb3 ba 18. L:a4 L:a4 19. T:a4 0-0. Das war völlig ausreichend, um die Variante zu rehabilitieren. Aber nachdem ich in der vorigen Partie eine so schreckliche Niederlage erlitten hatte, reichte mir ein friedlicher Ausgang nicht, ich wollte Revanche nehmen. Zudem hatte ich bislang für meine Züge insgesamt fünf Minuten gebraucht, Klowan aber eine Stunde und 45 Minuten. Das heißt, ihm blieben nur noch 45 Minuten für 24 Züge. Es wäre schade gewesen, auf einen so großen Zeitfonds zu verzichten, und die Stellung erschien mir interessant. Ich beschritt deshalb einen anderen, etwas risikoreicheren Weg.

**16. ... Sc6 17. Da3 b5**

Wenn es Schwarz gelingt, b4 zu spielen und dann zu rochieren, verdient seine Stellung den Vorzug. Weiß bemüht sich, die Rochade zu verhindern.

**18. Lc2 b4 19. Dd3**

Was würden Sie jetzt für Schwarz empfehlen?

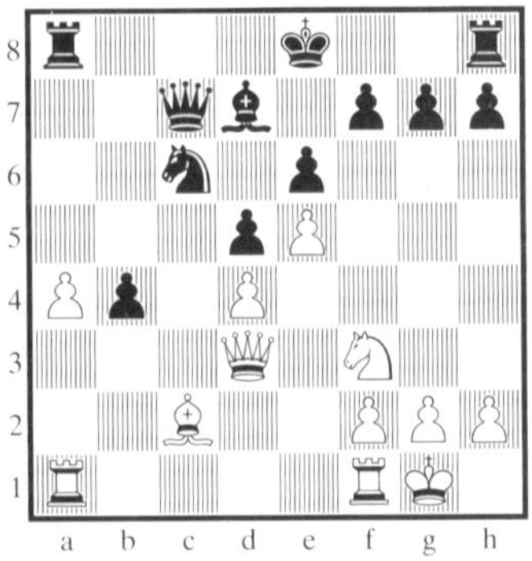

Es ist sehr wichtig, solche äußerlich unscheinbaren Züge zu finden wie **19. ... Lc8!**.

Wir kehren zu unserem Ausgangsthema, dem Schicksal der Läufer, zurück. Gerade das Manöver des weißfeldrigen Läufers wendet den Partieverlauf zugunsten von Schwarz. Es beeinflußt in entscheidender Weise den Ausgang des Kampfes.

**20. Tfc1 La6 21. Dd2 Lc4**

Erzwungen (21. ... 0-0? hat 22. L:h7+ zur Folge).

**22. Ld3**

Schwarz muß die ganze Zeit genaue Züge finden. Was sollte er jetzt tun? Es droht das Schlagen auf c4, der schwarze Springer ist quasi an den Bauern b4 gekettet. Zu klarem weißen Vorteil führt 22. ... L:d3 23. D:d3 Db6 24. Db5.

**22. ... Sa5!**

Wenn jetzt 23. D:b4 geschieht, so folgt 23. ... Tb8 und 24. ... Sb3, wonach Schwarz die Qualität gewinnt.

**23. L:c4 dc 24. D:b4 Tb8 25. Dc5 D:c5 26. dc Ke7!**

Von den ihm noch verbleibenden sieben Minuten Bedenkzeit verbrauchte mein Gegner hier ungefähr fünf. Ungeachtet seines Mehrbauern schien ihm die Stellung offensichtlich nicht zu gefallen. Der weiße Bauer c5 muß fallen, der schwarze auf c4 aber ist eine gewaltige Macht. Die Figuren von Schwarz stehen aktiver, selbst der Springer auf a5 hat merkwürdigerweise mehr Wirkung als der auf f3. Er blockiert den a-Bauern, schützt den Bauern c4 und droht mit der Gabel auf b3.

**27. Sd2 Tb4**

Weiß sollte jetzt 28. Se4 versuchen, obwohl auch dann unangenehm 28. ... Tab8 mit der Drohung Sb3 folgt. Ich meine, daß Schwarz bereits gute Gewinnchancen besaß, zumal sich Klowan in schrecklicher Zeitnot befand.

**28. Tcb1 T:b1+ 29. T:b1 c3 30. Se4**

Möglicherweise war 30. Kf1 hartnäckiger.

**30. ... c2 31. Tc1 Tb8 32. Sd2**

(32. Sc3 Tb2 und 33. ... Sb3)

**32. ... Sb3**

Im Falle des Tauschs auf b3 gibt es keine Verteidigung gegen Tb1 mehr.

In der Partie folgte noch **33. T:c2 S:d2 34. f3 Sb3**.

Entsprechend seiner Gewohnheit machte Weiß noch weitere fünf bis sechs Züge und gab dann die Partie auf.

## Übungen

Sie sollen jetzt Ihre Fähigkeiten bei der Lösung von rein positionellen Aufgaben überprüfen. Nach dieser Vorlesung werden Sie sicher leichter damit fertig werden. In den Diagrammen ist jeweils Weiß am Zug.

1

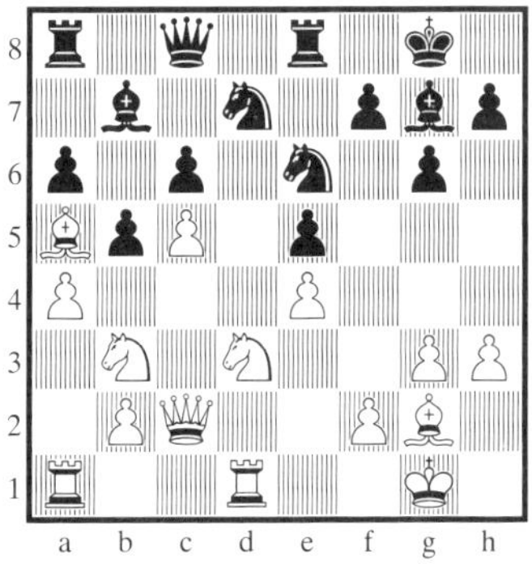

2

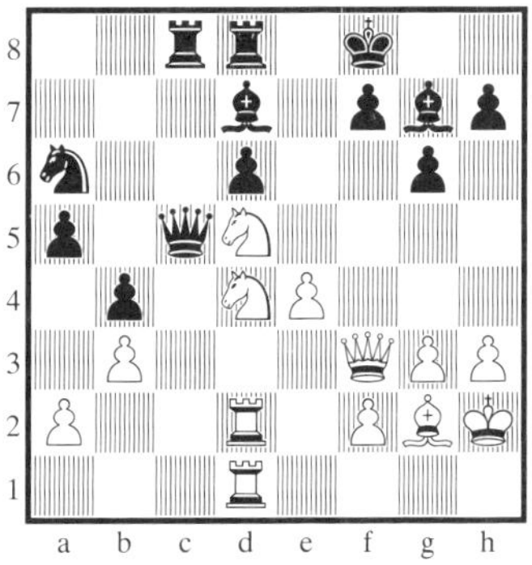

3

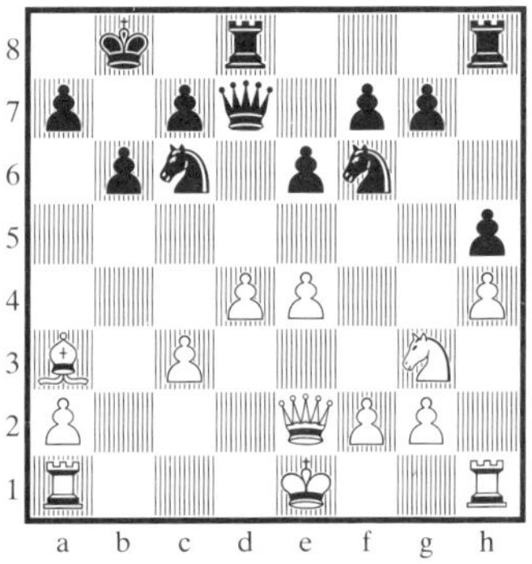

# Lösungen

**1) Kortschnoi – Penrose**
Palma de Mallorca 1969

**1.h4!**
Mit der Absicht **2.Lh3**.
Nachdem Weiß den weißfeldrigen Läufer ins Spiel gebracht hat, verstärkt er erheblich seinen Druck auf die gegnerische Stellung und erzielt großes Übergewicht.

**2) Simagin – Bondarewski**
Zawno Zdroj 1950

Hier ist der Platz des weißfeldrigen Läufers auf c4, von wo aus er gefährliche Drohungen gegen den schwarzen König schafft.
**1.Lf1!**
In der Partie folgte 1.... Da7 2.Lc4 T:c4 3.bc Dc5 4.Sf6! Lc8 5.S:h7+ Ke7 6.e5!, und Weiß gewann bald darauf.

**3) Gligorić – Speelman**
Luzern 1982

Der Läufer a3 zielt ins Leere, er gehört nach g5. Dann wird der Bauer h5 verwundbar.
**1.Lc1!** (Ungenau wäre 1.0-0? wegen 1....g5! 2.hg h4 mit schwarzem Gegenspiel.) Weiter geschah 1....Sg4 2.f3! (2.Tb1 f5!?) 2....S:d4 3.cd D:d4 4.Tb1 (4.Lb2? Db4+) 4....Se5 5.Le3 Sd3+ 6.Kf1 De5 7.Th3 Td7 (7....f5 8.Lg5 ef) 8.Kg1 Thd8 9.Sf1, und Schwarz hatte keine ausreichende Kompensation für die geopferte Figur.

Anlage zur Vorlesung von A. Kosikow

# M. Dworezki: Aus Anlaß eines Artikels

Das Schachspiel ist seiner Natur nach demokratisch. Alles können wir tun – die Partien vergangener und heutiger Koryphäen nachspielen, an ihren Zügen oder Kommentaren zweifeln, eigene, bessere Lösungen suchen. Solche Studien sind immer nützlich für die Vervollkommnung, zuweilen führen sie zur Präzisierung, Vertiefung oder aber zur grundlegenden neuen Sicht bestehender Meinungen und Bewertungen. Es ist unschwer, eine Vielzahl von Beispielen zu nennen, wo großartige analytische Funde einfacher Schachfreunde zu einem integrierten Bestandteil der modernen Reflektierung von Partien bekannter Großmeister wurden.

Allerdings möchte ich darauf hinweisen, daß das klassische Erbe ein aufmerksames und behutsames Herangehen erfordert. Man darf bei seiner Suche nicht von dem unbedingten Wunsch ausgehen, etwas widerlegen zu wollen – das führt nur zum Verlust der Objektivität. Es geht um das Streben nach Wahrheit. Um dieses oder jenes allgemeingültige Urteil in Frage zu stellen, genügt es nicht, einfach daran zu zweifeln – es muß sorgfältig analysiert worden sein, und die Widerlegung muß überzeugend nachgewiesen werden.
Besonders vorsichtig mit seinen Urteilen sollte man auf dem Gebiet der positionellen Bewertungen sein, dort, wo man sich nicht auf konkrete und genaue Varianten stützen kann.

Ich spreche über dies alles im Zusammenhang mit einem Artikel, der in der Zeitschrift „Schach in der UdSSR", Heft 12, 1984, veröffentlicht wurde. Sein Autor war der Schachmeister W. Goldin, und der Beitrag unter dem Titel „Ouvertüre zu einem historischen Duell" war der ersten Partie des Weltmeisterschaftskampfes zwischen J. R. Capablanca und A. Aljechin (Buenos Aires 1927) gewidmet. Dort zieht der Autor viele Entscheidungen beider Gegner in Zweifel und versucht, sein eigenes Bild des Kampfes in diesem Duell zu zeichnen. Für meine Begriffe ist leider die Mehrzahl seiner Bewertungen unbegründet und ungerechtfertigt.

Wir äußern unsere Meinung über die Überlegenheit eines Spielers am häufigsten durch Worte. Diese sind mitunter aber nicht klar genug und können verschieden aufgefaßt werden. Um eine gewisse Genauigkeit in der Bewertung zu erreichen, schlug I. Bondarewski die Verwendung einer 10-er-Skala vor, derer ich mich bedienen möchte. Nach Bondarewskis System bedeutet der Stand 5:5, daß die Stellung gleich ist. Hat Weiß mehr Chancen, ergibt sich die Bewertung 6:4, und wenn Schwarz besser steht, dann 4:6. Bedeutende Überlegenheit von Weiß wäre 7:3, und wenn die Stellung mit 8:2 eingeschätzt wird, konstatieren wir, daß Weiß gewinnen muß. 9:1 bedeutet, daß der Gewinn einfach ist und technischen Charakter hat. 10:0 heißt einfach ein Punkt für Weiß in der Turniertabelle und 0:10 für Schwarz. Möglich sind auch genauere Einschätzungen mit halben Punkten. Zum Beispiel würde 2,5:7,5 aussagen, daß Weiß am Rande einer Niederlage steht.

Nach diesem ausführlichen Vorwort wird es Zeit, zur Partie zu kommen.

**Capablanca – Aljechin**

**1.e4 e6 2.d4 d5 3.Sc3 Lb4 4.ed ed 5.Ld3 Sc6 6.Se2 Sge7 7.0-0 Lf5 8.L:f5 S:f5 9.Dd3 Dd7 10.Sd1 0-0 11.Se3 S:e3 12.L:e3 Tfe8 13.Sf4 Ld6!**

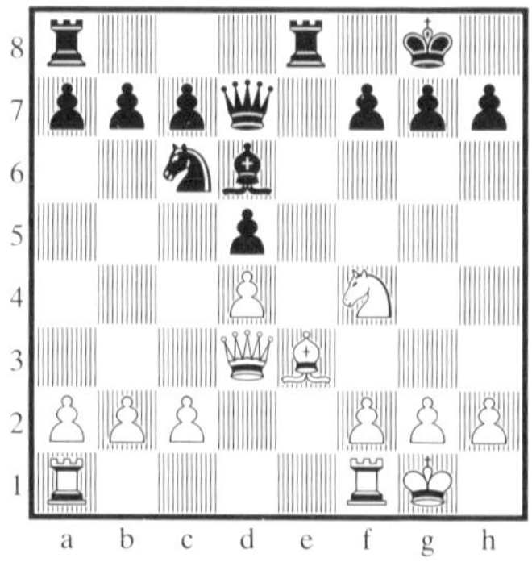

Jetzt mußte Weiß nach Ansicht *Goldins* auf d5 schlagen. Er schreibt:

*„Es erhebt sich die Frage, wenn Weiß nach 15.S:d5 Ausgleich hatte, wo die Überlegenheit von Schwarz blieb, die er vier Züge vorher nach dem unnötigen Zug 10.Sd1 besaß? Wenn man logisch denkt, so muß man das Spiel Aljechins zwischen dem 10. und dem 13. Zug tadeln.“* So trat der Meister auch auf und kritisierte den 10., 11. und 12. Zug des Herausforderers.

Es ist schwierig, mit dieser Logik einverstanden zu sein. Klar, daß Schwarz in der Eröffnung die bessere Stellung erhielt, seine Chancen verdienten den Vorzug. Aber mehr auch nicht. Von einer Überlegenheit kann bisher nicht die Rede sein. Wahrscheinlich wäre eine gerechte Bewertung der Chancen 4,5:5,5 (maximal 4:6). Andererseits schätzten nach 14.S:d5 L:h2+ 15.K:h2 D:d5 Capablanca (der die Variante vermied) und Aljechin die Lage als günstig für Schwarz ein. Zur Erläuterung fügte Aljechin noch zwei Züge an: 16.c4 Dh5+ 17.Kg1 Tad8.

Goldin schätzt ein, daß der von ihm gefundene Verteidigungsplan 16.Th1 Tad8 17.Kg1 h6 18.Th4! Weiß Ausgleich bringt. Dem ist nicht so. Die weißen Türme sind nicht miteinander verbunden, und die schwarzen Figuren stehen aktiver als die des Gegners. Spielen wir einmal 18....b5 und sehen unvoreingenommen auf das Brett. Verdienen die Aussichten von Schwarz etwa nicht den Vorzug? Und wie verhält es sich mit dem Zug 16....Te4 (anstelle von 16....Tad8), der das Ziel verfolgt, den weißen Turm nicht nach h4 zu lassen? Nach 17.c4 muß Weiß mit 17....Se5 18.cd S:d3 rechnen.

Die Schlußfolgerung, daß 14.S:d5 die Chancen ausgleicht, ist ungenügend bewiesen. Auf keinen Fall verlor Schwarz hier etwas im Vergleich zu der Stellung, die er vier Züge zuvor besaß. Die Bewertung ist mindestens 4:6.

Also, alle Kritik des schwarzen Spiels im gegebenen Partieabschnitt hängt in der Luft.

Sehen wir uns nun die konkreten Empfehlungen Goldins an. Er ist dafür, daß Schwarz nicht kurz, sondern lang rochiert. Seine Meinung tut er kund mit der Variante 10.... 0-0-0 11. c3 Lf8! 12. b4 f6 13. a4 g5 14. a5 Sce7 15. b5 h5 und der Einschätzung:

*„Die Drohungen von Weiß sind nichts wert, und der Druck von Schwarz wächst“*.

Ich denke, man kann im letzten Satz ruhig die Wörter „Weiß“ und „Schwarz“ vertauschen, und die neue Behauptung wird ... genau so falsch wie die vorige sein. In der Tat entsteht hier eine komplizierte Stellung mit beiderseitigen Chancen. Da ist zum Beispiel das Manöver 16. Se3, und der Tausch auf e3 wäre ungünstig für Schwarz (16.... S:e3 17. fe!). Nach 16.... h4 17. La3 kann Weiß über Se2-c1-b3 nachdenken, und es gibt auch noch andere Möglichkeiten. Wahrscheinlich ist anstelle von 14. a5 das sofortige 14. Se3 Sce7 15. b5 h5 16. La3 (jetzt muß man mit 17. L:e7 S:e7 18. Sg3 und 19. Sgf5 rechnen) 16.... h4 17. Sc1 oder 17. Tae1 genauer, mit der Idee, irgendwann f2-f4 zu spielen (vielleicht nach den Zwischenzügen h3 und Sg4).

Die lange Rochade ist erheblich schärfer als die kurze, aber man kann niemals auf der Grundlage einer kurzen abgesprochenen Variante erklären, daß sie stärker sei. Mir persönlich scheint, daß Aljechin nicht nur sicherer, sondern auch besser spielte, aber ich will auf dieser Behauptung nicht bestehen – dafür wäre eine sehr ernsthafte Analyse notwendig.

Schließlich kann man eine Stellung häufig mit ungefähr gleichwertigen Methoden behandeln, ihre Wahl hängt vom Stil und Geschmack des Spielenden ab. Wir wissen doch bis heute noch nicht einmal, mit welchem Zug eine Partie am besten eröffnet werden sollte: 1. d2-d4, 1. e2-e4 oder möglicherweise irgendwie anders! Es ist klar, daß gerade diese Probleme ständig vor uns stehen, auch im Verlauf eines Kampfes.

Man könnte der Empfehlung Goldins Beachtung schenken, daß 11.... Sfe7 Aufmerksamkeit verdient, aber es gibt keinen Grund zu der Überzeugung, daß dieser Zug stärker sei als das von Aljechin gewählte 11.... S:e3. Erneut haben wir hier zwei gleichrangige Möglichkeiten vor uns.

Der Weltmeister, der in der ersten Partie Weiß hatte, wollte nicht exakt auf Ausgleich spielen, das wäre ihm unangenehm gewesen. Es ist psychologisch leicht zu erklären, daß er die erste Möglichkeit nutzte, um Aktivität zu zeigen, und 13. Sf4?! wählte (mit den Drohungen 14. Db5 oder 14. Db3, gegen die es Schwarz auf den ersten Blick schwer hat, sich zu verteidigen) und die vorzügliche Antwort 13.... Ld6! unterschätzte.
„Ein Fehler kommt selten allein“ – nach einigen Zügen besaß Schwarz bereits einen gesunden Mehrbauern.

**14. Tfe1 Sb4 15. Db3 Df5 16. Tac1? S:c2 17. T:c2 D:f4! 18. g3 Df5 19. Tce2 b6 20. Db5 h5 21. h4**

Nun, aber diesen Partieabschnitt hat Schwarz sicherlich stark behandelt? Nein, der Autor des Artikels wertet dies anders. Er tadelt den Springerausfall 14.... Sb4. Es lohnt sich, seine Argumentation einmal vollständig anzuführen. Goldin empfiehlt 16. Sd3 (anstelle von 16. Tac1?):

*„Nach 16.... S:d3 17. D:d3 D:d3 18. c:d3 wäre das Übergewicht von Schwarz rein akademisch (4,5:5,5 oder 4:6 – M. Dworezki). Als Antwort auf das von Aljechin angegebene 18.... Lb4 konnte Weiß mit dem Zug 19. Te2 eine Festung errichten, deren Eroberung meiner Meinung nach analytisch nicht nachzuweisen war (aber kann man analytisch die Möglichkeit nachweisen, diese 'Festung' zu halten? – M. Dworezki).*

*Bemerkenswert ist, daß Aljechin selbst, der dieses Endspiel zunächst als verloren für Weiß eingeschätzt hatte (2:8 – M. D.) einige Jahre später zu der Ansicht neigte, daß es nur bedeutend schlechter für Weiß wäre (3:7 – M. D.). Lohnte es sich dann, äußerlich energische Züge mit dem Springer und der Dame zu machen, damit das Spiel bei einer korrekten Antwort von Weiß in eine Sackgasse geriet, was die gewonnene Stellung anbetraf? Gab es für Aljechin nicht eine aussichtsreichere Fortsetzung? Ich denke, es gab sie.*

*Nach 14.... Te4! wäre der weiße Springer zum Rückzug gezwungen gewesen, weil das Schlagen auf d5 in diesem Falle schon nicht mehr gegangen wäre: 15. S:d5 L:h2+ 16. K:h2 D:d5 17. c3 Dh5+ 18. Kg1 Th4 19. f3 Se7 mit starkem Angriff.*

*Nach 15. Se2 Se7 sieht die schwarze Stellung auf jeden Fall günstiger aus als nach dem Damentausch. Der von seiner Idee besessene Aljechin hatte offensichtlich den Zug 14.... Te4 überhaupt nicht in Betracht gezogen."*

Hier ist für meine Begriffe alles falsch dargestellt. Worauf ist zum Beispiel die Annahme gegründet, daß der WM-Herausforderer den Zug 14.... Te4 „überhaupt nicht in Betracht gezogen hatte"? Denn im Falle von 14. c3!? (anstelle von 14. Tfe1?!) hätte er doch wohl genau so gespielt. L. Löwenfisch und P. Romanowski geben diese Beispielvariante an: 14. c3 Te4 15. Se2 Tae8 16. Sg3 L:g3 17. h:g3 Se7 18. Tfe1 Sf5 19. Ld2 Sd6 – „Schwarz hat dauerhaften Druck, aber noch nichts Greifbares". Eine genaue Einschätzung! (In Ziffern ausgedrückt sieht sie wahrscheinlich wie 3,5:6,5 aus.)

Aber bei 14. Tfe1 Te4 15. Se2 Se7 16. Sg3 oder 16. Ld2 entsteht doch ungefähr diese Stellung mit etwa dieser Bewertung. Kann man behaupten, daß Schwarz hier mehr erwarten kann als in der Variante 14.... Sb4 15. Db3 Df5 16. Sd3 S:d3 17. D:d3 D:d3 18. c:d3 Lb4?

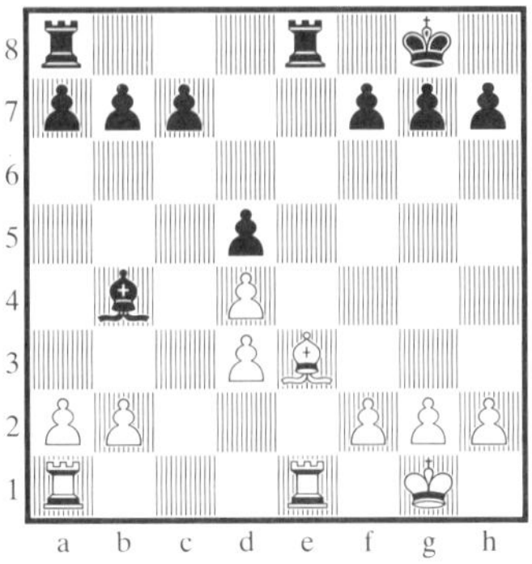


Die Überlegenheit von Schwarz ist beträchtlich und – das ist die Hauptsache – stabil. Weiß wird zu einer langen und schwierigen Verteidigung verurteilt. Aus den vorher angeführten Zitaten ist ersichtlich, daß Aljechins Einschätzung der weißen Lage von „bedeutend schlechter"

bis „verloren“ reicht. Wie ist es dann möglich, daß man – ohne sich überhaupt zu bemühen, seine Schlußfolgerungen auf analytischem Wege zu untermauern – die Stellung eine „unentschiedene Sackgasse“ nennt und die schwarze Überlegenheit als „rein akademisch“ bezeichnet?

Es ist schwer, mit Bestimmtheit zu sagen, ob Weiß im Endspiel zum Untergang verurteilt ist oder ob er bei richtigem Spiel die Partie halten kann.

Vom Standpunkt des Schachpraktikers ist das wahrscheinlich schon nicht mehr so wichtig. Zwischen „Remis“ und „Gewinn“ gibt es noch eine ganze Reihe von Übergangsstadien. Im vorliegenden Falle besteht das Problem nicht darin, ob Schwarz im Endspiel gewinnt – wichtiger ist es zu entscheiden, ob mehr praktische Siegchancen in diesem Endspiel oder in der Variante 14.... Te4 existieren, in welchen Abspielen Weiß mehr komplizierte Aufgaben lösen muß. Ich nehme an, daß Aljechin die richtige Wahl getroffen hat.

Im Falle des Nicht-Einverständnisses mit der Meinung Aljechins hätte Goldin die Pflicht gehabt, seine Zweifel durch eine Analyse zu begründen.

Leider bemühte er sich aber überhaupt nicht, dies zu tun.

Sehen wir uns jetzt den weiteren Verlauf des Kampfes an.

**21.... Te4 22. Ld2! T:d4 23. Lc3 Td3 24. Le5 Td8 25. L:d6 T:d6 26. Te5 Df3 27. T:h5 D:h5 28. Te8+ Kh7 29. D:d3+ Dg6 30. Dd1 Te6 31. Ta8 Te5 32. T:a7 c5**

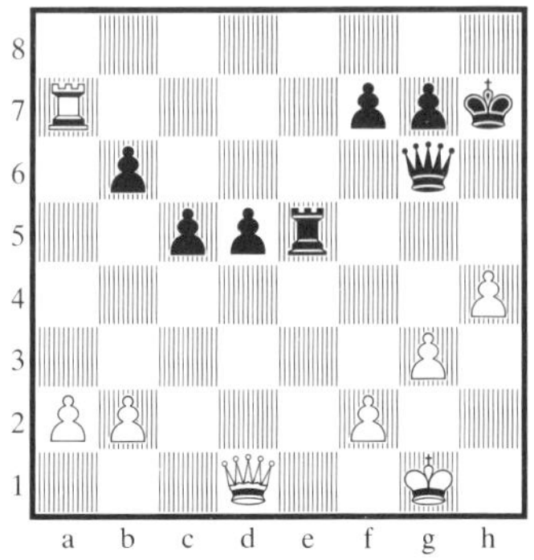

**33. Td7 De6 34. Dd3+ g6 35. Td8 d4 36. a4 Te1+ 37. Kg2 Dc6+ 38. f3 Te3 39. Dd1 De6 40. g4 Te2+ 41. Kh3 De3 42. Dh1 Df4 43. h5 Tf2** Weiß gab auf.

Capablanca verteidigte sich sehr erfinderisch. Er opferte einen zweiten Bauern, um die Läufer zu tauschen und seine Türme zu aktivieren. Bald darauf gewann er einen Bauern zurück, wobei der schwarze König etwas entblößt wurde. Doch Aljechin stürzte sich, nachdem er seinen Mehrbauern zurückgegeben hatte, selbst auf den feindlichen König. War der Erfolg von Schwarz gesetzmäßig?

Der Zug 33. Td7 war ein Fehler, der es Schwarz erlaubte, auf der e-Linie mit Tempo eine Batterie schwerer Figuren aufzustellen, die ihm schon oft Erfolg gebracht hatte: die Dame hinter dem Turm. Statt dessen schlug Capablanca 33. Kg2 vor, doch besitzt Schwarz nach Meinung Aljechins auch dann nach 33.... d4 entscheidenden Vorteil, zum Beispiel: 34. Ta3 De6! 35. Df3 c4.

Goldin gibt als beste Verteidigung für Weiß 33. Df3! an. Indem er den Bauern f7 angreift, läßt er den Aufmarsch der Schwerfiguren auf der e-Linie nicht zu. Der Autor schätzt ein, daß in diesem Falle *„die Chancen von Weiß überhaupt nicht schlechter waren."*

Schwarz kann allerdings auch mit 33.... Db1+ 34. Kg2 Tf5 35. De2 d4 fortsetzen, und Weiß müßte sich noch genau verteidigen (36. a4 c4! 37. D:c4 D:b2 oder 36. Td7 D:a2 nebst 37.... De6).

Nach 36. b3! jedoch hat Weiß die feindlichen Drohungen abgewehrt. Im wesentlichen hat der Meister hier recht. Schwarz besaß zuvor einen ungesunden Mehrbauern, seine Stellung war offensichtlich gewonnen (2:8). Jetzt aber herrscht auf dem Brett materielles Gleichgewicht, und die schwarze Attacke ist sehr problematisch zu führen.

Man kann die Schlußfolgerung ziehen, daß Aljechin nicht den besten Weg wählte, um seinen Vorteil zu realisieren.

Kehren wir jetzt etwas zurück, um zu erfahren, wo sich nach Ansicht des Kommentators Aljechin irrte.

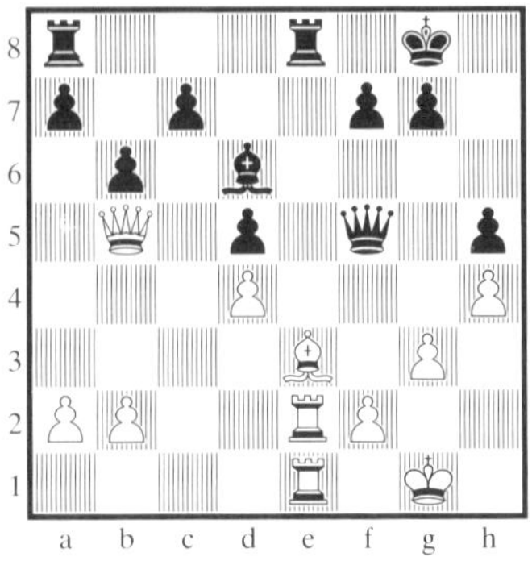

Schwarz zog 21.... Te4. Goldin schreibt:

*„Kann dieser Zug ein Fehler sein? Fragen Sie einen beliebigen Meister, und die Antwort wird höchstwahrscheinlich immer dieselbe sein: nein, das kann nicht sein. Und dennoch vergibt er seltsamerweise – wie es scheint – fast den ganzen Vorteil."*

Tatsächlich wird ein erfahrener Schachspieler den Zug 21.... Te4 kaum als Fehler bezeichnen. Auf jeden Fall zweifelt er daran, daß dieser Zug *„fast alle Überlegenheit einbüßt"*. In solchen Situationen verliert man den Vorteil durch grobe positionelle oder taktische Schnitzer oder durch eine ganze Serie von Ungenauigkeiten wie 21.... Te4. Eine Ungenauigkeit allein reicht in der Regel nicht aus – sie kann nur (manchmal wesentlich) die Realisierung des Vorteils erschweren.

Studiert man die Partie, ist es im Prinzip nützlich, auch solche alternativen Möglichkeiten wie 21.... Df3 zu beachten und zu prüfen. Aber es lohnt nicht, ihnen mehr Bedeutung beizumessen, als sie verdienen.

Nach 21.... Te4 22. Ld2 brauchte Schwarz den zweiten Bauern auch nicht zu nehmen. Über den Zug 22.... T:e2 schreibt Goldin, daß *„er wahrscheinlich irgendwie Gewinnchancen bewahrte."*

Warum so bescheiden „irgendwie"? Natürlich ist es schade, daß die e-Linie nun in der Hand von Weiß ist, aber der Mehrbauer und die übrigen positionellen Vorteile sind geblieben. Ich denke, daß Schwarz ausgezeichnete Möglichkeiten bewahrt, den Sieg zu erringen (2,5:7,5).

Sehen wir uns jetzt auf einem Diagramm die Lage an, die laut Capablancas Empfehlung nach 22.... Tae8 23. D:e8+ T:e8 24. T:e8+ Kh7 auf dem Brett entsteht.

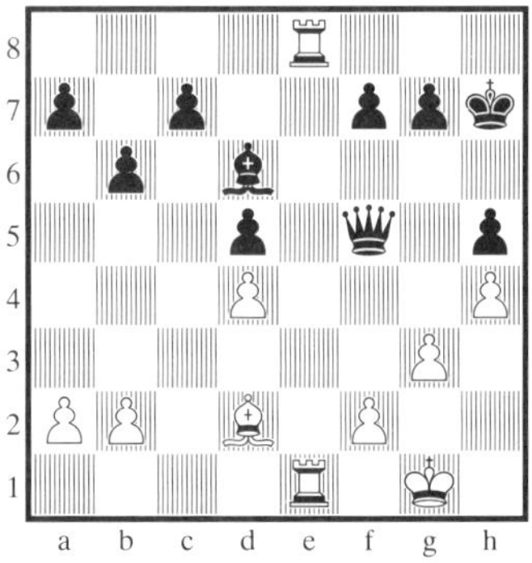

Aljechin nahm an, daß *„es Schwarz nach dem Tausch der Dame gegen zwei Türme dank seines beträchtlichen positionellen Übergewichts keine große Mühe kosten würde, den Gewinn zu forcieren"*.

Löwenfisch und Romanowski, die dic Ansicht der beiden Weltmeister nicht teilten, schrieben in ihrem Kommentar zur Partie: *„Natürlich nicht 22.... Tae8 wegen des einfachen 23. D:e8, und Weiß erreicht ein Remis"*. Mit dieser Einschätzung solidarisierte sich auch Goldin. *„Löwenfisch und Romanowski hatten sicherlich recht, wenn sie die Stellung nach 22.... Tae8 als unentschieden bewerteten"*.

Nein, sie hatten nicht recht. So eine Stellung als remis einzuschätzen, ist prinzipiell falsch. Auf dem Brett herrscht eine Spielsituation mit bedeutender Überlegenheit von Schwarz. Selbst wenn man entgegen der Meinung Aljechins zu dem Schluß kommt, daß Weiß bei akkuratem Spiel mit Recht auf Rettung hoffen kann, ist das Wort „Remis" hier auf jeden Fall fehl am Platze – man muß einen Ausdruck suchen, der die Situation genauer beschreibt. Benutzt man das Ziffernsystem, dann ist es leichter, als die Lage mit Worten zu charakterisieren. Die Ansicht Aljechins entspricht dem Stand 2:8, die alternative Meinung kann mit 3:7 gekennzeichnet werden (aber nicht geringer).

Dieses Mal versucht Goldin, seinen Standpunkt durch eine nicht sehr umfangreiche Analyse zu bekräftigen, aber er spürt offensichtlich ihre geringe Überzeugungskraft selbst, weil er völlig vernünftig bemerkt: *„Diese Stellung ist schwerlich durch Varianten auszuschöpfen, und ist dies überhaupt nötig?"*

Nach 25. Kg2 versucht er nur 25.... c5 oder 25.... Dd3 26. Lc3 c5. Aber der Zug c7-c5 ist sehr umstritten – er befreit den Gegner vom schlechten Bauern d4 und das Wichtigste, er nimmt dem vorzüglich postierten Läufer d6 seinen Stützpunkt, einer Figur, die die beiden weißen Türme neutralisiert hatte.

Statt dessen verdient der Plan Beachtung, die Bauern am Damenflügel vorzustoßen, zum Beispiel 25.... Dd3 26. Lc3 b5 (gut sieht auch 26.... Dc4 aus, aber auch 26.... a5 nebst Da6, b5 und Db6) 27. a3 a5. Eine andere Idee mit Perspektive wäre 25.... Dg4 26. Lc3 f5 und 27.... f4.

Dann muß man also das Schlagen des Bauern d4 als fehlerhaft bezeichnen? Ich denke, nicht, weil Schwarz doch nach 22.... T:d4 natürlich im Vorteil bleibt. Ich verweise nur auf einige Momente, wo Aljechin anders spielen konnte (ohne sorgfältige Analyse riskiere ich nicht zu sagen „stärker") als in der Partie.

Auf 23.... Tc4 verzichtete Aljechin wegen des Gegenschlages 24. Te5!. Aber nach 24.... L:e5! 25. D:d5 L:c3! 26. D:f5 (26. D:a8+ Kh7 27. b:c3 T:c3)

26. ... L:e1 27. Dd5 L:f2+ 28. Kg2 (28. K:f2 Tc2+ und 29. ... Te8, und Schwarz gewinnt) 28. ... Te8 29. D:c4 Lc5 (mit der Absicht Ld6 und Te3 oder Te6-g6) ist der Vorteil auf seiten von Schwarz.

Wie J. Nikonow später herausfand („Schach in der UdSSR, Nr. 6/ 1986), war 23. ... Tg4! 24. Le5 Lb4! sehr stark und schwach darauf sowohl 25. D:d5 c6! 26. D:c6 Tc8 als auch 25. Td1 Lc5! 26. Dc6 Td8! 27. D:c7 Te8! 28. T:d5 Te4!.
Nikonow wies auch nach, daß auf 23. ... Td3 24. Le5 die Antwort 24. ... Lc5! sehr kräftig ist.

Es war früher nicht notwendig, alle diese Möglichkeiten zu prüfen, weil der von Aljechin in der Partie gewählte Plan als ausreichend für den Gewinn erschien. Doch jetzt verhält man sich zu ihm bedeutend kritischer, weil durch die von Goldin gezeigte Verteidigungsressource 33. Df3 die Korrektheit des schwarzen Angriffs in Zweifel gezogen wird (darin besteht der einzige rationale Kern seiner Publikation).

Zum Abschluß seines Beitrages schreibt Goldin: *„Ungeachtet der Korrekturen, die die neuzeitliche Analyse 60 Jahre nach der Partie erbrachte, war dies ein mitreißender Kampf, in dessen Verlauf von beiden Gegnern in ihrer Tiefe und Schönheit beeindruckende Entscheidungen getroffen wurden“.*

Ich fürchte, wenn man sich mit den „erbrachten Korrekturen“ einverstanden erklärt, so wäre das der blanke Hohn. Denn allein zwischen dem 10. und 14. Zug verweist Goldin auf zwei Fehler von Weiß und vier Fehler von Schwarz. Glücklicherweise spielten die großen Schachmeister der Vergangenheit so schlecht nicht.
In den meisten Fällen irrten nicht sie, sondern ihr Kritiker. Im großen und ganzen aber kann man die betrachtete Partie wohl nicht als Kunstwerk bezeichnen.

# KAPITEL 6

## Das Gefühl für den König

Vorlesung von Grigori Kaidanow

Zum Arsenal der starken Schachmeister gehört eine Unmenge verschiedenster Methoden und Bewertungen – von allgemein bekannten bis zu ungewöhnlichen. Sehr wichtig ist die Fähigkeit, aus dem studierten Material etwas Allgemeines herauszusondern, das Ihr Spiel bereichert. Selbst Großmeister und Meister stoßen ab und an auf neue Ideen, die sie vorher nicht kannten.

Im Jahre 1981 unterhielt ich mich mit Großmeister Juri Rasuwajew über die neue Welle im sowjetischen Schach – in der gerade beendeten UdSSR-Landesmeisterschaft hatten Psachis, Jussupow und Dolmatow geglänzt. Als Juri Sergejewitsch über Lew Psachis sprach, betonte er, daß dieser „ein feines Gefühl für den König" besitze. Ehrlich gesagt, erschien mir diese Bemerkung damals etwas abstrakt, doch bald darauf sah ich folgende Partie ...

**Psachis – Hebden**

Chicago 1983

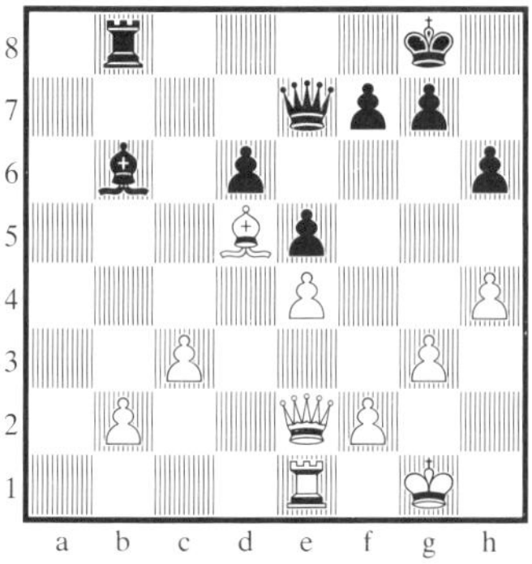

Weiß besitzt einen Mehrbauern, aber seine Realisierung sieht nicht einfach aus.

**35. Td1**

(mit der Idee Td1-d3-f3)

**La7 36. b4 Dc7 37. Td3 g6**

Auf 37. ... Lb6 folgt 38. Dh5 Tf8 39. Tf3 mit der Absicht Dg6! nebst g4-g5, und Weiß hat siegreichen Angriff.

**38. Dg4 Kg7 39. Tf3 Tf8 40. h5 g5 41. Df5 De7**

Jetzt ist Schwarz völlig gelähmt. Er kann nicht mit der Dame, nicht mit dem Turm und auch nicht mit seinem König ziehen, und zwar wegen der Schwäche der Felder f6 und f7. Es bleiben ihm nur noch Züge mit seinem Läufer. Wie es scheint, fällt es auch Weiß schwer, seine Stellung zu verstärken, aber ...

**42. Kg2 Lb6 43. Kf1 La7 44. Ke2 Lb6 45. Kd3 La7 46. Kc4 Dc7+ 47. Kb3 De7 48. g4! Lb6 49. Kc4 La7**

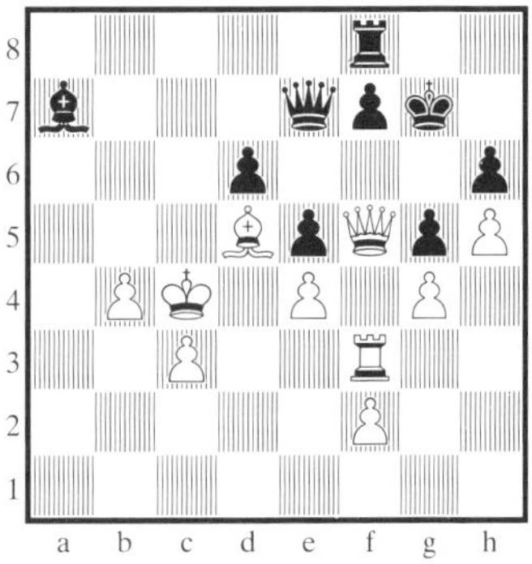

**50. Kb5!!**
Der weiße König läuft direkt ins Feuer der feindlichen Schwerfiguren. Aber was will er eigentlich damit erreichen?

**50. ... De8+**
Nach 50. ... Tb8+ 51. Ka6!! Tb6+ 52. Ka5 steht Weiß besser.

**51. Lc6 Dd8 52. Kc4! De7 53. Dd7.**
Erst jetzt wird die Idee von Weiß deutlich. Der König ging nicht so weit, um den Gegner zu erschrekken, sondern, weil er nach dem Damentausch die eigenen Bauern beim Vormarsch unterstützen will.

**53. ... De6+! 54. D:e6 f:e6 55. T:f8 K:f8 56. Kb5 Ke7 57. Ka6 L:f2 58. c4 Kd8 59. Kb7 Le1 60. b5 Lf2 61. b6 Ld4 62. La4 d5**
(62. ... Le3 63. Kc6 Lc5 64. b7, und Weiß dominiert)

**63. c:d5 e:d5 64. e:d5 e4 65. Kc6! Kc8 66. d6 e3 67. Lb5 Lf6 68. La6+ Kb8 69. Kd7.** Schwarz gab auf.

Möglicherweise half mir das Studium dieses Beispiels in der nächsten Partie.

**Kischnjow – Kaidanow**
Odessa 1987

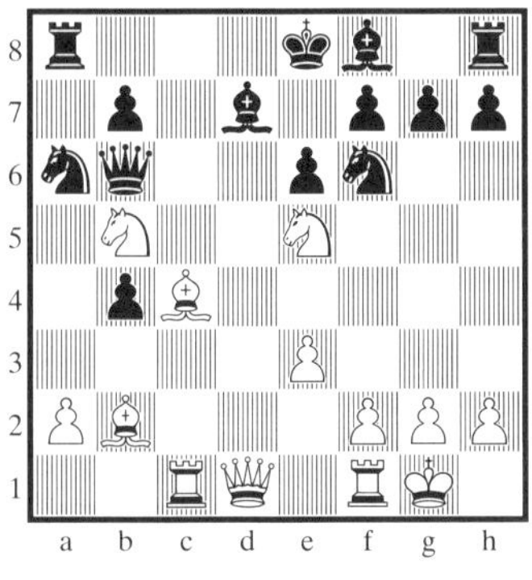

Weiß plante eine „Kombination".

**14. S:f7? K:f7 15. L:f6 K:f6!**
Die Widerlegung! Nach 16. D:d7 Td8 ist die weiße Dame in der Falle.

**16. Df3+ Ke7 17. Tfd1 L:b5 18. L:e6 K:e6! 19. Dd5+ Kf6 20. Df3+ Ke7 21. Td5 Ld7 22. De4+ Le6 23. Tcd1 Kf7 24. Td7+ Le7 25. Df3+ Ke8 26. T:b7 Dc5 27. De4 Td8** Weiß gab auf.

„Warum hat mein Gegner den Zug 15. ... K:f6 nicht in Betracht gezogen?", fragte ich mich anschließend und kam zu einem einfachen Schluß: indem wir die Rolle des Königs im Endspiel verstehen und anerkennen, achten wir häufig nicht auf mögliche aktive Manöver der Majestät in der Mitte der Partie.

Erinnern wir uns an die Schachgeschichte. Bereits Steinitz bemühte sich nachzuweisen, daß der König im Mittelspiel eine starke Figur ist. Aber in dem von ihm entwickelten Gambit – 1. e4 e5 2. f4 e:f4 3. Sc3 Dh4+ 4. Ke2 – bewahrheitet sich die „Aktivität" des Königs schwerlich, häufig wird er von Schwarz einfach mattgesetzt.

Das Verständnis dafür, wann man den König aktivieren sollte und wann dies verfrüht ist, das ist wohl dieses Gefühl für den König, von dem Rasujawew sprach. Obwohl man den Begriff auch weiter fassen kann, das heißt, in ihn das Vermögen einschließen sollte, den geeigneten Moment für einen Angriff auf den feindlichen König zu erkennen. Dazu gehört auch, den Gegner zu behindern, seinen eigenen König in Sicherheit zu bringen usw.

Doch schauen wir uns jetzt folgende Partie an.

**Andersson – Tempone**

Buenos Aires 1979

**1.c4 Sf6 2.Sf3 g6 3.Sc3 d5 4.c:d5 S:d5 5.e4 S:c3 6.d:c3 D:d1+ 7.K:d1 c5?**

Danach steht Weiß bereits besser.

**8.Le3 b6 9.a4 Sc6 10.Lb5 Ld7 11.Kc2 Lg7 12.Thd1 a6? 13.Lc4 Lg4 14.h3 L:f3 15.g:f3 0-0 16.f4 Ta7 17.e5 a5 18.Td2 e6 19.Tad1 Tc8**

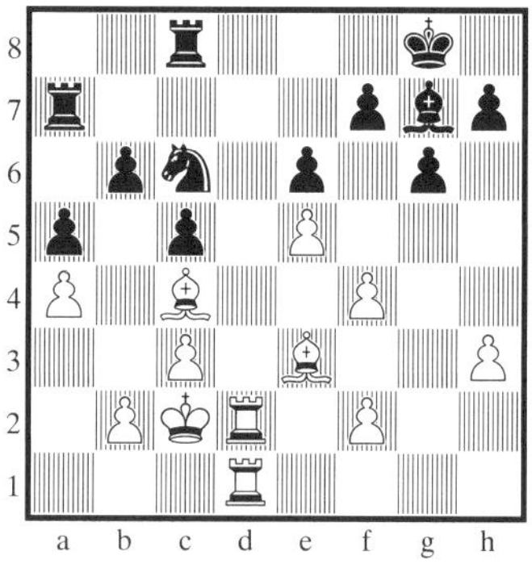

**20.Kb3! Lf8 21.Lb5! Tcc7 22.L:c6 T:c6 23.Kc4 Le7 24.Td7 Tcc7 25.T:c7 T:c7 26.Kb5 Tc8 27.Td7 Kf8 28.K:b6 Ke8 29.Tb7 Ld8+ 30.Kb5 c4 31.Lc5** Schwarz gab auf.

Diese Partie, in der der weiße König quasi mit den Hüften wackelnd auf dem Wege über b3-c4-b5 ins feindliche Lager eindrang, hat mir sehr gefallen.

Diese technische Methode nannte ich für mich „Königsmarsch“ und sammelte noch einige Beispiele zu dem Thema. Bitte, hier ist eines davon.

**Geller – Hort**

Skoplje 1968

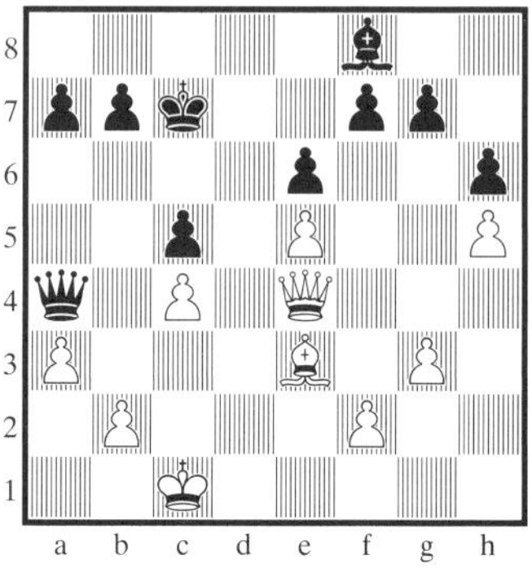

Auf dem Brett haben wir ein typisches Caro-Kann-Endspiel.

**27.Df4! Dd7 28.b3!**

Möglich war auch Kc2.

**Kd8 29.Kc2 Ke8 30.De4 Dc7**

Schwarz ist stark eingeengt, und Weiß beginnt einen Bauernangriff am Königsflügel.

**31.f4 Le7 32.g4 Lh4 33.f5 Lg3 34.f:e6 f:e6 35.Dg6+ Kf8 36.D:e6 L:e5**

Nach dem Studium des vorigen Beispiels ist das folgende Manöver von Weiß nicht schwer zu finden.

**37.Kd3! Lg3 38.Ke4 Lh2 39.Kf5 Lg3 40.Ld2 Lh2 41.Lc3 Df7+**, und Schwarz gab auf. Nach 42.D:f7+ K:f7 43.Ke4 und 44.Kd5 gewinnt Weiß das Läuferendspiel.

Erinnern Sie sich an die Partie Psachis – Hebden, hier haben wir das gleiche Szenarium: Marsch des Königs bei Schwerfiguren, danach Damentausch, und das sich ergebende Endspiel ist aufgrund der besseren Stellung des Königs gewonnen.

Nach der Analyse all dieser Beispiele war es mir eine Freude, die nächste Partie zu spielen.

**Kijk – Kaidanow**
Norilsk 1987

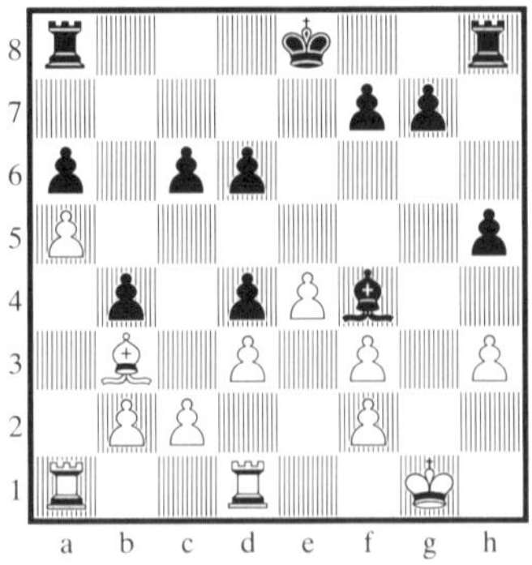

**21.... Ke7 22. Ta4 Thb8 23. Lc4 Kf6! 24. Kf1 Ta7 25. Te1 Lh6 26. Ke2 Ke5 27. Kf1 Kf4 28. Ke2 Te7!**

Der nächste Zug von Weiß verliert schnell, aber seine Stellung war schon schwierig. 29. L:a6 geht nicht wegen 29.... d5 mit nachfolgendem 30.... Ta7, außerdem droht 29.... d5 und 30.... f5.

**29. Kf1? K:f3 30. L:a6 d5 31. e:d5 T:e1+ 32. K:e1 Te8+ 33. Kf1 Te2 34. Ta1 T:f2+ 35. Kg1 Tg2+ 36. Kh1 Le3**

Weiß gab auf. Gegen 37.... Kg3 und 38.... Th2 matt gibt es keine Verteidigung.

Diese Episode ist ein erneuter Beweis dafür, daß keine gewissenhafte Arbeit umsonst ist!

Die betrachteten Beispiele helfen uns, das intuitive Gefühl für den König zu entwickeln und außerdem das konkrete technische Verfahren – den Marsch des Königs – zu beherrschen.

## Zusätzliches Material zur Vorlesung von G. Kaidanow

### Kortschnoi – Jussupow

Lone Pine 1981

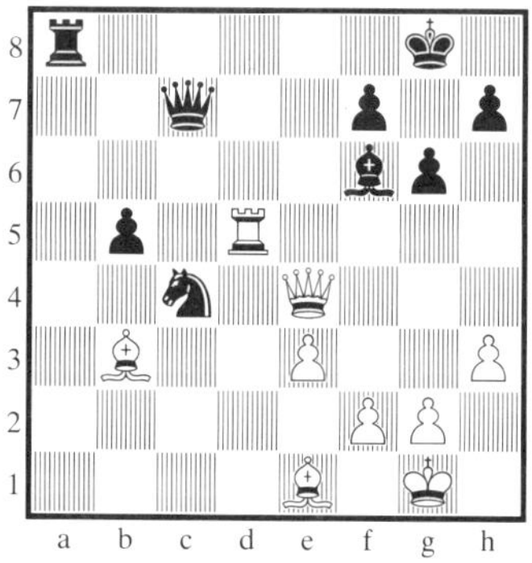

Anmerkungen von Artur Jussupow:

Mit meinem letzten Zug 32. ... Tc8-a8?! wollte ich Weiß veranlassen, den unangenehmen Druck auf den Bauern b5 aufzugeben und sich gegen die Drohung 33. ... Ta1 mit 33. Td1 zu schützen. Die glänzende Antwort Kortschnois aber zerstörte meine Illusionen.

**33. Kf1!! Ta1?** Besser war es für mich, den Fehler einzugestehen und 33. ... Tb8 zu spielen, aber in diesem Falle hätte Weiß ebenso besser gestanden.

**34. Ke2!!** Es erweist sich, daß der weiße König auf e2 völlig sicher ist. Der Anziehende kann nach Lb4 alle seine Streitkräfte aktivieren.

**34. ... Kg7** Wenn 34. ... Sb6, so geschieht einfach 35. T:b5 Dc1 36. De8+ Kg7 37. D:f7+ Kh6 38. Df8+ Lg7 39. Df4+; und auf 34. ... Se5!? ist 35. Ld2 nicht schlecht.

**35. Lb4** Natürlich nicht 35. T:b5? wegen 35. ... Sd6. Jetzt droht auch 36. De8 und 36. T:b5. Gegen diese Drohungen konnte ich keine Verteidigung mehr finden.

**35. ... Sb6 36. Td6** Gut war auch 36. T:b5.

**36. ... Tc1 37. T:f6!** Das gewinnt forciert.

**37. ... K:f6 38. Dd4+ Kg5** Wenn 38. ... De5, so 39. Le7+!

**39. Le7+! D:e7** Oder 39. ... Kh6 40. Dh4+ Kg7 41. Df6+ Kh6 42. Lf8+ Kh5 43. g4 matt.

**40. Df4+** Schwarz gab auf, denn er wird in zwei Zügen mattgesetzt. Im Grunde wurde die Partie durch das unerwartete Königsmanöver entschieden.

### Teichmann – Konsultanten

Glasgow 1902

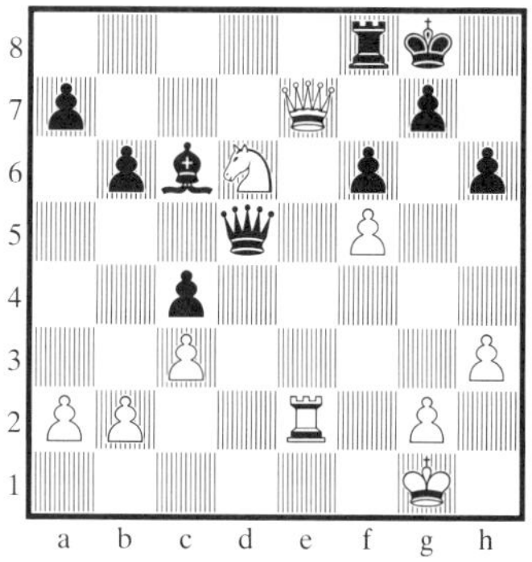

Anmerkungen von Mark Dworezki:
Der weiße Turm ist an den Punkt g2 gebunden. Teichmann beschloß deshalb, seinen König nach h4 zu bringen, um den Turm zu befreien und auf die g-Linie zu stellen. Der König geht gegebenenfalls bis nach g6.

**28. Kh2 b5 29. Kg3! a5 30. Kh4** Es droht Kh5 und Te3.

**30. ... g6 31. Te3! D:g2 32. Tg3 Df2** Auf 32. ... g5+ folgt 33. Kh5 D:g3 34. Kg6.

**33. f:g6 Df4+ 34. Tg4 Df2+ 35. Kh5** Schwarz gab auf.

## Übungen

1

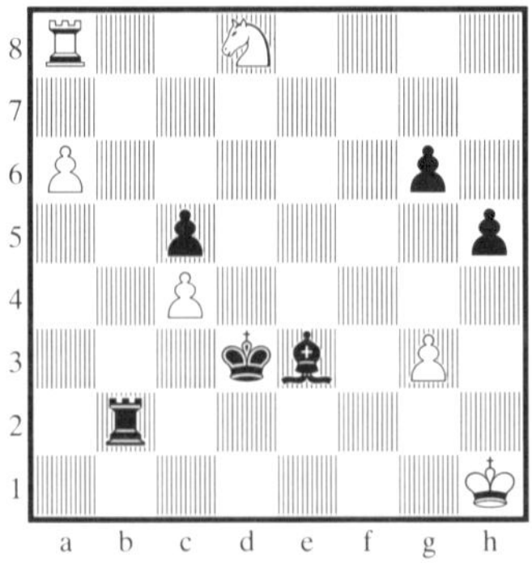

Schwarz am Zug

2

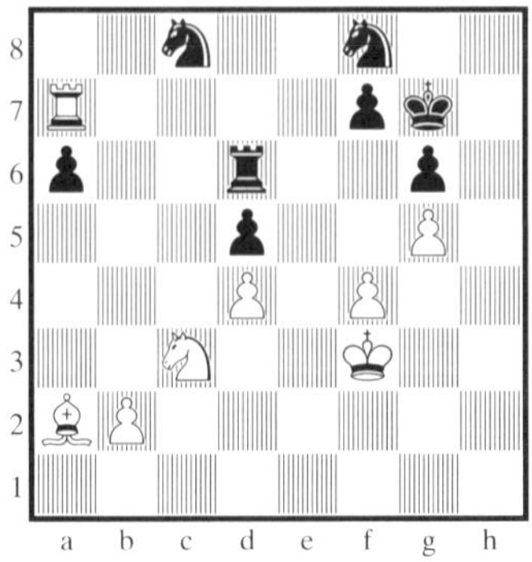

Weiß am Zug

3

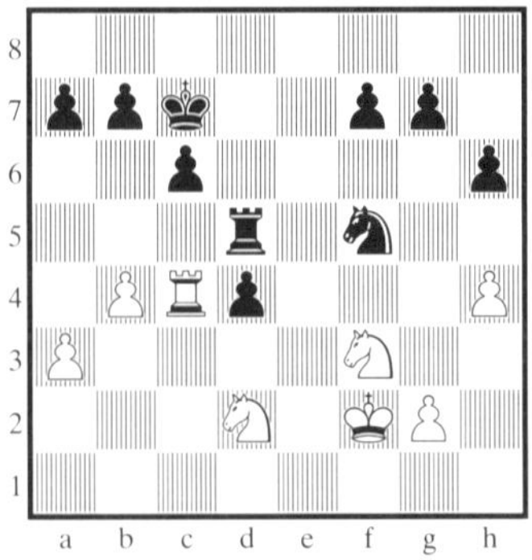

Schwarz am Zug

4

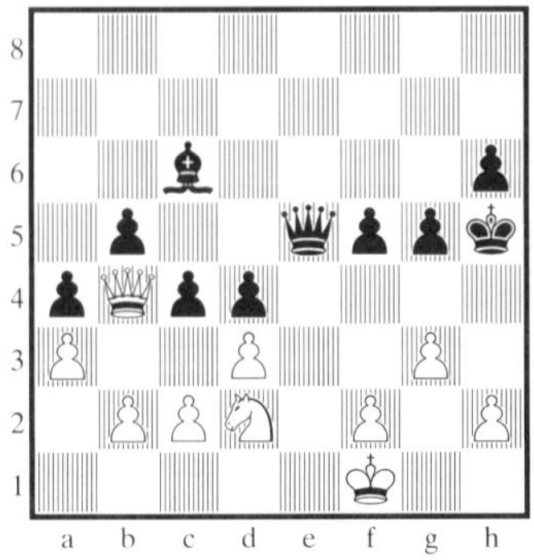

Schwarz am Zug

## Lösungen

1) **Romanischin – Jussupow**, Minsk 1979

(Variante aus der Partie)

Schwarz mußte auf Matt spielen: **1.... Ke4! 2. a7** (2. Sf7 Kf3 3. Te8 Ta2) **2.... Kf3!!** (nicht aber 2.... Ta2? 3. Sc6 Kf3 4. Te8!) **3. Tb8 Te2! 4. a8D+ K:g3** mit undeckbarem Matt.
Fehlerhaft wäre 3.... Td2? (anstelle von 3.... Te2!) wegen 4. Tb3! T:d8 5. Tb8 Td2 6. Tf8+! K:g3 7. Tf3+! K:f3 8. a8D+.

2) **Dolmatow – Schamkowitsch**
Amsterdam 1979

**1. Tb7!** (1. Tc7? Sb6; 1. Ta8? Se7 2. Te8 Sf5 oder 2.... Td7) **1.... Sb6** (1.... Se6 2. L:d5 S:d4+ 3. Ke4 Se6 4. Ke5) **2. S:d5!! S:d5** (2.... T:d5 3. L:d5 S:d5 4. Ke4) **3. Ke4!** Jetzt wäre 3.... Tb6 4. L:d5 schlecht, und auf **3.... Sf6+** entscheidet **4. Ke5!**.

In der Partie geschah 3.... Sd7 4. L:d5 f5+ 5. g:f6+ K:f6 6. Lc4 g5 7. f5 g4 8. Le6 g3 9. Kf3! Sb6 10. Tf7+ Kg5 11. Tg7+ Kh6 12. Tg4 Sd5 13. T:g3 Se7 14. Ke4 Tb6 15. b3 Tb8 16. d5 Schwarz gab auf.

3) **Gortschakow – Dworezki**, Moskau 1974

Weiß droht, den Bauern d4 mittels Sb3 anzugreifen.
**1.... Kb6!** Jetzt hat Schwarz auf 2. Sb3 die Parade 2.... Kb5. Wenn 2. a4, so folgt nicht a5? (wegen 3. Sb3 oder 3. b:a5+), sondern 2.... Sd6! 3. T:d4 T:d4 4. S:d4 a5!.

In der Partie ging es so weiter: 2. g4 Se3 3. T:d4 T:d4 4. S:d4 S:g4+ 5. Kg3 h5 6. Sc4+ Kc7. Nachdem Schwarz für den Springer drei Bauern bekommen hatte, hielt er Remis.

4) **Matthew – Dolmatow**, Groningen 1978/79

Schwarz zog 1.... f4? und gab damit den Sieg aus der Hand. Die Begegnung endete nach 2. Df8 Ld5 3. Sf3! remis wegen 3.... L:f3 4. Df7+ Kg4 5. Dd7+.
Unbefriedigend für Schwarz ist 1.... c3? 2. b:c3 d:c3 3. Sb1.
Im Falle von 1.... Dd5 geht 2. d:c4 b:c4 3. S:c4 Lb5 4. b3 a:b3 5. c:b3 d3 nicht für Weiß. Aber es gibt das einfache 2. Ke2 De6+ 3. Kd1 oder 2.... De5+ 3. Kf1 (nicht jedoch 3. Kd1? c3).

Schwarz hätte gewonnen, wenn er seinen König in die Attacke eingeschaltet hätte.
**1.... Kg4! 2. Df8** (2. d:c4 Kh3 3. Kg1 Lg2! 4. Sf1 De2) **2.... De6** mit der Absicht 3.... Kh3. Weiter könnte darauf folgen: 3. Kg1 c3! (nicht so überzeugend ist stattdessen 3.... Kh3 4. Sf1 b4 5. d:c4 b3 6. c:b3 Lg2 7. Dc5! oder 4.... Lg2 5. Dg7 b4 6. a:b4! c3 7. b:c3 a3 8. c:d4 L:f1 9. K:f1 a2 10. Da7!) 4. b:c3 d:c3 5. Sf1 f4! 6. g:f4 g:f4 7. Dg7+ Kh5 mit der Drohung 8.... Dg6+.

## Anlage zur Vorlesung von G. Kaidanow

# M. Dworezki: Bewertung und Analyse

„Ich schaute dann unvoreingenommen auf die Stellung und – oh, welche Freude! – verstand das Geheimnis dieses Endspiels."

Michail Botwinnik

Wenn wir uns auf eine Hängepartie vorbereiten, nehmen wir eine ernsthafte Analyse in Angriff. Dabei begreifen wir auf einmal, was für ein reicher Inhalt in den einfachsten und auf den ersten Blick wenig interessanten Stellungen steckt. Wir entdecken zum Beispiel, daß man sich in jeder Stellung, auch in einer sehr schwierigen Situation, erfolgreich verteidigen kann und daß man auf dem Weg zum Gewinn vielfältige Hindernisse überwinden und zuweilen einzigartige Züge finden muß. Die in der Analyse mit Mühe gefundene Wahrheit gibt einem gewöhnlich große schöpferische Befriedigung.

**Achmylowskaja – Alexandria**

6. Wettkampfpartie, Kislowodsk 1980

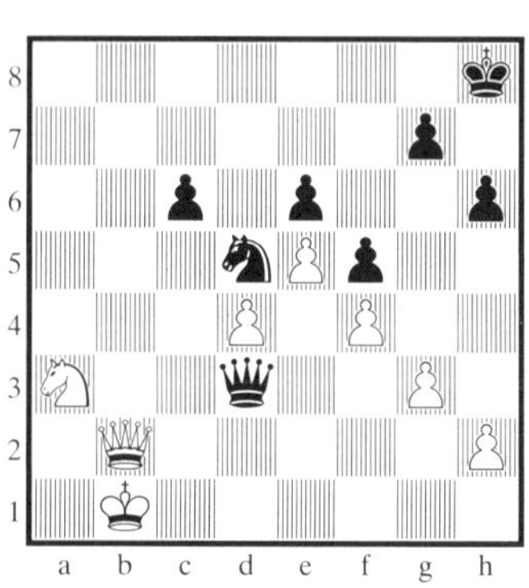

Der erste Eindruck: Schwarz besitzt großes, wahrscheinlich entscheidendes räumliches Übergewicht. Seine Figuren stehen aktiver, die Bauern d4 und h2 sind schwach.

Welchen Zug wird Achmylowskaja abgegeben haben? Natürlich nicht 41. Dc2? D:a3 und nicht 41. Sc2? Sc3+ 42. Ka1 Dd1+. Wahrscheinlich auch nicht 41. Ka2?, weil doch in diesem Falle der schwarze Springer mit Schach nach c3 kommt.

Ist nicht auch der Zug 41. Kc1 leicht zu widerlegen? Schwarz kann daraufhin recht schnell den Bauern h2 erobern: 41.... Se3 42. Db4 Dd1+ 43. Kb2 De2+ 44. Kb3 D:h2. Noch genauer ist das Spiel auf Zugzwang: nach 41.... Kh7! verschlechtert jeder beliebige Zug die Lage von Weiß, zum Beispiel: 42. Sc2 Df1+ 43. Kd2 Df2+ 44. Kd3 (44. Kc1 Dg1+; 44. Kd1 Se3+) 44.... D:h2. Oder 42. Sb1 Df1+ 43. Kd2 (43. Kc2 Se3+ mit Damengewinn) 43.... Df2+ 44. Kc1 Dg1+.

Bleibt also nur **41. Ka1**, aber dann führt das offensichtliche 41.... Sc3 zum Gewinn des Bauern d4. Worin mögen die Gegenchancen der Konkurrentin bestehen?

Sehen wir uns vor allem 42. Sb1 an. Sofort erleben wir eine kleine Enttäuschung – es zeigt sich, daß nach 42.... S:b1 43. D:b1 D:d4+ 44. Db2! D:b2+ 45. K:b2 ein unentschiedenes Bauernendspiel entsteht: 45.... Kg8 46. Kc3 Kf7 47. Kb4 Ke7 48. Kc5 Kd7 49. Kb6 g5 50. h3 (gleichwertig 50. h4 g:h4) 50.... g4 51. h4 h5 52. Ka5! Kc7 53. Ka6.

Versuchen wir einmal, das Damenendspiel einzuschätzen.
44.... Dd5 45. Df2 (oder 45. De2) 45.... c5 46. Kb2 c4 47. De3 (oder bei der Dame auf e2 folgt 47. Kc3). Ohne Hilfe seines Königs kann Schwarz nicht gewinnen; aber ihn ins Spiel einzuschalten, ist nicht so einfach, weil sich dabei doch die Chancen von Weiß auf ewiges Schach erhöhen. Ergo: Es ist wünschenswert für Schwarz, dem Springertausch auszuweichen.

Spielen wir mal 42.... Sb5! (anstelle von 42.... S:b1), um 43.... S:d4 ziehen zu können. Erneut stellt sich die Frage: Wem nützt der Damentausch? Es zeigt sich, daß Weiß nach 43. Dd2 D:d2 44. S:d2 S:d4 45. Kb2 Gegenchancen infolge der verwundbaren Bauern c6 und e6 sowie des vom Zentrum weit entfernten feindlichen Königs besitzt.

Es lohnt nicht, den Zug 42. Sb1 weiter zu analysieren – wir haben die stärkste Antwort von Schwarz darauf gefunden und den Plan des weiteren Spiels festgelegt. Ernste Schwierigkeiten bei der Realisierung dieses Vorhabens sind nicht sichtbar.

Wir stellen hier also fest, daß es **bei der Analyse einer Abbruchstellung neben der Untersuchung konkreter Varianten auch sehr wichtig ist, allgemeingültige Schlußfolgerungen zu ziehen.**

In unserem Falle ist beispielsweise über den Nutzen des Tausches dieser oder jener Figur nachzudenken.

Prüfen wir einmal 42. Db4. Im Falle von 42.... Dd2 43. Db2 D:d4 44. Sb1 ist der Damentausch unvermeidlich; doch wir haben schon festgestellt, daß dabei die Realisierung des Vorteils von Schwarz erschwert würde. Unbefriedigend ist auch 42.... Se2 43. Kb2 S:d4 44. Dc4! Dd2+ 45. Sc2, weil es Weiß dadurch gelingt, seine Kräfte zu koordinieren, mit Abtausch zu drohen und die Bauern c6 und e6 anzugreifen.
Bedeutend stärker wäre 42.... Dd2 43. Db2 Dd1+! 44. Sb1 Sb5! 45. Dd2 Da4+ 46. Kb2 S:d4 47. Dc3 Db5+ und 48.... c5. Es entstünde in etwa dieselbe günstige Situation für uns wie in der Variante mit 42. Sb1.

Aber inzwischen haben wir, wie es scheint, bereits die beste Aufstellung der weißen Figuren ermittelt – König auf b2 und Springer auf c2. Man erhält sie, wenn 42. Db3! D:d4 43. Sc2 gespielt wird.

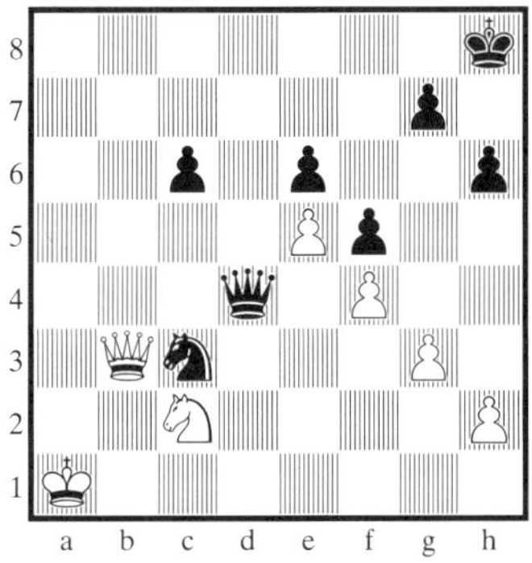


Zunächst wird auch dieser Verteidigungsplan als nicht sehr seriös aufgefaßt. Es sieht so aus, als lohnte es sich, ein paar genaue Züge zu finden, um den Widerstand des Gegners zu brechen. Versuchen wir es!

43.... Dd2 bietet sich an, aber wohin geht der Springer nach 44. Kb2 zurück? Harmlos wäre auch das „aktive" 44.... Se2 wegen 45. Dc4, und es ist nicht klar, wie man den Bauern c6 schützen soll.

Bedeutend solider sieht 44. ... Sd5 aus, wodurch der Bauer e6 überdeckt und 45. ... D:h2 gedroht wird. Wenn 45. h4, so 45. ... c5, und um Weiß ist es schlecht bestellt.
Weiß muß unbedingt sofort Gegendrohungen schaffen: 45. Db8+! Kh7 46. Dd6 Dc3+ (46. ... D:h2 47. D:e6 Se3 48. D:c6) 47. Kc1! (nicht aber 47. Kb1? Db3+ 48. Kc1 Sc3 mit entscheidendem schwarzen Angriff). Wenn jetzt 47. ... Se3 folgt, dann geschieht darauf 48. Dd2! D:d2+ 49. K:d2 Sf1+ (wir verstehen, daß das Endspiel nach 49. ... S:c2 remis ist) 50. Ke2 S:h2 51. Sd4.
Verlockend sieht das Bauernopfer 47. ... c5 48. D:e6 Se3 49. Da2 Sc4 aus, aber wie sich zeigte, ist auch hier nichts entschieden.

Überprüfen wir jetzt noch 44. ... Sb5 (anstelle von 44. ... Sd5). Der Bauer e6 ist indirekt gedeckt (45. D:e6? D:c2+!). Auf 45. Dc4 folgt 45. ... D:h2 46. D:c6 Sd4, wodurch der Übergang in ein gewonnenes Bauernendspiel forciert wird (zum ersten Mal erwiesen sich Vereinfachungen als günstig für Schwarz!).
Notwendig ist hier 45. h4 mit der Absicht 46. Dc4. Als Antwort auf 45. ... De2 kann Weiß die Stellung halten, wenn er die schwarze Dame mit der Drohung des Abtausches „terrorisiert": 46. De3 (nicht 46. h5 wegen 46. ... Kh7! 47. De3 D:h5 oder 47. Kb1 c5! 48. De3 Dc4) 46. ... Dg2 (46. ... Dc4 47. Db3) 47. Db3! Kh7 48. Dc4!, und 48. ... D:g3 49. D:c6 ist bereits fragwürdig, denn Weiß denkt schon über h4-h5 nach.

Also, bei 43. ... Dd2 ist kein einfaches Spiel möglich, um die Stellung zu verstärken. Überprüfen wir 43. ... Dg1+ 44. Kb2 und sortieren wir erneut alle Springerzüge.
Das Manöver 44. ... Sd1+ wäre im Falle von 45. Ka3? angebracht, aber der weiße König kann tapfer ins Abzugsschach laufen: 45. Kc1!. Eine interessante Verteidigung findet sich auch nach 44. ... Se2 45. Dc4 (45. D:e6? Dc1+ und 46. ... D:c2+!) 45. ... D:h2. Hier hilft nur 46. D:e6! Sd4 47. Dc8+! Kh7 48. Kc3!.
Größere Aufgaben stellt Weiß der Zug 44. ... Sd5.

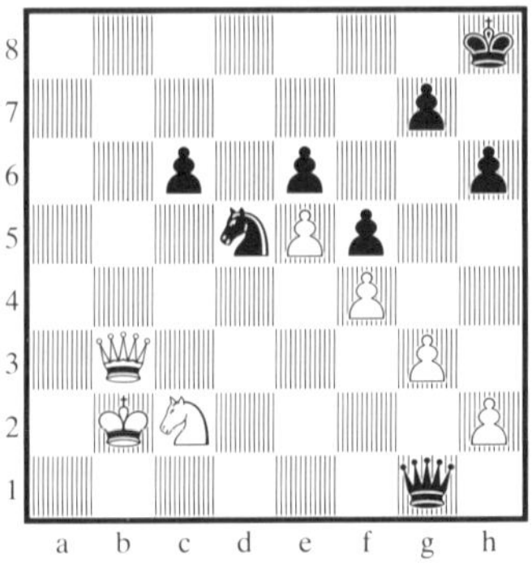


Es zeigt sich, daß der Gegenangriff 45. Db8+ Kh7 46. Dd6, der durchschlägt, wenn die schwarze Dame auf d2 steht, hier keinen Erfolg hat: 46. ... Db6+! 47. Ka3 (47. Kc1 Sc3!) 47. ... Da5+ 48. Kb2 Db5+ 49. Ka3 Sb6! 50. Db4 Dd3+ 51. Db3 (51. Kb2 Sc4+) 51. ... Da6+! 52. Kb2 c5!. Der Bauer e6 ist nicht zu nehmen, und Schwarz kehrt zu den glücklichen, aber beinahe schon vergessenen Zeiten zurück, als er noch ohne Mühe seine Stellung verstärken konnte (Sb6-c5, c5-c4 usw.).
Auch 45. Dc4? D:h2 46. D:c6 Se3 hilft nicht, genausowenig 45. h4? c5 mit entscheidendem schwarzen Vorteil.
Solche stillen Züge wie 45. Db7!! fallen einem gewöhnlich nicht sofort ins

Auge. Indem Weiß die Bauern c6 und e6 angreift, läßt er in dieser Zeit die feindliche Dame nicht nach b6. Auf 45.... D:h2 folgt die uns bereits bekannte Variante 46. Dc8+ Kh7 47. D:e6 Se3 48. D:c6.

Man muß eingestehen, daß die Frage nach dem besten Plan von Schwarz, wie er sein Übergewicht realisiert, bislang noch offen blieb. Überall entgeht Weiß mit einzigartigen Zügen der Niederlage und stellt uns ernste Probleme. Das bedeutet, man muß sich aufs neue in die schon gefundenen Varianten vertiefen und versuchen, in ihnen vielleicht doch noch unentdeckte Ressourcen zu finden. Der Autor dieser Zeilen und andere Sekundanten Nana Alexandrias beschäftigten sich damit sehr lange, aber ohne Erfolg.

Einen Ausweg aus einer bekannten Sackgasse kann man auch mit anderen und teilweise effektiveren Mitteln suchen.

**Es ist sehr nützlich zu versuchen, die Last der bereits gefundenen Varianten, Bewertungen und Meinungen abzuwerfen und auf die Stellung mit frischem Blick zu sehen, indem man sich bemüht, eine neue, bisher nicht untersuchte Idee zu entdecken.**

Solche Ideen werden oft schon in den ersten Zügen der Analyse gefunden.

Als ich das ermüdende Variantenstudium schließlich beendet hatte, verstand ich auf einmal, daß alle Schwierigkeiten von Schwarz der Tatsache entspringen, daß sein König nicht am Spiel beteiligt ist. Wegen dieser Ursache erscheinen viele Endspiele mit einem Mehrbauern unklar. Lohnt es sich also, Tempi für die Eroberung des nicht so wichtigen Bauern d4 zu vergeuden und Weiß zu gestatten, sich in dieser Zeit zu konsolidieren? Die Dame auf d3 und der Springer auf d5 sind vorzüglich postiert, nun muß die Stellung der einzigen nicht am Spiel beteiligten Figur – des Königs – verbessert werden!

Das Schwerste war, auf den Zug 41.... Sc3 zu verzichten und das Manöver Kh7-g6-h5 zu finden. Die weitere Überprüfung der Varianten ist bereits, wie man sagt, eine Sache der Technik.

**41.... Kh7!!**

Neben seiner objektiven Stärke ist dieser Zug auch deshalb gut, weil er für die Kontrahentin eine Überraschung darstellen mußte.

**42. Sb1**

Nach 42. Sc2 Kg6 sind überhaupt keine vernünftigen Fortsetzungen für Weiß zu sehen (43. Sb4 Dd1+ 44. Ka2 Da4+).

**42.... Kg6!**

Droht Kg6-h5-g4-h3. Auf 43. Db8 folgt 43.... D:d4+ 44. Ka2 Sb4+! mit entscheidendem Angriff.

**43. Dd2 D:d2**

Schwarz willigt jetzt in den Damentausch ein, weil sein König gewinnverheißend ins feindliche Lager eindringt.

**44. S:d2 Kh5**

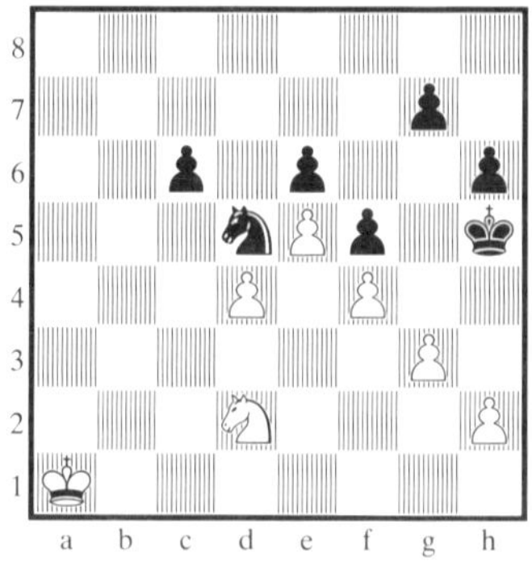

**45. Sc4**

Keinerlei Chancen bringt 45. Sb3 Kg4 46. Sc5 Sc7, und auch 45. Kb2 Kg4 46. Kb3 Kh3 47. Kc4 K:h2 48. Kc5 K:g3 49. K:c6 h5 50. Kd6 S:f4 51. d5 e:d5 52. e6 S:e6 hilft Weiß nichts.

Die Situation auf dem letzten Diagramm sieht völlig hoffnungslos für Weiß aus. Muß sie detailliert untersucht werden?

Um sich von seiner Stellungsbeurteilung zu überzeugen und die Verwicklungen während der Hängepartie zu vermeiden, **sollte man die Analyse der forcierten Varianten so weit wie möglich fortsetzen, bis diese zu absolut klaren (oder aber völlig unklaren) Situationen führen**.

Indem wir die genauesten und sichersten Wege zum Ziel auswählen und analysieren, trainieren wir im Grunde eine für jeden Schachspieler außerordentlich wichtige Gewohnheit – die Technik der Realisierung eines Vorteils. Ein ernstes Herangehen an gefaßte Beschlüsse sogar in vollkommen gewonnenen Stellungen, das Bemühen, das feindliche Gegenspiel so weit wie möglich einzuengen, die ständige Aufmerksamkeit gegenüber den „Kleinigkeiten" und „Details" zeichnet die Meisterschaft solcher Könner mit exzellenter Technik aus, wie R. Fischer, A. Karpow, T. Petrosjan oder U. Andersson.

**45. ... Kg4 46. Sa5 Se7 47. Kb2**

Auf 47. Sb7 ist sowohl 47. ... g5 als auch 47. ... Kh3 48. Sd8 K:h2 49. S:e6 K:g3 50. S:g7 Kg4 möglich.

**47. ... Kh3 48. Kc3 K:h2 49. Kc4 K:g3 50. Kc5 h5 51. Kd6** Auf 51. S:c6 folgt am einfachsten 51. ... S:c6 52. K:c6 h4 53. d5 h3, und der schwarze Bauer wird mit Schach zur Dame.

**51. ... Sd5** (leicht gewonnen hätte 51. ... h4) **52. K:e6 h4 53. S:c6 S:f4+ 54. K:f5 h3**

Weiß gab auf.

Die positionellen Erwägungen, denen der Zug 41. ... Kh7!! zugrunde liegt, sind elementar.

**Der König muß im Endspiel aktiv am Kampf teilnehmen; wenn eine unserer Figuren ungünstig postiert ist, müssen wir ihre Stellung sofort verbessern.**

All das wissen wir zur Genüge. Warum also konnte eine ganze Gruppe erfahrener Schachmeister die Lösung des Stellungsproblems so lange nicht finden? Offensichtlich ließen wir uns alle vom „Material" beeindrucken. Die Eroberung des Bauern d4 nach 41. ... Sc3 sah sehr verlockend aus. Und obwohl in diesem Falle der materielle Gewinn sich als fehlerhaft erwies, ist im allgemeinen nichts Verwerfliches an einem solchen Plan, wenn er keine positionellen Zugeständnisse macht und durch ihn nur wenig Zeit verloren wird.

Eine solche Taktik ist meistens vernünftig. So ist es auch hier: Wenn in der Ausgangsstellung der schwarze König schon auf h7 gestanden hätte, so wäre der Zug 41.... Sc3 überhaupt nicht zu tadeln.

In jeder Stellung wirken gleichzeitig verschiedene Gesetzmäßigkeiten, und die aus ihnen abgeleiteten Empfehlungen widersprechen einander zuweilen. Häufig gelingt es, die richtige Auswahl intuitiv zu treffen, indem man sich auf seinen positionellen Spürsinn verläßt. Aber bei weitem nicht immer kann die Lösung „erraten" werden – vorher muß man sich in lange Berechnungen der Varianten vertiefen. Zu ein und demselben Schluß kommen verschiedene Schachspieler auf unterschiedlichen Wegen, und zwar in Abhängigkeit von den Besonderheiten ihres Denkens bzw. der individuellen Suche nach dem besten Zug.

Wir fanden die Lösung für diese Stellung – 41.... Kh7!! (wie auch die beste Aufstellung der weißen Figuren nach 41.... Sc3 – 42. Db3! und 43. Sc2!) – nach einer langen konkreten Analyse. Möglicherweise konnte ein Schachmeister mit feinem positionellem Gespür den richtigen Weg bedeutend schneller ermitteln und sich damit riesige analytische Arbeit ersparen.

**Es lohnt sich nicht (wie dies manchmal getan wird), irgendeine Priorität des Konkreten über das Allgemeine, der Analyse über die Beurteilung, der Logik über die Intuition zu setzen oder umgekehrt. Der Schachspieler muß beide entgegengesetzte Formen des Denkens entwickeln, verschiedene Methoden des Herangehens an eine Stellung beherrschen, sie richtig zu verbinden lernen – in Abhängigkeit von seinen Fähigkeiten, seinem Geschmack und seinem Spielstil.**

# KAPITEL 7

## Gedanken und Ratschläge großer Schachmeister

### Wilhelm Steinitz

Der erste Rat besteht darin, daß der Lernende sich bemühen sollte, seine Kräfte so oft wie möglich mit stärkeren Schachspielern zu messen. Die Aufmerksamkeit ist dringend auf die Tatsache zu lenken, daß die Regelmäßigkeit von Studium und Praxis sehr entscheidend das Erreichen schneller Erfolge erleichtert. Wer dies nur ab und zu tut, wird kaum in kurzer Zeit vorwärtskommen. Es ist bedeutend besser, dem Schachspiel sechsmal hintereinander eine Stunde am Tag zu widmen als einmal in der Woche sechs Stunden. Eine gute Methode, seine Spielstärke, sein Schachverständnis und sein Gedächtnis zu entwickeln, ist die Angewohnheit, eigene Partien aus dem Kopf nachzuspielen, und noch besser ist es, Meisterpartien anzusehen, die mit guten Kommentaren versehen in Büchern und Zeitschriften abgedruckt sind.

(„The Modern Chess Instructor")

### Siegbert Tarrasch

Nur ich allein weiß, daß meine Niederlagen sich nicht durch fehlende *Stärke* erklären, sondern durch das *Unvermögen*, sie zu nutzen. An meinem Mißerfolg waren die Unterschätzung der Gegner und die Überschätzung der eigenen Möglichkeiten schuld. Ich nahm an, daß es zum Sieg genügen würde, sich ans Brett zu setzen und die Figuren zu bewegen; die Gegner verlieren allein infolge des Gefühls, daß ihnen Dr. Tarrasch gegenübersitzt. Indem ich die Figuren leichtsinnig setzte und nicht tief ins Spiel eindrang, war ich von dem Glauben erfüllt, daß die richtige Sache (und zwar meine) letztendlich die Oberhand behält... Ich trug die gerechte Strafe davon, die aber für mich sehr nützlich war. Ich sah schließlich ein, daß es nicht genügt, ein guter Schachspieler zu sein, man muß auch noch gut spielen.

... Ich muß nicht besonders unterstreichen, daß ich niemals – wie man so sagt – „auf Remis" spielte, außer natürlich in solchen Situationen, die für mich ungünstig waren und in denen das beste Spiel von meiner Seite gesehen maximal ein Unentschieden ergeben hätte. Ich halte die Begriffe „auf Gewinn" oder „auf Remis" spielen für grundfalsch. Ich betrachte jede Stellung als Aufgabe, in der die Forderung gestellt wird, den besten Zug zu finden und bemühe mich, sie zu lösen. Wenn ich den stärksten Zug sehe, der Gewinnchancen beinhaltet, so schalte ich einfach den eigenen Gedanken aus, einen anderen zu wählen, der nur zum Remis führt. Das traurige Abholzen von Schachfiguren, welches zu einem schnellen Remis beiträgt, ist mir zuwider und belustigt mich.

(„300 Schachpartien")

## Dr. Emanuel Lasker

Man kann sich irren, aber es lohnt sich nicht zu versuchen, sich selbst zu betrügen. Wer im Leben tapfer seine Ansichten vertritt, kann natürlich auch verlieren. Aber wenn er sich bemüht, die Ursachen seiner Niederlage zu verstehen, dann gereicht ihm dies zum Nutzen. Allmählich wird er ein Meister, ein Kenner, ein Künstler.
Wem es bereits an Kühnheit zur Verwirklichung seiner Ideen fehlt, der verliert die Fähigkeit des Kämpfers und nähert sich der Niederlage.
Das Studium des Schachspiels muß eine Erziehung der Fähigkeit sein, selbständig zu denken. Schachliches Können sollte nicht ausschließlich eine Sache des Gedächtnisses sein, denn eingeprägte Varianten sind überhaupt nicht so wichtig. ... Das Gedächtnis ist ein zu kostbares Werkzeug, um es mit Kleinigkeiten zu belasten. Von meinen 68 Jahren verwendete ich mindestens 40 darauf, Gelerntes oder Gelesenes zu vergessen, und weil mir dies gelang, bewahrte ich meine geistige Frische.
Also, es geht darum, nicht Schlußfolgerungen im Gedächtnis zu bewahren, sondern Methoden. Eine Methode ist elastisch – sie kann in verschiedenen Situationen des Lebens angewendet werden. Und wer sich die Fähigkeit aneignen will, im Schach selbständig zu denken, der muß alles vermeiden, was darin tot ist: künstliche Theorien, die auf sehr wenige Beispiele und eine große Anzahl von Erfindungen gerichtet sind, die Angewohnheit, mit schwächeren Gegnern zu spielen, der Gefahr auszuweichen, ohne Kritik etwas zu übernehmen und ohne zu überlegen, Varianten und Regeln zu wiederholen, die andere angewendet haben, selbstgefällig und eitel zu sein, sich seine Fehler nicht eingestehen – kurz gesagt, alles, was zu Routine und Anarchie führt.

(„Lehrbuch des Schachspiels")

## Jose Raul Capablanca

Es wäre falsch, eine Eröffnung ohne Verbindung zum nachfolgenden Mittel- und Endspiel zu studieren. Fehlerhaft ist es auch, das Mittelspiel zu untersuchen, ohne dabei an das Endspiel zu denken. Daraus ist klar ersichtlich, **daß der Schach-Schüler sich zuerst mit dem Endspiel beschäftigen muß und danach, wenn es als solches schon studiert ist, zum Erlernen der Eröffnung und des Mittelspiels im Zusammenhang mit dem Endspiel übergehen kann.**

(Letzte Schachlektionen Capablancas)

## Alexander Aljechin

Um ein Meister zu werden, war ich gezwungen, erstens die Wahrheit zu suchen und zweitens, mich dem Kampf zu stellen. Bereits als kleiner Junge spürte ich in mir die schachliche Begabung. Und ich fühlte schon damals den inneren Drang, die unüberwindliche Neigung zum Schach. Durch das Schachspiel erzog ich meinen Charakter. Das Schach lehrt vor allem, objektiv zu sein. Man kann allein dadurch ein großer Meister werden, indem man seine Fehler und Unzulänglichkeiten einsieht. Es ist vollkommen so wie auch im Leben.

Ein Charakterzug bestimmt neben anderen die Stärke im Schach: die unerschütterliche Aufmerksamkeit, die den Spieler absolut von der gesamten äußeren Umwelt trennen muß.

(Aus Artikeln)

## Aaron Nimzowitsch

Die gleichzeitige Analyse von Stellungen verschiedener Art führt im Ergebnis nur zu einem gedanklichen Chaos, während das **gründliche** Studium eines Typs seine Wirkung nicht verfehlt und das Niveau des positionellen Verständnisses erhöht.

Wenn Sie, verehrter Leser, sich **mit größtmöglicher Intensität** an die Untersuchung eines Stellungstyps machen, sagen wir zentrale Linie gegen Flankenangriff, so würde es mich nicht im geringsten wundern, wenn Sie im Anschluß daran ein klareres Urteil auch auf dem Gebiet des Endspiels abgeben könnten.

Der Prozeß des Studiums einer typischen Stellung verfolgt als Ziel nicht nur die Analyse gerade dieser Lage, sondern auch die Verbesserung des positionellen Gespürs insgesamt.

Ich glaube an die **radioaktive** Kraft dieser Methode: der ganze schachliche Organismus erwacht gleichsam und wartet voller Freude auf seine Erneuerung. Es wird nicht nur das Positionsgefühl gestärkt – die charakteristische Verbesserung besteht möglicherweise darin, daß der Schachspieler, der früher Trugbildern nachjagte (zum Beispiel ewig von Mattangriffen träumte), plötzlich auf die ernsthafteste Weise die schachliche Wirklichkeit berücksichtigt.

...Kombinatorisches Talent plus gründliche Arbeit können das Unmögliche möglich machen, und deshalb rate ich Ihnen noch einmal: „Kombinationsspieler, bemühen Sie sich **Schritt für Schritt**, die wichtigsten positionellen Motive und Strategien zu verstehen! Und Spieler, die Kombinationen nicht mögen, bemühen Sie sich, diese zu lieben, studieren Sie sie! Allein die Verbindung von kombinatorischem mit positionellem Spiel bringt Ihnen die Erfolge, die Freude und das Entzücken, durch die das Schach so reich ist!“

(„Wie ich Großmeister wurde“)

## Michail Botwinnik

Ich habe unseren Meistern, die systematisch in Zeitnot geraten, schon längst einen Weg des Kampfes gegen diesen Mangel gewiesen. Leider nutzten sie, wie es scheint, meinen Rat nicht, obwohl er sehr einfach ist. Man muß Trainingspartien spielen und dabei in erster Linie auf die Uhr und nicht auf die Qualität des Spiels oder sein Ergebnis achten, so lange, bis die Gewohnheit erarbeitet wurde, sich die Zeit vernünftig einzuteilen und alle notwendigen Varianten berechnen zu können. Ich denke, daß durch diese Methode 90 Prozent der an Zeitnot Leidenden völlig geheilt würden, mit Ausnahme natürlich der „hoffnungslos Kranken".
Auf diesem Wege muß man auch andere Unzulänglichkeiten heilen. Während einer Trainingspartie muß man seine Hauptaufmerksamkeit auf einen bestimmten Mangel richten – bis zu seiner Ausmerzung... Ist ein Meister schwach im Endspiel, sollte er nur das Beispiel Tschechowers beachten, der in jüngster Zeit viel auf dem Gebiet des Endspiels und besonders der Studien gearbeitet hat und merkliche Erfolge erreichte. In Trainingspartien gilt es dabei, das Endspiel anzustreben, was auch hilft, entsprechende Erfahrungen zu sammeln. Mit der gleichen Methode kann man Probleme des Mittelspiels angehen, obgleich die Sache hier etwas komplizierter ist.

... Die häusliche Analyse besitzt ihre spezifischen Besonderheiten: der Meister hat genügend Zeit und kann die Figuren hin und her bewegen. Ungeachtet dieses Unterschieds gibt es zwischen der Analyse und dem praktischen Spiel auch viel Gemeinsames. Bekannt ist, daß alle hervorragenden Schachspieler auch glänzende Analytiker waren.
Die Schlußfolgerung daraus ergibt sich von selbst: Wer ein großer Schachmeister werden möchte, muß sich auch auf dem Gebiet der schachlichen Analyse vervollkommnen....

Es versteht sich von selbst, daß Anmerkungen zu Partien, die „in einem Zuge" innerhalb von ein bis zwei Stunden niedergeschrieben wurden, niemals Analyse genannt werden können. So eine „Analyse" spielt nur eine negative Rolle oder kann sich in eine dumme Angewohnheit umkehren.

(„Über meine Vorbereitungsmethoden auf Wettkämpfe")

**Garri Kasparow**

Ich bin ein Anhänger der schöpferischen Richtung, zu der Botwinnik gehört. Gerade bei ihm lernte ich, das Schachspiel richtig zu studieren, neue Ideen zu finden und kontinuierlich an ihrer Vervollkommnung zu arbeiten. Das ist eine wissenschaftliche Methode, die auf einer tiefen Analyse des Erbes der Vergangenheit beruht, auf der Suche neuer Eröffnungsvarianten und Methoden im Mittelspiel, auf der Erarbeitung prinzipiell neuer strategischer Pläne. Alle Schachspieler studieren alte Partien – ähnlich wie man sich die Worte einer Fremdsprache aneignet. Wenn man aber einen bestimmten Wortschatz hat, muß man lernen, ihn zu nutzen, um die schöpferischen Kräfte, die in einem stecken, auch anzuwenden.

...Für mich, der ich nach den wissenschaftlichen Methoden Botwinniks erzogen wurde, besteht die Hauptsache vor allem in dem Vermögen, mich konzentrieren zu können. Eine im Grunde einfache Sache. Aber in einer krisenhaften, extremen Situation? Es ist leicht einzusehen, daß das Vermögen, sich in den entscheidenden Momenten des Spiels zu sammeln, die wichtigste Eigenschaft eines Schachmeisters ist.

...Schöpferisch zu spielen, keine riskanten Abenteuer zu scheuen, ein feines schachliches Gespür zu haben – all das befreit einen nicht von der Pflicht, hart zu arbeiten. Demgegenüber muß man ständig sein Spiel vervollkommnen, das Eröffnungsrepertoire vertiefen und erweitern, seine schachliche Technik verfeinern, komplizierte Endspiele analysieren. Das Schachspiel ist doch nicht eine einmal und auf ewig angeeignete Summe von Wissen. Es ist dynamisch, und jedes Endresultat kann sich bei einer Überprüfung als Zwischenergebnis erweisen. Die Wahrheit muß jedes Mal neu belegt werden. Selbst eigene Partiekommentare sind für mich nicht unerschütterlich. Ich präzisiere sie gern; viele Ideen erfahren mit der Zeit eine Neubewertung, darunter natürlich auch die eignen. Ich wende mich mit Vorliebe aufs neue meinen Fehlern zu und analysiere sie.

„Wenn ein Schachmeister eine Partie kommentiert, versucht er nicht selten, seine Ungenauigkeiten und Versäumnisse zu verbergen“, schrieb Botwinnik im Jahre 1980. „Kasparow tut dies nicht. Er strebt nach der Wahrheit, bemüht sich, objektiv zu sein“.

(„Das endlose Duell“)

# KAPITEL 8

## Artur Jussupow: Schöpferische Ideen und lehrreiche Fehler

Im ersten Kapitel zeigte Mark Dworezki, wie die starken und schwachen Seiten im Spiel eines Schachfreundes auf das Ergebnis eines Duells wirken. Um sich erfolgreich vervollkommnen zu können, ist es wichtig, diese Eigenschaften richtig zu bestimmen, sozusagen eine „Diagnose" zu stellen. In unserer Schule wird diesem Aspekt der Arbeit vorrangige Bedeutung beigemessen. Die Schachschüler kommentieren zunächst ihre Partien selbst. Danach gestattet es die gemeinsame Analyse mit den Lehrern, und zwar der gehaltvollsten Partien bzw. Ausschnitte daraus, genauer die Fortschritte und Unzulänglichkeiten zu erkennen, zu vergleichen und in vielen Fällen die Bewertung einzelner Situationen zu ändern. In Verbindung mit den vielfältigsten Lösungswettbewerben, der Aktivität unserer Schüler während der Seminare und Vorlesungen wird es dadurch möglich, die jungen Schachspieler zu schöpferischen Persönlichkeiten zu erziehen.

In diesem Kapitel möchte ich Ihnen eine kleine Vorstellung davon geben, wie so eine Arbeit aussieht und einige leuchtende Beispiele von erstaunlichen Funden oder lehrreichen Fehlern zeigen, die aus Partien der Kinder stammen.

### Pessimisten und Optimisten

Um uns besser mit dem Spiel der Schüler bekanntzumachen, organisierten wir einen thematischen Wettbewerb zwischen zwei Mannschaften: den „Optimisten" und den „Pessimisten". Zu den Optimisten zählten wir jene Kinder, die von ihrer Spielstärke überzeugt waren, das scharfe Spiel, den Angriff liebten; für die Pessimisten traten diejenigen an, die aufgrund ihres ruhigeren Charakters mehr zum positionellen Stil neigten. Die folgende Partie ist aus diesem Match, und ich denke, der Leser wird selbst leicht erkennen, wer in welcher Mannschaft spielte.

**Weiß: Swjaginzew** (13 Jahre) – Schwarz: **Alexandrow** (16 Jahre)
Daugavpils 1990

**1. d4 Sf6 2. c4 e6 3. Sc3 Lb4 4. f3 d5 5. a3 Le7 6. c:d5?!**

Prinzipieller ist 6. e4.

**6. ... e:d5!**

Schwächer wäre 6. ... S:d5?! wegen 7. e4 S:c3 8. b:c3, und Weiß erhält ein starkes Zentrum.

**7. e4 d:e4!?**

In der Partie Gelfand – Spasski, Linares 1990, opferte Schwarz nach 7. ... c5 8. d:c5 L:c5 9. e5 einen Bauern, konnte aber die Korrektheit der Idee nicht nachweisen.

**8. f:e4 Sc6?!**

In seinen Anmerkungen untersucht Wadim Swjaginzew aussichtsreichere Möglichkeiten: 8.... c5 9. d5 (nach 9. Lb5+ Ld7 10. e5 Sd5 hat Schwarz leichten Vorteil) 9.... Ld6 10. Sf3 Sg4 (ich denke, daß auch 10.... Sbd7 nicht übel war) und 8.... 0-0 9. Sf3 c5 10. d5 Sg4 11. e5!? S:e5 12. S:e5 Lh4+ 13. g3 Te8, und Schwarz steht auf keinen Fall schlechter.

**9. Sf3 Lg4 10. Le3 Lh5?!**

Schwarz stürzt sich in den Angriff, ohne vorher seine Entwicklung beendet zu haben. Solider und stärker war 10.... 0-0. Auf das Hasardmanöver 10.... L:f3? 11. g:f3 Sh5 plante Swjaginzew 12. f4! (12. Dd2 wird mit 12.... Sa5! beantwortet) 12.... Lh4+ 13. Kd2!!, und auf 13.... S:d4? geschieht 14. Kc1 mit starker weißer Überlegenheit.

**11. Lc4 Sg4?!**

In der gleichen abenteuerlichen Manier gespielt. Besser ist 11.... 0-0.

**12. Lf4 Lh4+ 13. S:h4 D:h4+**

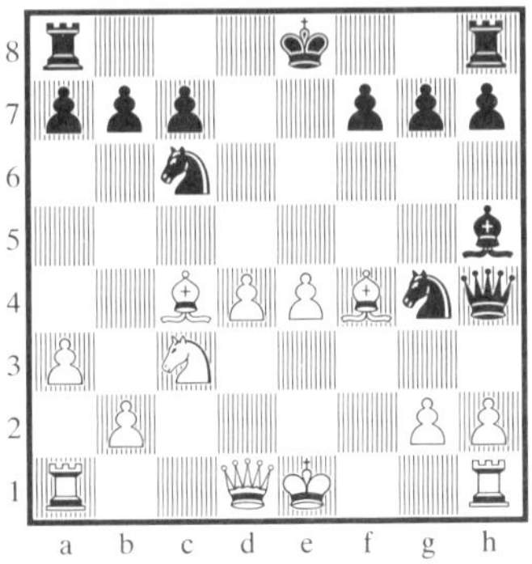

**14. Lg3?**

Ein ernster Fehler. Weiß wollte sicherer spielen, aber er schenkte seinem Gegner damit die Initiative. Richtig war stattdessen die Fortsetzung 14. g3! Dd8 (14.... Dh3?? 15. Lf1 +-) 15. Sd5.

**14.... Dg5 15. Sd5 0-0-0**

Nach der Partie stellte es sich heraus, daß Alexandrow nicht das naheliegende 15.... Sf2 gesehen hatte. Allerdings würde danach 16. Dd2 D:d2+ 17. K:d2 S:h1 18. S:c7+ Kd7 19. T:h1 Tac8 20. d5 zu einer verwikkelten Stellung führen.

Der Textzug ist völlig in Ordnung, aber leider kam die gegnerische Antwort darauf für Schwarz total überraschend. Es ist klar, daß das Finden von „Kandidaten-Zügen“, das Sehen verschiedener Ressourcen im Spiel (besonders für den Partner) der Schwachpunkt eines jungen Schachspielers und hier übrigens der Hauptgrund seines Mißerfolges in dieser Partie ist. Er muß also noch ernsthaft in dieser Richtung arbeiten.

**16. Dc1! Dg6**

Ein ungünstiger Zug, der es Weiß ermöglicht, seine Entwicklung zu vollenden. Schwarz mußte mit 16.... D:c1+! 17. T:c1 The8 fortsetzen.

**17. Df4 Td7 18. 0-0!? S:d4 19. Tac1**

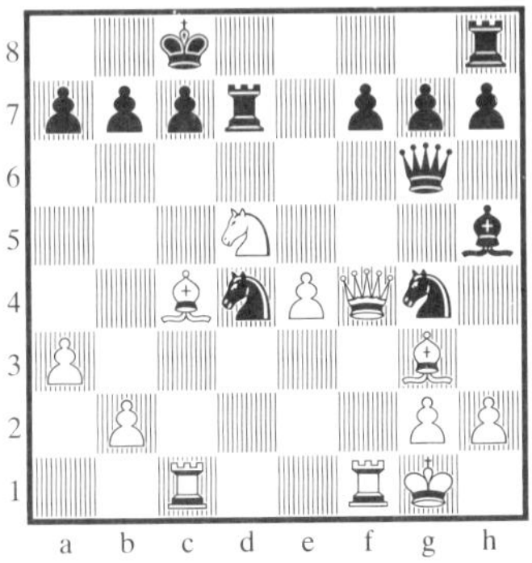

Nachdem Weiß einen Bauern geopfert hat, konzentriert er seine Streit-

kräfte auf den Sturm. Aber die Verteidigungsreserven von Schwarz sind noch nicht erschöpft. Er kann den zweiten Turm ins Spiel bringen – 19. ... Te8!, wonach ein zweischneidiges Spiel entsteht.
Weiter könnte folgen: 20. Lb5! S:b5 21. S:c7! Db6+ 22. Lf2 D:c7 23. T:c7+ S:c7 24. L:a7.

**19. ... Se6??**

In derartigen Stellungen kann jeder Fehler der letzte sein. Weiß führt nun die Begegnung überzeugend bis zum Sieg.

**20. Se7+! T:e7 21. L:e6+ Kb8**

Auch keine Rettung bringt 21. ... D:e6 22. T:c7+ Kd8 23. Td1+ Ke8 24. T:e7+ (möglich ist auch 24. Tc6) 24. ... K:e7 25. Dc7+ Kf6 26. Td6.

**22. T:c7 T:c7 23. D:c7+ Ka8 24. Td1 Dg5 25. Td7**

Einfacher war 25. Lc8.

**25. ... De3+ 26. Kh1!**

Auch für Weiß war es noch nicht zu spät, die Partie zu verlieren: 26. Kf1?? S:h2+!.

**26. ... Db6 27. Ld5 D:c7 28. T:c7 Tb8 29. L:b7+!**

Schwarz gab auf.

## Spiel auf verschiedenen Flügeln

Dieses Element der Schachstrategie ist eines der schwersten. Aber sehen Sie, wie geschickt der junge Schachfreund es schon nutzt.

**Baklan** (11) – **Silberstein**
Kiew 1989

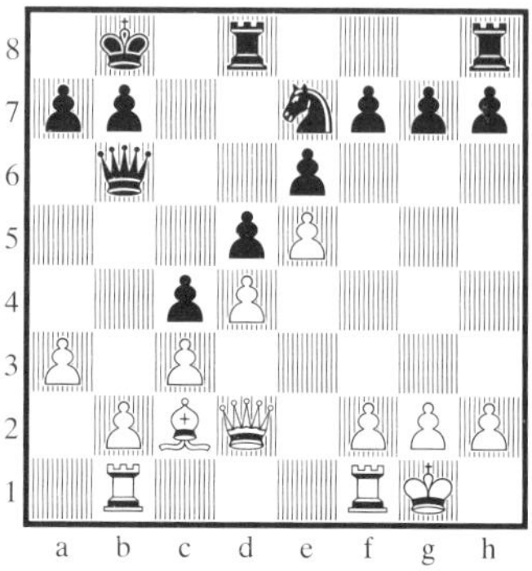

Der richtige Plan in dieser Stellung lautet: Vormarsch b2-b3 und Spiel am Damenflügel. Aber bevor Weiß mit seiner Verwirklichung beginnt, stört er mit einer Operation am Königsflügel die Koordinierung der feindlichen Figuren.

**20. Dg5! Sg6 21. h4 Thg8 22. h5 h6 23. Dg3 Sf8**

Auf 23. ... Se7 folgt 24. Lh7 Th8 25. D:g7.

**24. b3! Dc6 25. b:c4 d:c4?**

Besser war 25. ... D:c4, doch auch dann steht Weiß nach 26. Tb4 Dc7 27. Tfb1 überlegen.

**26. De3 Td7 27. Tb4 Tc7 28. Tfb1 Da6 29. Ta4**

Gut ist ebenfalls 29. Le4 b6 30. d5.

**29. ... Dc6 30. Ta5**

Bereitet d4-d5 vor, aber es war auch das sofortige 30. d5!? Dc5 31. d6 Tc6 32. D:c5 T:c5 33. Le4 b5 34. Ta5 möglich.

**30. ... Dd7 31. d5 b6 32. d6 Tc6 33. Le4 Dc8**

Jetzt folgt ein schönes Finale.

**34. T:b6+ a:b6 35. D:b6+ Db7 36. Ta8+**

Einfacher wäre 36. D:c6.

**36.…K:a8 37.L:c6 D:c6 38.D:c6+ Kb8 39.d7**
Schwarz gab auf.

## Das Steinitzsche Prinzip

Die Entwicklung der Initiative ist ein sehr kompliziertes Thema, nicht nur für junge Schachspieler. In den individuellen Konsultationen in unserer Schule bemühen wir uns, die Aufmerksamkeit der Schüler auf ihre verpaßten Möglichkeiten zu lenken und hinter die Ursachen der begangenen Fehler zu kommen.

In der Partie **Kirjakow** (15) – **Sakajew** (Simferopol 1990) entstand nach den Zügen 1.d4 Sf6 2.c4 e6 3.Sc3 Lb4 4.Dc2 c5 5.d:c5 L:c5 6.Sf3 Db6 7.e3 Dc7 8.Ld2!? 0-0 9.Ld3 Kh8?! 10.0-0-0 Le7 diese Diagrammstellung:

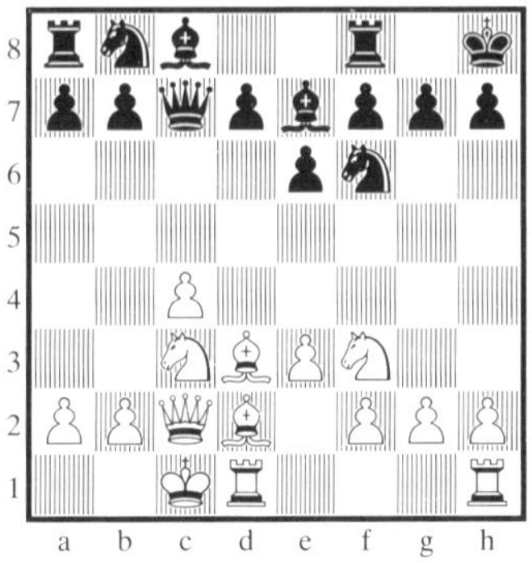

Weiß besitzt klaren Entwicklungsvorsprung, aber hier spielte er nicht energisch genug:

**11.h3?**,

was seinem Gegner ermöglichte, nach **11.…Sa6!** ein Gegenspiel zu inszenieren.

Petja Kirjakow, der die Partie kommentierte, verwies auf folgende Möglichkeiten: 11.e4, 11.Se4!? und 11.g4!?. Doch nach 11.g4 S:g4 untersuchte er nur 12.Tdg1 S:f2 13.L:h7. „Dieser Angriff ist wahrscheinlich unkorrekt", schrieb Petja in seinen Anmerkungen, „und ich liebe derartige Attacken nicht".

In Wirklichkeit aber hat Weiß verlockende Möglichkeiten, Initiative zu entfalten. So ist nach 11.g4 S:g4 12.Sb5! und 13.Lc3 stark und beinhaltet gefährliche Drohungen. Interessant wäre auch 11.Sb5 Dd8 12.Lc3 a6 13.L:f6 L:f6 14.Sd6.
Ich erinnere an das berühmte Prinzip von Wilhelm Steinitz: „Wer überlegen steht, muß angreifen, sonst droht ihm der Verlust dieses Vorteils".

**12.Sb5 Db6 13.g4 Sc5 14.g5 S:d3+ 15.D:d3 Se8 16.e4**

Besser war 16.Lc3!? a6 17.Sbd4 mit der Idee h4-h5, g6. Die Stellung verpflichtet Weiß dazu anzugreifen.

**16.…a6! 17.Le3 Da5 18.Sc3 b5!**

Nachdem Schwarz die Unentschlossenheit seines Gegners ausgenutzt hatte, übernahm er – wie Steinitz es vorausgesagt hatte – die Initiative (obwohl die Partie remis endete).
Wir rieten dem jungen Schachspieler, seine Aufmerksamkeit auf die relative Passivität seines Stils zu lenken, und empfahlen ihm, Partien von Jan Timman und anderen dynamischen Schachmeistern zu studieren.

## Ein effektvoller Sturm

Maxim Boguslawski greift an. Im folgenden Beispiel ermöglichen es ihm seine genauen und erfindungsreichen Aktionen, den feindlichen König mattzusetzen, weil der Gegner nicht alle Verteidigungsressourcen nutzte.

**Boguslawski** (14) – **Matsionis**
Tallinn 1990

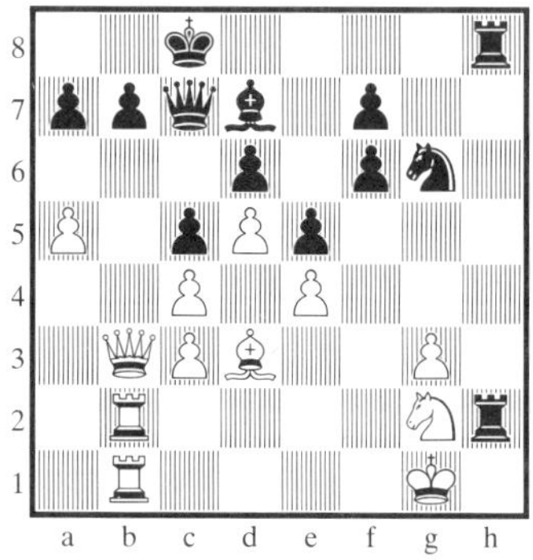

**24. Lf1!**
Wenig verhieß 24. D:b7+ D:b7 25. T:b7 Th1+ mit unklarem Endspiel. Mit feinen Zügen wehrt der junge Moskauer in dieser Partie den drohenden Tausch der Türme ab und bewahrt damit alle seine kämpferischen Möglichkeiten.

**24.... D:a5?**
Schwarz hält die Spannung nicht länger aus. Er mußte in gleicher Manier antworten: 24.... Kd8! 25. D:b7 D:a5! (Aufmerksamkeit verdient auch 25.... Lc8!?) 26. Tb5!? Th1+! (nicht aber 26.... D:c3? 27. D:d7+!!) 27. Kf2 Da2+ 28. T5b2 T:f1+! 29. T:f1 D:c4 mit beiderseitigen Chancen.

**25. Ta2!**
Offenbar erwartete Schwarz nur 25. D:b7+, was mit Zugumstellung zur gerade betrachteten Variante führen würde.

**25.... Db6 26. Dd1!**
Boguslawski führt den Angriff ausgezeichnet. Schwächer wäre 26. Dc2?! wegen 26.... Th1+ 27. Kf2 T:f1+! 28. T:f1 Kb8.

**26.... Dc7 27. T:a7 Th1+ 28. Kf2 Lh3 29. Da4 L:g2 30. Ta8+ Db8 31. Dc6+!! b:c6 32. Ta:b8+** und Matt im nächsten Zuge.

## Spiel ohne Plan

Positionelle Probleme löst Boguslawski leider nicht so überzeugend. Im nächsten Beispiel gelang es ihm nicht, für seine Figuren die besten Felder zu finden.

**Boguslawski – Schachbas**
Moskau 1989

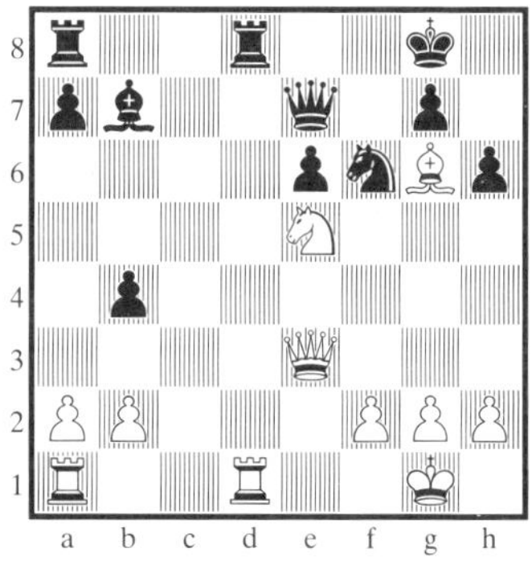

**22. Te1?**
Nachdem Weiß die bessere Stellung erreicht hat, verliert er den Spielfaden. Er konnte sein Spiel mittels 22. Lf7+! Kh7 23. Dg3 verstärken und hätte ausgezeichnete Angriffschancen bekommen.

**22.... Tf8!**
Schwarz schützt das verwundbare Feld f7 und schickt sich an, den wichtigen Punkt f4 mit seinem Springer zu besetzen.

**23. Tad1 Sd5 24. Dd3?**

Ein schlechter Zug, der die Initiative preisgibt. Richtig war 24.Dg3 Tad8 25.Td4! Df6 26.h4, und schwach wäre nun 26.... Sf4? wegen 27.Lf7+!.

**24.... Sf4 25.Lh7+! Kh8 26.Dg3 K:h7 27.Td7 D:d7! 28.S:d7 Tf5**, und Schwarz, der die Dame geopfert hat, greift bereits an.

## Welcher Zug ist genauer?

**Owsejewitsch** (12) – **Jemelin** (13)

Belzy 1989

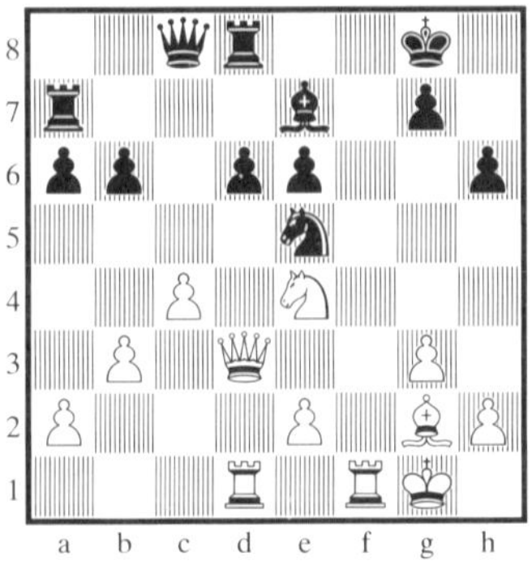


Weiß besitzt spürbares positionelles Übergewicht. Es wird vor allem durch die bessere Bauernstruktur und die aktivere Postierung seiner Figuren bestimmt. Besonders zu beachten sind die unterschiedlichen Aussichten der Läufer: der weißfeldrige Offizier kann nach h3 gehen und Druck auf die gegnerische Stellung ausüben.

Jetzt liegt der Angriff auf den Bauern b6 nahe. Er kann auf zweierlei Weise verwirklicht werden: 21.Dd4 und 21.De3. In solchen Situationen kommt uns die Methode des Vergleichs zu Hilfe. Es ist wegen 22.Lh3 in beiden Fällen schlecht, den Bauern mit der Dame zu schützen. Der Vorteil von 21.De3! besteht darin, daß Weiß auf die primitive Verteidigung 21.... Tb7 die taktische Erwiderung 22.S:d6! L:d6 23.L:b7 D:b7 24.T:d6 T:d6 25.D:e5 und einen Mehrbauern hat. Der offensichtliche Mangel des Zuges besteht darin, daß er d6-d5 zuläßt.

Natürlich lohnt es sich in solchen Momenten, sich in die Stellung zu vertiefen und die Varianten durchzurechnen. Nach 21.De3 d5 22.Df4 hat Schwarz verschiedene Fortsetzungen zur Verfügung:

1) 22.... d:e4 23.T:d8+ D:d8 24.D:e5 ±;
2) 22.... Sg6 23.Df7+ Kh7 24.Sf6+ L:f6 25.D:a7 mit einer Qualität mehr;
3) 22.... Sc6 23.c:d5 e:d5 24.T:d5! T:d5 25.Df7+ Kh8 26.D:d5 ±;
4) 22.... S:c4!? 23.b:c4 d:e4 Diese Stellung muß als günstig für Weiß eingeschätzt werden. Er besitzt reale Angriffschancen, und das Vorhandensein von ungleichfarbigen Läufern erhöht diese Möglichkeiten nur. Am einfachsten geschieht 24.D:e4 nebst Dg6 und Le4, aber man kann auch 24.T:d8+ D:d8 25.Df7+!? Kh8 26.Dg6 mit der Drohung 27.L:e4 versuchen.

In der Partie spielte Weiß weniger genau und gestattete es seinem Gegner, die Verteidigung zu organisieren.

**21.Dd4 Tb7 22.Kh1 b5 23.c:b5 T:b5 24.Tc1 Db8!?** Der Beginn eines aktiven Gegenspiels. Möglich war auch 24.... Dd7 25.Lh3 Kh8 ±.

**25. Lh3 d5 26. L:e6+ Kh8 27. Sc3 Tb4 28. Df2**

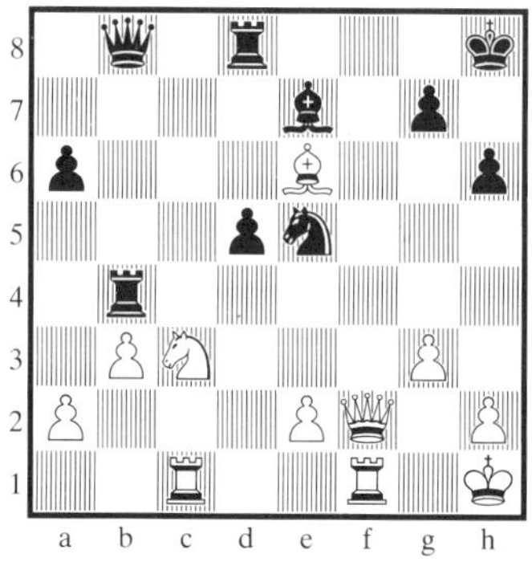

Wie das oft vorkommt, flackert nach dem Verlust von Material die Initiative auf. Aber die natürliche Fortsetzung **28. ... d4?** führte nach **29. Sd5 Tf8 30. Dg2 Tb7 31. S:e7 T:e7 32. T:f8+ D:f8 33. Tc8** zu einem verlorenen Endspiel für Schwarz.

Der weiße Springer durfte nicht nach d5 gelassen werden. Schwarz hätte dies mittels 28. ... Tb6!! verhindern können, und nun wäre 29. L:d5 wegen 29. ... Lg5 mit nachfolgendem Sg4 gefährlich für Weiß gewesen.

### Das Damenopfer in der Verteidigung

**Gasymow – Kirjakow**

Simferopol 1990

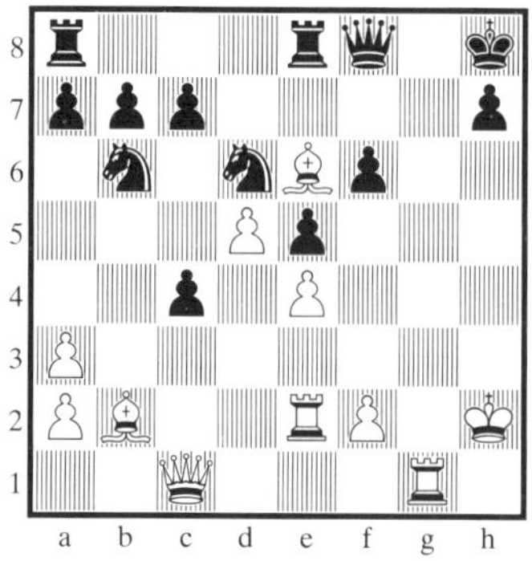

Weiß hatte die Partie erfinderisch behandelt und einen gefährlichen Angriff in die Wege geleitet. Er hat aber schon zwei Bauern geopfert. In solchen Fällen gelingt es häufig, sich „freizukaufen" und das gewonnene Material zugunsten irgendwelcher positioneller Vorteile zurückzugeben.

Weiß beabsichtigt, f2-f4 zu ziehen und anschließend seinen schwarzfeldrigen Läufer in den Angriff einzuschalten. Das kann durch 29. ... Sa4! verhindert werden. Nach 30. Tg8+ D:g8 31. L:g8 T:g8 steht Schwarz überlegen.

In der Partie wurde anders gespielt:

**29. ... Sf7? 30. Tg3! Te7!**

Schlecht ist 30. ... Dh6+? 31. D:h6 S:h6 32. f4 Sa4 33. f:e5 S:b2 34. T:b2 f:e5 35. T:b7 mit entscheidendem weißem Übergewicht.

**31. f4 Tae8 32. Teg2 T:e6 33. d:e6 T:e6 34. f:e5 S:e5!? 35. Df4 Sbd7**

Jetzt ließ sich Weiß vom „Damengewinn" verführen – **36. Tg8+??** –, was ihm ein schweres Endspiel einbrachte, das er schließlich noch verlor. Obwohl er nach 36. Dh4! mit der Idee Lc1-h6 seine gefährliche Attacke beibehalten hätte.

### Die Verhinderung von Möglichkeiten des Gegners

Eine unverzichtbare Eigenschaft des Schachspielers ist die Aufmerksamkeit gegenüber den feindlichen Drohungen. Sie hilft in vielen Situationen, zum Beispiel bei der Verteidigung.

**Makarew** (14) – **Christow**
Kischinjow 1990

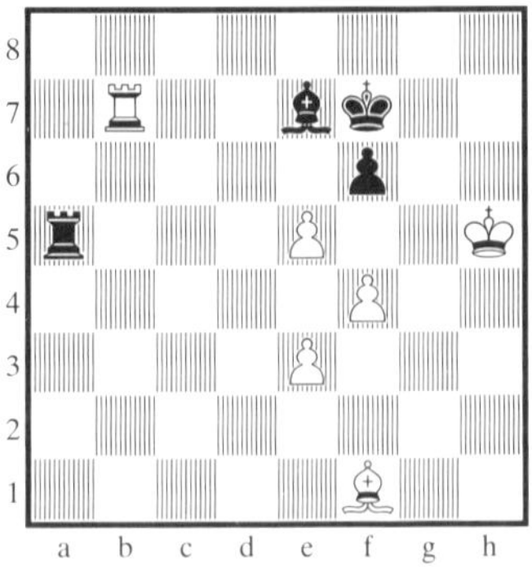

Weiß droht, 44. Lc4+ zu spielen, wonach sich der schwarze König sehr unwohl fühlen wird. In der Partie folgte **43. ... f:e5?**, was nach **44. Lc4+ Kf6 45. Tb6+ Kg7 46. Tg6+** zu unüberwindlichen Schwierigkeiten für Schwarz führte. Er mußte **43. ... Tc5!** mit guten Remischancen ziehen (Angaben von I. Makarew).

**Paschanow** – **Sitnik** (8)
Sotschi 1989

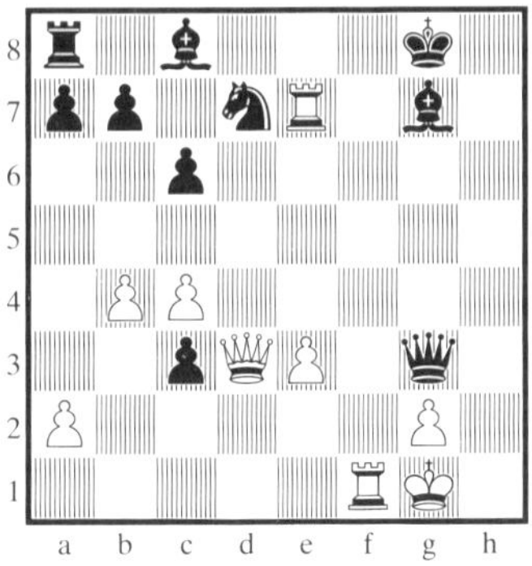

Wie wichtig es ist, auf der Hut zu sein, zeigt dieses Beispiel. Die Überlegenheit von Schwarz ist gewaltig, aber nach dem unvorsichtigen **22. ... Sf8??** ging die Partie nur noch einen Zug weiter – **23. T:f8+!** – und das Matt war nicht zu verhindern.

Bei der Analyse fand Maxim Sitnik die richtige Lösung:
Man mußte die gegnerischen Figuren vom Angriff ablenken und die Entwicklung vollenden; deshalb also 22. ... c2! und erst nach 23. D:c2 den Springer nach f8 ziehen: 23. ... Sf8.

**Der Freibauer im Endspiel**

**Choroschawina** – **Gaponenko** (13)
Cherson 1989

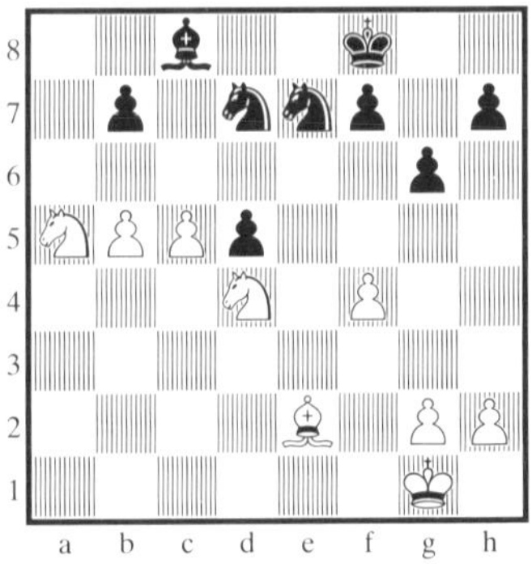

**31. S:b7?!**
Weiß will überhastet die Struktur der Stellung verändern. Besser war es, den Druck durch den Zug 31. Sab3 aufrechtzuerhalten.
**31. ... L:b7 32. c6 Sc5?**
Ein lehrreicher Fehler. Der c-Bauer ist näher am schwarzen König, und er wäre leichter zu bekämpfen als ein Freibauer auf der b-Linie. Wenn in der Eröffnung und im Mittelspiel die zentralen Bauern stärker als die Randbauern sind, so ist im Endspiel

in der Regel alles umgekehrt. Nach 32.... L:c6! 33. b:c6 Sb6 würde Schwarz leicht Remis machen.

**33. c:b7 S:b7 34. b6 Sc5 35. Lb5 Sc8 36. Sb3! Sb7 37. Lc6 Scd6 38. L:d5**, und Weiß konnte seinen Mehrbauern realisieren.